WALTER L. BÜHL
KRISENTHEORIEN

D1696433

WALTER L. BÜHL

KRISENTHEORIEN

POLITIK, WIRTSCHAFT
UND GESELLSCHAFT IM ÜBERGANG

1984
WISSENSCHAFTLICHE BUCHGESELLSCHAFT
DARMSTADT

CIP-Kurztitelaufnahme der Deutschen Bibliothek

Bühl, Walter L.:
Krisentheorien: Politik, Wirtschaft u. Gesell-
schaft im Übergang / Walter L. Bühl. –
Darmstadt: Wissenschaftliche Buchgesellschaft,
1984.
  ISBN 3-534-08089-0

1 2 3 4 5

 Bestellnummer 8089-0

© 1984 by Wissenschaftliche Buchgesellschaft, Darmstadt
Satz: Maschinensetzerei Janß, Pfungstadt
Druck und Einband: Wissenschaftliche Buchgesellschaft, Darmstadt
Printed in Germany
Schrift: Linotype Garamond, 9/11

ISBN 3-534-08089-0

INHALT

VERZEICHNIS DER ABBILDUNGEN

I. KRISE UND HEILSERWARTUNG

1. Zur Metaphorik und Rhetorik der Krise

Politik wird nicht zuletzt mit Worten gemacht; und gerade da, wo Ursachen- oder Funktionszusammenhänge undurchschaut bleiben, wo sich keine Möglichkeiten und Mittel zur Veränderung und Steuerung ablaufender Prozesse mehr finden, dort muß die *Metapher* helfen, nicht nur das Unverständnis zu verdecken, sondern auch noch den Handlungsunfähigen und Hilflosen zum Geheimen Staatsrat der Geschichte zu erheben. Nichts ist dabei geeigneter als der Begriff der Krise, der aus der Rechtsprechung (griech.: krisis = Unterscheidung, Urteil, Entscheidung in einem Streit) in die Medizin (lat.: crisis = Höhe- und Wendepunkt einer Krankheit) und von da in die Geschichtsdeutung abgewandert ist.[1] Hier aber vereinigen sich die früheren Bedeutungen mit christlichen Heilserwartungen. So besagt die Metapher der Krise schließlich, daß ein organischer Gesellschaftskörper von einer Krankheit erfaßt worden ist, die nun vor der Wende steht („kritisch" geworden ist) und entweder zum Tod oder zur Regeneration (zur Wiedergeburt, zum Übergang in eine bessere Gesellschaftsform) führen wird.[2] Wer eine „Krise" diagnostiziert, muß doch ein weiser Arzt sein, der die großen Zusammenhänge des Lebens kennt, der vielleicht sogar die Mittel zur Heilung (zum politisch-religiösen „Heil") zur Hand hätte, wenn man ihn nur riefe. Von nichts wird daher in einer Situation der Unsicherheit und Hilflosigkeit häufiger geredet als von der „Krise", und niemand spricht lieber davon als der, der sich großtun will, ohne sich anzustrengen. Auf diese Weise binden die Politiker (oder auch die, die gegen sie einen Führungsanspruch anmelden wollen) die Hoffnungen der Schwachen an sich: Je schwerer die „Krise" ist, um so größer ist ihr Heilsanspruch, aber um so weniger sind sie zur Verantwortung zu ziehen für dieses „Naturereignis" einer doch ganz von selbst – oder noch raffinierter: *gegen* ihre schon immer geäußerten Krisenwarnungen – entstandenen Krise. Nichts ist billiger als die fortgesetzte Krisenwarnung, die der Prophet gleichzeitig als Strafe (für die Unfolgsamen) und als Berufung und metaphysische Rechtfertigung (für sich selbst) gebraucht.

[1] Demandt (1978: 441).
[2] Schlobach (1980: 314).

Bevor wir methodisch an die Untersuchung verschiedener genereller Krisenerscheinungen, ihrer Entstehungsbedingungen, Verlaufsformen und Lösungsmöglichkeiten herangehen können, müssen wir uns erst klarmachen, daß die Beschwörung der Krise nicht unbedingt einen objektivierbaren politischen Tatbestand meinen muß, daß die „Krise" aber stets ein wichtiger Topos der *politischen Rhetorik* ist. Gewiß, auch die politische Rhetorik ist Teil der Politik; aber es ist doch nur ein Teil, und es ist jener Teil der politischen Schaupolitik, des demonstrativen politischen Scheins, der gerade als Ersatz oder Verhinderung einer „realen" Politik dient, nämlich einer Politik der Artikulation und der Austragung von gegensätzlichen Interessen, einer Politik der Veränderung der Verteilungsmuster und der Reorganisation der Anstrengungen.[3] Doch genauer: die politische Rhetorik der Krise hat gewiß ihren Stellenwert im Rahmen einer funktional organisierten Realpolitik, aber ihre Funktion ist sowenig die „Widerspiegelung", wie sie bloß eine Verdeckung der Realpolitik, bloß ein Betrugsmanöver ist: Sie ermöglicht oder legitimiert tatsächlich eine ganz *andere* Politik als die beschworene. Ganz gleich, ob von der „Energiekrise", von einer „Weltwirtschaftskrise" oder von einer „Sicherheits-" oder „Umweltkrise" die Rede ist, immer ist kennzeichnend, erstens daß ein seit langem erkennbarer (oft schon seit einem Jahrzehnt angebahnter) Strukturwandel nun plötzlich zum „Ereignis" und zum plötzlich in Erscheinung getretenen „Ausnahmezustand" umstilisiert wird; zweitens daß die Krise immer als „von außen" kommend, außerhalb des Einfluß- und Verantwortungsbereiches der eigenen Regierung liegend dargestellt wird; drittens daß diese Krise nur durch die Verstärkung der eigenen Einheit, durch das Beiseitelassen aller inneren Gegensätze und nur durch schwere „Opfer", d. h. durch ein Sichfügen und Erdulden, zu lösen ist.[4] Diese Krisenrhetorik ist also geradezu der Versuch einer Entpolitisierung der Politik.

Dem steht allerdings auf der Seite des politischen Publikums die Bereitschaft gegenüber, sich lieber von Krisen, Katastrophen und Skandalen als

---

[3] Edelman (1978: 32) unterscheidet zwei Grundmuster der Politik: a) eine Politik, die durch einen hohen Organisationsgrad der Akteure, durch funktionale Differenzierung und durch handfeste Ressourcen bestimmt ist; b) eine Politik, die vor allem mit symbolischen Mitteln, mit funktional unspezifischen Beschwörungsformeln, mit Haupt- und Staatsaktionen oder auch Protestaktionen und ohne feste Organisationsformen ihr Ziel zu erreichen sucht. Die „symbolische Politik" mag nicht ganz wirkungslos sein; aber sie steht in Gefahr, von den besser Organisierten genutzt zu werden, während die schlecht Organisierten nur die emotionale Befriedigung der gemeinschaftlichen Geisterbeschwörung oder des Protestes für sich verbuchen können.

[4] Edelman (1977: 44).

von der Einsicht in Strukturzusammenhänge und langfristige Entwicklungsperspektiven leiten zu lassen. Es entspricht ja auch ganz dem alltäglichen Verhaltensmuster, sich jeweils nur mit den direkt wahrnehmbaren und kurzfristigen Aspekten eines Vorgangs zu beschäftigen und alles andere sein zu lassen. Nun gibt es aber viele Entwicklungen, die kurzfristig geradezu katastrophale Wirkungen zeigen, langfristig aber durchaus positiv zu bewerten sind. Dies gilt z. B. für lokale Umweltkatastrophen, für einzelne Betriebsinsolvenzen oder sogar für eine schnelle Bevölkerungszunahme in so manchen Entwicklungsländern. Die kurzfristigen Wirkungen sind hier sicher nicht zu beschönigen: aber ohne dramatisches Waldsterben rüsten die Kohlekraftwerke vermutlich nie auf moderne Entschwefelungsund Verbrennungsverfahren um und die Autos verpuffen ihre Abgase weiterhin ungefiltert in die Luft (die schleichenden gesundheitlichen Schädigungen für den Menschen vermögen ja niemand zu beeindrucken); ohne die Warnung sich häufender Betriebsinsolvenzen bleiben alle Betriebe auf alten Produkten und Verfahren sitzen; ohne eine Zunahme der Bevölkerungsdichte und die damit verbundenen Größenvorteile werden notwendige Infrastrukturmaßnahmen (Erschließung mit Straßen, Wasserversorgung und Bewässerungsanlagen, Siedlungsbau) nie in Angriff genommen usw.

Wir sind die letzten Jahre mit Krisenmeldungen geradezu überschüttet worden: Hungerkrisen und „Bevölkerungsexplosion" in den Entwicklungsländern, Erdölkrise, Rohstoffmangel, Wirtschaftskrise, Umweltkrise bei uns. Doch beruhen diese Meldungen größtenteils nur auf lokalen und bruchstückhaften Beobachtungen und im übrigen auf generellen Mutmaßungen. Auch die UNO mit ihren Organisationen und Präsidenten, die sich ins öffentliche Licht setzen wollen, treibt hier eine unverantwortliche Nachrichtenklitterung.[5] Wenn langfristige positive Entwicklungen festzustellen sind, so z. B. die bewundernswerte Steigerung der Ernteerträge und die stetige Zunahme der Nahrungsmittelproduktion pro Kopf der Weltbevölkerung während der letzten 20 Jahre, die zunehmende Alterserwartung in den Entwicklungs- und Schwellenländern, die Verbesserung von Umwelt und Arbeitsbedingungen im Vergleich zu früheren Epochen der Industrialisierung usw.[6], so will das niemand wissen. Dazu kommt allerdings, daß einzelne Stiftungen, Organisationen und Funktionäre nur dann die öffentliche Aufmerksamkeit erregen und Geld in ihre Kassen lenken können, wenn sie mit Katastrophen und Krisen aufwarten. Man muß möglichst eine Sache vertreten, die moralisch oder gefühlsmäßig gut ist, oder noch besser: moralische Schuldgefühle bei den Adressaten hervorruft, dann steht

---

[5] Simon (1981: 62 ff.).
[6] Simon (1981: 347 f.).

die eigene Funktionärsposition außer Zweifel, und die Menschen sind verpflichtet, Geld selbst noch für offensichtlich sinnlose oder kontraproduktive Unternehmen zu geben.

Es ist also keineswegs nur die politische Führung, die die Krisenrhetorik nutzt; in anderer Weise ist es auch die sich formierende Gegenelite oder sind es die Kritiker dieser Politik, die sich ihre Übungen in Massenmobilisierung auf diese Weise finanzieren lassen wollen. Schließlich finden beide ein dankbares Publikum in Ländern, die trotz aller Schwierigkeiten und Anstrengungen in relativer sozialer Sicherheit leben, die trotz Arbeitslosigkeit von Jahr zu Jahr eine höhere Produktivität erzielen und denen es in der angeblichen Krise zweifellos besser geht als in den entbehrungsreichen Jahren des „Wirtschaftswunders", und vor allem: an denen jahrzehntelang alle Kriege vorbeigegangen sind. Dies widerspricht ganz dem europäischen Erfahrungsmuster der vergangenen Jahrhunderte, da muß man doch einen Schuldkomplex bekommen: Man ist doch geradezu moralisch verpflichtet, sich von den Krisen um und in uns – und seien sie nur am Fernsehschirm vermittelt – betroffen zu fühlen und sich gegen sie lautstark zu empören. In den wirklich an der Armutsgrenze lebenden Ländern herrschen dagegen Apathie und Gleichmut einerseits oder ein unerklärlicher Optimismus und Hoffnung andererseits,[7] von Krisenfurcht aber ist gerade hier am wenigsten zu spüren. Es ist nicht zu leugnen: Die Krisenfurcht ist eine Erscheinung des relativen Wohlstandes, nirgendwo wird von so vielen „Krisen" berichtet wie in den westlichen, hochentwickelten („kapitalistischen") Industriestaaten; der primitive Umkehrschluß aber, daß es deshalb in den „sozialistischen" Industriestaaten oder in den Entwicklungsländern besser sei, trügt.

Wenn kumulative Strukturwandlungen von der politischen Führung als „Krise" deklariert und wenn sie in der öffentlichen Meinung tatsächlich als plötzliches Ereignis wahrgenommen werden, dann wird die politische Aufgabenstellung grundlegend verändert: denn wenn Strukturen in Ereignisse verwandelt werden, besteht (allerdings nur scheinbar) kein Bedürfnis mehr an einer Strukturänderung. Zum einen geht schon der Blick für die Ursachen- oder Funktionszusammenhänge verloren: Die „Energiekrise" erscheint als plötzlich eingetretener Energiemangel; es wird aber übersehen, daß die Vervierfachung des Erdölpreises durch ein Kartell der mittelöstlichen Erdölproduzenten systematisch und über viele Jahre hinaus gefördert, ja geradezu provoziert worden ist durch die Steuergesetzgebung in den USA, die die heimischen Erdölproduzenten entmutigt und Verbraucher und Autoindustrie zur Verschleuderung angeregt hat; oder daß die

---

[7] Huber (1981: 175 f.).

mangelnde Diversifikation der europäischen Erdöleinfuhren, die Vernachlässigung der heimischen Kohletechnologie, der nur zögernde Ausbau der
Kernenergie und anderer alternativer Energieformen, schließlich daß die
Unfähigkeit des Westens, den israelisch-arabischen Konflikt zu befrieden,
das Erdöl zum Instrument der Politik gemacht hatte.[8] Die „Energiekrise"
wird auf diese Weise als plötzliche Mangelerscheinung in einer Welt betrachtet, die ansonsten völlig in Ordnung zu sein scheint; es ist schon fast
ein Gipfelpunkt intellektueller Leistung, wenn die Rolle des OPEC-Kar-
tells in diesem Spiel begriffen wird, wenngleich dieses meist nur als infame
„Verschwörung" von habgierigen Einzelpersonen erscheint. Zum anderen
geht damit natürlich auch jeder Plan für die Zukunft verloren, die Lösung
der Krise scheint nur in der Beseitigung der unmittelbar auslösenden Momente zu bestehen: Man muß das Geld des Erdölkartells in die Verbraucherländer zurückführen, man muß die Zugangswege notfalls militärisch
sichern, man muß Erdöl „sparen" usw., dann kann alles wieder laufen wie
vorher, dann ist die „Krise" beseitigt. Ein grundlegender Strukturwandel
wird damit (wenngleich er sich unbeabsichtigt und an unerwarteten Stellen
des Beziehungsnetzes dennoch einstellen wird) nicht beabsichtigt, die
nächste – im Ursachenzusammenhang nur leicht verschobene – Krise steht
dann aber schon bevor.

Das gleiche gilt für die „Wirtschaftskrise" der „Stagflation", d. h. absin-
kender Investitionen und zunehmender Arbeitslosigkeit, die auch durch
staatliche Ausgabenprogramme nicht mehr behoben, sondern nur inflationär verschoben werden kann; denn auch hier wird nur mit den Endproduk-
ten einer langen Entwicklung jongliert, während die langfristige Entwicklung selbst – die Sättigung des Marktes mit den Produkten der alten technologischen Serie, die Entstehung neuer arbeitssparender und produktivitäts-
steigernder Technologien, der Rückgang der amerikanischen hegemonialen
Führung in der internationalen Politik, die Vermehrung der politischen
Akteure und die Entstehung neuer Arbeitskräftepotentiale auf dem Welt-
markt usw. – meist völlig außer acht bleibt.[9] Nicht anders ist es mit der
„ökologischen Krise", deren gelegentlich ins öffentliche Bewußtsein tre-
tende Oberflächensymptome – wie eben z. B. der saure Regen und das
Waldsterben – vom systemökologischen Ursachenzusammenhang kaum
etwas ahnen lassen und deren „Lösung" durch eine kurzschlüssige Symp-
tombeseitigung nur Folgekrisen an anderer Stelle aufreißt.

Man kann geradezu formulieren: Je mehr die Krise dramatisiert wird, um
so kurzschlüssiger die Krisenlösung, um so schwerwiegender aber auch die

---

[8] Vgl. Bardin (1979); Levy (1980: 999–1016).
[9] Vgl. Forrester (1981: 323–331); Rostow (1980: 3–60).

Nachfolge- und Ausweichkrisen. So würde z. B. die Abschaltung aller
Kohlekraftwerke ohne Rauchgasentschwefelung (an die Einstellung des
ebenso schädlichen Autoverkehrs denken auch die „Grünen" nicht) keine
Lösung bringen, sondern das Problem strukturell nur verlagern oder sogar
verschärfen: Erstens ist dies kein lokales Problem, sondern ein Problem,
das (ebenso wie die Gewässerverschmutzung) nur in Kooperation mit den
Nachbarstaaten (und mit anderen wirtschaftlich konkurrierenden Staaten,
die keineswegs immer Nachbarn zu sein brauchen) auf internationaler Basis
zu lösen ist. Zweitens kann eine allein restriktive Maßnahme entweder nur
zur Verminderung der wirtschaftlichen Tätigkeit oder zur Hemmung der
technologischen Entwicklung führen. Die Verminderung der wirtschaftlichen Tätigkeit aber ginge mit großer Sicherheit auf Kosten der wirtschaftlich ohnehin Minderprivilegierten; die Hemmung der technologischen
Entwicklung würde einen Teufelskreis in Gang setzen, der dazu führen
müßte, daß unsere internationale Wettbewerbsfähigkeit in Zukunft nur
durch einen vermehrten Arbeits- und Materialeinsatz, durch eine Vernachlässigung der Umweltstandards und der Gesundheitsfürsorge notdürftig
aufrechterhalten werden könnte; letztlich wäre dies trotzdem ein aussichts-
loses Unternehmen. Eine Lösung kann nur eine technologisch progressive
Entwicklung bringen; d. h., in die Kohlekraftwerke müßten umgehend Fil-
teranlagen eingebaut werden, es müßten andere Verbrennungsverfahren
angewandt werden (entwickelt sind sie bereits), die Kohlekraftwerke müßten nach und nach durch eine technologisch wie ökologisch tatsächlich hö-
herwertige Form der Energieerzeugung ersetzt werden. Dies kann jedoch
nur in einem Prozeß der kontinuierlichen technologisch-wirtschaftlichen
Entwicklung erreicht werden, während jede abrupte Umstellung (z. B.
auch auf Kernenergie) nur die staatliche Zentralisierung und Monopolisierung erhöht, damit aber auch die Breite und Vielfalt der Entwicklungs-
alternativen vermindert. Drittens wäre jede Sofort-Lösung sektoral und
funktional zu begrenzt. Es geht aber nicht nur um die Abgase von Kohle-
kraftwerken, sondern auch um die Abgase von Automotoren und Ver-
brennungsanlagen aller Art, ja um die Technologie und Ökologie aller
chemischen Umwandlungsprozesse in allen Industrien, die insgesamt auf
ein höheres Niveau gehoben werden müssen, wenn Wasser und Luft (und
das heißt auch: die pflanzlichen und tierischen Organismen einschließlich
des Chemismus des menschlichen Körpers) nicht zunehmend mit immer
gefährlicheren Stoffen belastet werden sollen.[10]

Generell läßt sich behaupten, daß jede Kurzschluß- und Ad-hoc-Lösung
eines Entwicklungsproblems die strukturell entscheidenden Momente ge-

[10] Vgl. als Überblick: Bühl (1981: 204–227).

rade vernichtet. Die Wahrnehmung der Krise (bzw. die Nichtwahrnehmung des zugrundeliegenden Problems) hat natürlich ihr Pendant in der Gestaltung oder Deformation der eigenen Politik, ihrer Organisations- und Entscheidungsstruktur. Vor allem vereinfacht die Reduktion der Wahrnehmung auf ein überraschendes und von außen kommendes punktuelles Ereignis die Führungsstruktur der Politik, aus der alle funktionalen Differenzen und legitimen Interessen- und Wertgegensätze ausgetrieben werden müssen. Die Politik erscheint nicht mehr als ein lang andauernder, vieldeutiger und unentschiedener Kampf zwischen (zum guten Teil durchaus rational) organisierten Parteien, politischen Verbänden und wechselnden Koalitionen, sondern als ein gemeinsam zu tragendes „Schicksal". Die Politik wird damit entpolitisiert zu einem sozusagen metaphysischen Unternehmen. Tatsächlich aber wird die Politik dadurch nicht eliminiert, sondern sie wird nur vereinfacht auf die Führungsstruktur eines Stammes oder vielmehr Pseudo-Stammes, wonach einem charismatischen Führer ein bis zum Untergang getreues Gefolge oder einer (homogenen) Elite eine (homogene) Masse gegenübergestellt wird. Ganz gleich, ob diese Führungsstruktur plebiszitär-demokratisch oder ob sie durch eine „Diktatur des Proletariats" gerechtfertigt wird, politisch läuft sie auf den Quietismus der Masse, vielleicht auf „Blut und Tränen", aber doch auf die fraglose Anerkennung der quasi gottgegebenen Führung hinaus, während die Elite (auch ohne offizielles „Ermächtigungsgesetz") eine besondere Ermächtigung aus der Krise ableitet, alles zu tun, was die Krise wieder beendet.

Diese Umwandlung der Politik in eine Elite-Massen-Politik steigert nicht gerade die Einsicht in die Struktur der zu lösenden Probleme; aber sie bringt dennoch emotionale Erleichterung für viele, indem nämlich zum einen das Führungsproblem personalisiert wird und zum anderen die Opfer bequemerweise denjenigen, die über keine eigene Organisationsmacht verfügen, aufgeladen werden. Dadurch, daß die politischen Führer zu charismatischen Helden oder – wenn die Helden gescheitert sind – zu väterlichen Autoritäten hochstilisiert werden,[11] wird nicht nur ihr Autoritätsanspruch erhöht und ihre Legitimation sozusagen sakralisiert; im Falle des Scheiterns kann auch die Schuld dafür personalisiert werden, und es eröffnet sich so ein unbegrenzter Reigen von Abdankung und Königserhebung: Die Aufgabe einer politischen Problemlösung wird umformuliert zu einem Psychodrama von Schuld und Sühne, und zwar bei den Herrschenden wie den Herrschaftsunterworfenen. Die Frage der organisatorischen Veränderung innerhalb des politischen Körpers, der Reallokation der Mittel und der Reorganisation der Kompetenzen, wird damit aber gerade umgangen; im

[11] Schwartzenberg (1980: 90, 240 ff.).

Gegenteil werden die bisherigen Verteilungs- und Legitimationsmuster nur verstärkt, die Krise macht sie sakrosankt.

Das Fatale ist, daß „Krisen" weitgehend eine Sache der (öffentlich anerkannten) Benennung sind. Die sog. „Kuba-Krise" von 1962 ist durch die merkwürdige Tatsache gekennzeichnet, daß die Regierung Kennedy in höchste Unruhe versetzt wurde, als die Sowjets versuchten, Raketen auf Kuba zu stationieren, daß diese gleiche Regierung jedoch nichts dabei fand, daß auf türkischem Gebiet, nur wenige Meilen von der sowjetischen Grenze entfernt, amerikanische Raketen stationiert waren.[12] Probleme des Massenelends, der Kriegsverwüstung, der Vernichtung von Millionen Menschenleben durch totalitäre Regime werden nicht als Krise empfunden und benannt, während engbegrenzte und vorübergehende Notstände bereitwillig als Krise eingestuft werden. Damit etwas als Krise verstanden werden kann, ist eben erforderlich, daß ein Zustand zum Ereignis wird, d. h., daß er abgrenzbar und heraushebbar ist, vor allem aber, daß ein kollektiver Widerstand organisiert worden ist. Die rechtliche Benachteiligung von amerikanischen Negern, ihre Abdrängung in Slums, ihre Armut und Arbeitslosigkeit wird so lange nicht als Krise empfunden, als es dieser Bevölkerungsgruppe nicht gelingt, sich zu organisieren. Und sichtbar organisieren kann sie sich zunächst nur in Straßenaufständen und Plünderungen; also gelten diese als „Krise", nicht jedoch, was vorher alles geschehen war. Umgekehrt kann man sagen: Wo es einer Gruppe gelingt, eindrucksvolle Zeichen des kollektiven Widerstandes zu setzen und über die Massenkommunikationsmittel zu verbreiten, dort wird eine Krise vermutet – obgleich die objektiven Ursachenerklärungen dafür mehr als dürftig sein mögen. Ein Beispiel dafür sind die Studentenunruhen in den fortgeschrittenen westlichen Industriestaaten von 1968 und später, die gerade in einer Phase der Expansion, der finanziellen Großzügigkeit und der Leistungsermäßigung stattfanden, die aber durch Protest und rituelle Akte der Zerstörung und der Degradation der Autorität die öffentliche Aufmerksamkeit zu erregen verstanden.

Wenn man jedoch nach den objektiv zu ermittelnden Ursachen und Bedingungen fragt, dann gibt es gewöhnlich keinen Unterschied zwischen einer „Krise" oder einem „Problem".[13] „Probleme" sind in der Regel nicht minder ernst als „Krisen"; man kann fast umgekehrt sagen: Wo eine „Krise" wahrgenommen wird, dort gibt es keine Probleme mehr, dort wird der Problemkontext zerstört, wird ein nach außen gut sichtbares oder sichtbar zu machendes Ereignis herausgehoben und isoliert, mit einer eigenen

---

[12] Snyder (1972: 249).
[13] Edelman (1977: 48).

(phantastischen) Ätiologie versehen und einer äußerlichen Symptombehandlung zugeführt. Was ein Problem und was eine Krise ist, das ist lediglich eine Sache des Grades der öffentlichen Dramatisierung. Zweck der Dramatisierung[14] ist aber nicht die Problemlösung, sondern die Delegitimation bzw. Legitimation der etablierten Herrschaftsordnung und ihrer Führungsautoritäten: Zunächst fordert die Krise ihre „Opfer"; wird die Krise jedoch „gemeistert", dann wird die „gereinigte" Führungsmannschaft in ihrer Autorität bestärkt. Eine ernsthafte Problemlösung ist aber nur möglich im Zuge der Normalisierung, d. h. des Herunterspielens der Krisendramatik, dem Entzug der öffentlichen Aufmerksamkeit, der offiziellen Anhörung der Anführer des Protestes durch die legalen Verfassungsorgane, durch Gesetzgebungsinitiativen, durch den Erlaß von Vorschriften und die Einrichtung von eigenen Amtsstellen und Behörden. Doch diese Art der Problemlösung ist von dem ursprünglichen Krisendrama denkbar weit entfernt; sie erschüttert nicht die bisherige Ämter- und Problemlösungsstruktur, sondern sie bestärkt sie in der Regel nur.

Es gibt eine gewisse Ökologie von Dramatisierung und Normalisierung: Eine zu große Fülle von Dramen und Krisen würde sich von selbst neutralisieren. Die Menschen lieben ihre Sicherheit, die durch Abenteuer und Krisen (sozusagen negative Abenteuer) nicht zerstört, sondern nur bestärkt werden soll. Die Krisen dürfen also nicht zu dicht gesät sein, sie müssen von ausgiebigen Perioden der Normalisierung, um nicht zu sagen der Langeweile, voneinander getrennt sein. Außerdem dürfen die Krisen selbst nicht zu gleichförmig sein: Um prägnant unterscheidbar zu sein, müssen sie einmal von außen, einmal von innen kommen, müssen sich möglichst Naturkatastrophe und politische Krise, Wirtschafts- und Kulturkrise in polarer Folge abwechseln. Die Hoffnung auf einen Staatsbankrott durch eine Anhäufung der Krisen ist jedenfalls, wie einige Marxisten inzwischen schon gemerkt haben, vergeblich: Die Krise treibt „die Institutionen" nicht zum „Offenbarungseid";[15] vielmehr gehen – jedenfalls die regulativen – Institutionen der Gesellschaft in der Regel gestärkt aus der Krise hervor; ja, den Herrschenden kann es nur recht sein, wenn sehr schwierige oder kaum lösungsfähige Strukturprobleme als „Krise" proklamiert und „gelöst" werden, d. h. dem dargestellten psychodramatischen Lösungsmechanismus überantwortet werden. Dann ist eine Zeitlang Ruhe, auch wenn man von einer strukturellen Verbesserung weiter entfernt ist denn je; und diejenigen Inhaber von Herrschaftspositionen, die sich der Krise beugen, d. h. die zum einen bereitwillig die Krisenrhetorik aufnehmen und zum anderen

---

14 Lyman und Scott (1975: 115 ff.).
15 Koch und Narr (1976: 305); Esser, Fach und Väth (1983: 262 ff.).

„Sündenböcke" opfern (oder sich von unliebsamen Konkurrenten befreien), können noch dazu die „Krise" für ihre Machterhaltung einspannen. Die „Krise" ruft nach dem „starken Mann"; am „Ende der Krise" steht normalerweise die Diktatur und nicht „mehr Demokratie".

Allerdings gibt es kein endgültiges „Ende der Krise"; denn auch totalitäre Regime brechen zusammen – wenn auch zunächst mit einer gewissen Verzögerung, in der Folge dann aber um so eruptiver: Durch die totalitäre Lösung werden Krisen nur vom Wahlvolk und vom Marktgeschehen wegverlagert in den Führungsbereich und in den internationalen Konflikt. Da die Bürger der demokratischen Staaten dies aber – wenn nicht durch eigene Erfahrung, so doch durch einen ständig wiederholten Anschauungsunterricht auf internationalem Gebiet – recht gut wissen, ist für sie auch die „totalitäre Versuchung" begrenzt: Dank der Enge des öffentlichen Bewußtseins wird vielmehr die Krise schnell wieder vergessen; Krisen akkumulieren nicht, sondern eine Krise verdrängt die andere, und aus keiner wird etwas gelernt. Die Krisenpolitik ist geradezu eine Politik des kurzen Gedächtnisses, eine Politik für nicht lernfähige politische Körperschaften, und sie ist es mit systematischer Notwendigkeit; denn die Überantwortung der Krisenlösung an das Psychodrama und an die väterliche Autorität, die kurzfristige Massenmobilisierung und die Entfernung oder zumindest Diskreditierung der legaliter verantwortlichen und eventuell doch lernfähigen Amtsinhaber verhindern ja gerade die Entwicklung eines Langzeitgedächtnisses und die Ingangsetzung systematischer Lernprozesse.[16] Damit ist strukturell schon die nächste Krise vorbereitet, die auf die gleiche primitive Weise „gelöst" werden wird.

2. Gedachte Krisen sind keine Krisen

Wer sich der Zirkularität und der problemvernichtenden Wirkung der Krisenrhetorik bewußt geworden ist, der sollte, wenn ihm tatsächlich an einer politischen Veränderung gelegen ist, etwas vorsichtiger mit seinen Krisenbeschwörungen sein. Nach Jacob Burckhardt treiben die Krisen zwar das Große hervor, sie leiten eine grundlegend neue Entwicklungsepoche ein, indem sie aufräumen mit überlebten Lebensformen und „Pseudoorganismen", mit der Mittelmäßigkeit und Unentschiedenheit;[17] aber die „echten" Krisen sind so selten wie das Große überhaupt. Für Burckhardt hat zwar das Römische Reich jahrhundertelang aus der Krise gelebt, aber es ist an keiner Krise zugrunde gegangen – dazu hat es nie gereicht. Die meisten

---

[16] Petrick (1981: 101–122).
[17] Vgl. Löwith (1966: 199–214).

Krisen bleiben klein, und viele werden auch regelrecht abgeblockt: Die Gefahr, daß in der Krise nur eine Menge Unzufriedenheit und Haß abreagiert wird, daß verschiedene Gruppen Rechnungen gegeneinander begleichen, daß sich aber kein umfassendes und verbindliches Ideal, kein neues Ordnungsprinzip durchsetzen kann, ist groß. Dann aber ist die Reaktion und der Wille zur „Sekurität" stärker als die Krise: Die Krise hat, wie Burckhardt meint, im Endeffekt doch nur eine Wirkung: „Mit der größten Geduld läßt man sich auch die erbärmlichsten Regierungen gefallen und sich alles dasjenige bieten, worüber noch wenige Zeit vorher alles in die Luft gegangen wäre." Dann hat die Geschichte wieder einmal „ganz enorme Veranstaltungen und einen unverhältnismäßigen Lärm" gebraucht, um schließlich doch nur ein ganz ordinäres Schicksal hervorzubringen. Krisen lassen sich nicht herbeireden: Wo das Krisengerede keinen strukturellen Anhalt findet, dort verfliegt es wie der Blütenregen im Mai, und die Krisendiagnose wechselt schneller als die Kleidermode. Die meistzitierten Krisen sind mit Sicherheit keine Krisen, sondern nur Wortbeschwörungen: Eine Krisendiagnose ohne eine konkrete (möglichst mit Daten belegbare) gesellschaftliche Strukturanalyse ist bloße Demagogie.

1. Um mit der weitverbreitetsten Krise, der Grundkrise aller Krisen, zu beginnen, so ist die „geistige Krise" oder die „Krise der Vernunft" ein kryptophilosophisches oder -theologisches Phantasma ohne jede analytische Strukturierungsleistung. Wenn die „geistige Krise" darin besteht, daß „das Gleichgewicht zwischen intellektuellen und spirituellen Fähigkeiten, zwischen Erde und Himmel, zwischen Sinnlichem und Übersinnlichem" gestört ist,[18] dann natürlich ist die Krise universell. Doch diese Gegensätze sind rein fiktiv, Ausdruck einer archaischen Logik,[19] beliebig mit Inhalt füllbar; selbst der Grad der „Störung" bleibt undefiniert. „Störung" scheint bereits „Zerstörung" zu sein; der darin implizierten Vorstellung einer absoluten Sphärenharmonie kann nichts im Kosmos genügen. Wenn man versucht, der christlich-marxistischen Vorstellung von der „Zerstörung" oder

---

[18] So heißt es bei Muthesius (1963: 11 f.): „Die große Krisis liegt in der Luft und sendet ihre Ausstrahlungen in alle Sphären des Lebens hinein. Wir brauchen nur eine Zeitung aufzuschlagen, so springen uns auf allen Seiten die verschiedensten Krisen entgegen, und es scheint keine einzige Sphäre zu geben, die von Krisen verschont bliebe. Wirtschaftskrisen, politische Krisen, französische Staatskrise, belgische Regierungskrise, Berlin-Krise, Laos-Krise, Kongo-Krise, Krise des westlichen Bürgertums, Priester-Krise in Italien, Autoritäs-Krise in der Erziehung, Krise des Parlamentarismus, Krise des Films . . . sie alle sind Auswirkungen der fundamentalen geistigen Krisis der Gegenwart."

[19] Prier (1976).

der „Krise der Vernunft"[20] auf den Grund zu gehen und eine wenigstens
ansatzweise Strukturdefinition zu finden, dann bleibt offenbar nur, „daß
die Vernunft sich selbst in Frage stellt", daß „die Vernunft [. . .] in ihrer
Ausübung mächtiger denn je, doch blind ihrer eigenen Natur und ihrer Fi-
nalität gegenüber [ist] [. . .]: Die Vernunft versteht sich selbst nicht mehr,
weder in bezug auf sich noch auf das Sein."[21]

Damit sind wir aber wieder bei den gleichen archaischen Dichotomien
wie vorher, wenngleich sie nun in die Vernunft selbst verlagert sind: Die
Vernunft hat einen Außenaspekt (Weltbewältigung) und einen Innenaspekt
(Selbstreflektion); beide stehen angeblich in einem Nullsummenverhältnis,
d. h., je größer die Verfügungsgewalt über die Außenwelt, desto geringer
die Selbsterkenntnis. Doch das ist ganz unwahrscheinlich; denn für beide
Aufgaben ist ein und dasselbe Gehirn – wenn sozusagen auch in unterschiedlich akzentuierten Schaltmustern – zuständig. Als der schlagendste
Beweis für die Krise oder die Spaltung der Vernunft wird regelmäßig die
Atombombe angeführt,[22] mit der die Menschheit sich selbst zerstören
kann. Doch wäre unsere Vernunft größer, wenn wir noch in der Höhle dö-
sten und in das Feuer starrten? Die Atombombe ist nur der Test unserer
Vernunft: Wenn wir ihn nicht bestehen, dann war unsere Vernunft – selbst
im Stadium ihrer größten Entfaltung – eben nicht ganz so grandios, wie wir
dachten; daß sie aber vorher größer gewesen sei, daß unsere Vorfahren er-
leuchteter als wir gewesen seien, ist jedoch nur eine kindliche, jedem Test
glücklicherweise entzogene Größenphantasie.

Man kann offenbar von der „geistigen Krise" nicht sinnvoll reden (oder
man kann ihr jeden beliebigen Sinn oder Unsinn unterlegen); denn wenn
wir in ihr steckten, merkten wir es nicht, und was wir sagten, wäre selbst
unmittelbarer Ausdruck dieser Krise; wenn wir aber glauben, sinnvoll darüber reden zu können, müßten wir uns selbst frei von dieser Krise dünken;
dann aber wäre es nicht die „Krise der Vernunft", sondern sozusagen nur
die „Unvernunft" der anderen, die uns stört: Die bloße Tatsache aber, daß
andere Menschen andere Glaubensvorstellungen und Wertsetzungen vertreten, ist noch lange keine „Krise der Vernunft", auch nicht eine „geistige
Krise der Gesellschaft", die, wenn sie lebendig und entwicklungsfähig sein
soll, ja doch gerade darauf angelegt sein muß, daß jeder nach *seinem* Sinn
sucht, so wie es die spezifische Konstellation seiner genetischen Veranla-
gung, seiner Erziehung, seiner gesellschaftlichen Funktion, seines Persön-

---

[20] In dieser Thematik begegnen sich so verschiedene Anklagen und Kläger wie
Lukács (1960) und Husserl (1977).

[21] Cottier (1972: 40).

[22] So natürlich auch Muthesius (1963: 11).

lichkeitsideals und seiner spezifischen (materiellen und geistigen) Interessen erfordert oder erlaubt. Ernsthaft philosophisch betrachtet, gibt es keinen Maßstab für die „Krise der Vernunft"; denn die Philosophie selbst lebt aus der Krise: aus dem Fragwürdigwerden des ehemals Selbstverständlichen;[23] das Erlebnis der „Krise der Vernunft" ist geradezu die Konstitutionsbedingung dessen, was wir Vernunft nennen. Wer ständig über die „Krise der Vernunft" jammert, der setzt sich nur dem Verdacht aus, daß ihm das ganze „Vernunftgeschäft"[24] lästig geworden ist, daß er nicht mehr argumentieren und denken, sondern nur noch glauben und sich in diesem Glauben nicht mehr stören lassen will. Gestört ist hier nur das eigene psychische Gleichgewicht. Es ist doch allzu billig, diese Gleichgewichtsstörung zu einer metaphysischen Grundkrise hochzustilisieren.

2. Die Krise darf auch nicht psychologisiert und nur subjektiv definiert werden: Wenn unrealistische Erwartungen nicht erfüllt werden, und seien es die Erwartungen von Millionen, so ist das noch keine Krise. So gibt es beispielsweise keine Krise der Lotterie, mag die Gewinnchance noch so klein sein und mag sich die halbe Bevölkerung vergebens an den wöchentlichen Ziehungen beteiligen. Es muß sich dabei schon um Erwartungen handeln, die von strategisch zentraler Bedeutung für die Aufrechterhaltung und Weiterentwicklung bzw. die Gefährdung des Systems sind. Mit Ted R. Gurr kann man dabei zwischen einer segmentalen und einer systemischen Herausforderung unterscheiden.[25] Segmentale Herausforderungen entstehen durch durchaus systemkonforme Erwartungen, wie z. B. durch die Forderung nach gleichen Bürgerrechten oder Minderheitsrechten bei diskriminierten Bevölkerungsteilen. Damit wird nicht die Wertordnung des Systems bedroht; jedoch kann es zu einer Störung der funktionalen Ordnung kommen, wenn die legitimen Rechte in den vernachlässigten Segmenten nicht erfüllt werden. Systemische Herausforderungen sind hingegen Forderungen, die sich gegen die herrschende Wert- und Normordnung bzw. den dahinterstehenden staatlichen Sanktionsapparat richten. Etwas mildere systemische Herausforderungen erkennen zwar die Wertordnung an, richten sich jedoch gegen die Verteilung der Statuspositionen und die Zuteilung von Mitteln und Privilegien, die durch die herrschende Wertordnung nicht legitimiert erscheinen. Kleinere systemische Herausforderungen richten sich gegen einzelne Institutionen, größere gegen das Gesamtsystem. Größere systemische Herausforderungen sind z. B. Erwar-

---

[23] So glücklicherweise in der Diskussion zur Darstellung von Cottier die Beiträge von Keilbach (S. 61) und Alszeghy (S. 57); ebenso Sallis (1983).

[24] Vgl. Immanuel Kant, Kritik der reinen Vernunft, Vorrede A VIII.

[25] Gurr (1973: 69 f.).

tungen und Akte, die auf eine Änderung der internationalen Stellung eines Landes, seinen Einbezug in oder sein Ausscheiden aus einem Allianzsystem abzielen oder die imstande sind, das ökonomische System in eine unkontrollierbare Inflation, in eine schwere Depression oder große Arbeitslosigkeit zu treiben.

Aber auch selbst dann reicht es nicht, daß viele Menschen dies erwarten oder wollen: Sie müssen schon auch fähig sein, ihren Erwartungen Ausdruck zu verleihen; d. h., sie müssen hinreichend organisiert sein, und ihre Organisation muß bis zu einem gewissen Grad unabhängig sein von der Organisation des zu bekämpfenden politischen Systems. Die Zahl der Menschen spielt dabei keine so entscheidende Rolle; entscheidend ist vielmehr, daß funktional wichtige, für die Aufrechterhaltung des politischen Systems unentbehrliche Gruppen beteiligt sind und daß diese Gruppen feste Beziehungen zur herrschenden Elite – oder zu ihrer Gegenelite – haben. Eckstein und Gurr gehen davon aus, daß nur Gruppen, die mindestens ein Zehntel der staatlichen oder nichtstaatlichen Eliten umfassen, als „strategisch wichtig" eingestuft werden können.[26] Das Ausgangsmodell ist dabei jedoch eine demokratische Elite bzw. eine entwickelte Industriegesellschaft mit einer breiten Verankerung der Elite in der Gesamtbevölkerung; bei unterentwickelten und diktatorischen Systemen kann auch eine sehr große Bevölkerungsschicht ohne jeden Einfluß sein. Die Triebabfuhr von unorganisierten (bzw. von eben nur sporadisch und rudimentär organisierten) Massen bereitet einem diktatorischen System keine großen Schwierigkeiten, deshalb wird hier auch wenig von „Krise" die Rede sein; dennoch ist ein solches System nicht besser, sondern schlechter organisiert (was sich z. B. in seiner wirtschaftlichen Produktivität oder seiner technologischen und wissenschaftlichen Innovativität zeigt): Die niedrige Krisenschwelle ist geradezu ein Gradmesser für die Qualität einer Systemorganisation.

Das große Wunschziel der Staatskunst (und der Politischen Theorie) könnte ja nicht ein politisches System sein, das keine Krisen kennt; denn unter der Annahme einer prinzipiell beschränkten Planbarkeit und Steuerbarkeit der politischen und gesellschaftlichen Prozesse in einem komplexen und innovationsfähigen System dienen Krisen als Korrekturmechanismen, die die Aufmerksamkeit der politischen Entscheidungsträger auf Steuerungsdefizite lenken und der Bevölkerung die Möglichkeit zu expressivem Verhalten geben. Erwünscht wäre vielmehr ein System, das sensibel auf Krisen reagiert, das aber auch fähig ist, diese in produktiver und geordneter Weise zu verarbeiten. Das Ziel wäre wohl ein „krisenfestes" System, aber nur im Sinne einer niedrigen Krisenschwelle und einer hohen Problemver-

---

[26] Eckstein (1971: 44).

arbeitungskapazität, nicht aber umgekehrt im Sinne eines erstarrten, insensiblen Systems mit hoher Krisenschwelle und niedriger Verarbeitungskapazität. Die anfänglich große, nach dem Ölschock häufig geäußerte Freude vieler Marxisten und Staatssozialisten über die „Krisenanfälligkeit" der westlichen politischen Systeme ist inzwischen ziemlich gedämpft worden, da die gleichen Probleme natürlich auch die staatssozialistischen Länder eingeholt haben, diese aber wesentlich starrer, d. h. unter großen Produktivitätsverlusten und mit größeren internationalen Reibungen, reagieren. Krise ist eben nicht gleich Krise: Es kommt auf das System an, welche Krisen es wie verarbeiten kann.

Ebensowenig können Unsicherheit und Streß, insoweit sie von einzelnen oder auch von einer Vielzahl von Individuen empfunden werden, mit einer Krise gleichgesetzt werden. Vorzuziehen ist auf jeden Fall ein politisches System, das einen großen Grad an Unsicherheit ertragen kann; denn Unsicherheiten sind auf keinen Fall auszuschalten. Zum einen ändert sich die Umwelt des Systems: Einzelne Rohstoffe werden knapp, es gibt plötzliche Änderungen im Allianzensystem, bislang kooperierende oder auch feindliche Regierungen werden gestürzt; zum anderen ändert sich das System auch endogen: Es gibt neue technologische Erfindungen und wissenschaftliche Entdeckungen, die Wahlentscheidungen der Bevölkerung ändern sich, neue Wertsetzungen gewinnen an Geltung usw. Obgleich ein politisches System besser mit Personen fahren wird, die eine gewisse Unsicherheits- und Ambiguitätstoleranz aufweisen, die hinreichend umstellungsbereit und fortbildungsfähig sind, um veränderte oder neue Aufgabenstellungen übernehmen zu können, so ist doch ein politisches System nicht mit der durchschnittlichen Individualcharakteristik seiner Mitglieder gleichzusetzen; denn die Flexibilität eines Systems wird vor allem gesichert durch die Vielzahl seiner aktionsfähigen und in variabler Interaktion stehenden Untereinheiten (wie Firmen und Gemeinden, Verbände, Forschungslaboratorien, Konsortien). Solange alle diese Untereinheiten in lebhaften Interaktionsbeziehungen mit den korrespondierenden Untereinheiten anderer Gesellschaftssysteme stehen, insofern sie laufend neue Informationen aufnehmen und verarbeiten, solange also ein großer Grad der Mikro*variabilität* erreicht wird, ist die Makro*stabilität* des Gesamtsystems gewährleistet.[27]

Die Unsicherheit wird in einem gut organisierten System auf viele Organisationen und auf viele Entscheidungen verteilt; auch wenn eine ganze Reihe von Entscheidungen sich als fehlerhaft, als suboptimal oder sogar als selbstzerstörerisch erweist, also auch einige Organisationen dabei

---

[27] Klein (1977: 140 ff.).

Schiffbruch erleiden, so bleibt doch die Unsicherheit für das Gesamtsystem eine statistisch vorhersehbare Größe; ein gewisser Grad an Unsicherheit ist gerade das Lebenselixier des Systems, das nur dadurch gezwungen ist, sich in seinen Untereinheiten laufend zu erneuern. Die Unsicherheit würde erst dann zur Krise oder zur Katastrophe ausarten, wenn lebenswichtige Entscheidungen nur noch von der obersten Entscheidungsebene getroffen würden, wenn diese jedoch nicht über genügend Information verfügte, wenn drastische Umweltveränderungen plötzlich einträten bzw. nicht vorausgesehen werden könnten, wenn zu wenig Zeit zur Überlegung vorhanden wäre, wenn die eigenen Wertpräferenzen nicht geklärt werden usw. Daß solche Umweltveränderungen als Krisenereignisse erfahren werden, liegt jedoch nicht nur an den Ereignissen, sondern zumindest im gleichen Maße am System, das eben zu wenig an differenzierter und variabler Problemverarbeitungsstruktur aufgebaut hat, um mit solchen Ereignissen auch fertig werden zu können: Wenn jede Unsicherheit zur Krise wird, ist das System falsch organisiert.

3. Schon gar nicht können logische oder metaphysische Widersprüche, die aufgrund irgendwelcher Dogmen, theoretischer Annahmen oder unausgesprochener Wertentscheidungen einer gesellschaftlichen (politischen, wirtschaftlichen usw.) Entwicklung unterstellt werden, mit einer Krise gleichgesetzt werden. Bloß gedachte Krisen, die nur von demjenigen erfahren werden können, der sich eine entsprechende Krisentheorie ausgedacht hat, nicht jedoch von denjenigen, die nach Aussage der Theorie die Leidtragenden sind, ist keine Krise. Die rührendsten „Kopfgeburten" in dieser Hinsicht sind die sog. „Legitimationskrise" staatssozialisitscher und die „Krise der Unregierbarkeit" staatskonservativer Provenienz.

Die „Legitimationskrise" wurde von Habermas und Offe zunächst kunstvoll konstruiert, ist dann aber in einer schnell um sich greifenden Rhetorik immer mehr trivialisiert worden,[28] so daß bereits zehn Jahre später – nachdem die theoretischen Kurzschlüsse und die empirischen Defizite offensichtlich geworden sind – auch die Wunschvorstellung, die „Krise" möge als Ersatz für eine nicht zu erwartende „Revolution" dienen,[29] sich in ihr pures Gegenteil gekehrt hat: in die Befürchtung, daß die Krise die Regierten nur noch stärker in die Arme der Regierenden treibt. Die Konstruktion scheint logisch zu sein – aber sie ist nur „kapitallogisch"; soziologisch und politologisch ist sie jedoch wenig realistisch: Im „organisierten Kapitalismus" wird mit Hilfe der korporativen Konzentration und der Staats-

---

[28] Habermas (1973); Offe (1972); Ebbinghausen (1976); Dittberner und Ebbinghausen (1973); Vidich und Glassman (1979); Riedmüller (1980); Wright (1978).

[29] Habermas (1973: 42).

intervention die „ökonomische Krise" (die hätte längst eintreten müssen) „aufgefangen und in eine systematische Überforderung der öffentlichen Haushalte transformiert". Damit aber steigt auch der „Legitimationsbedarf" des Staates; denn „wenn das staatliche Krisenmanagement versagt, fällt es hinter *selbstgesetzte* programmatische Ansprüche zurück, worauf als Strafe Legitimationsentzug steht, so daß der Handlungsspielraum genau in den Augenblicken, wenn er drastisch erweitert werden müßte, zusammenschrumpft"[30].

Wenn man zunächst einmal nur von der theoretischen Konstruktion ausgeht, so ist erstens schon die zugrundeliegende Legitimitätsvorstellung höchst seltsam. Die Legitimität wird offenbar gemessen an der Erfüllung der verkündeten Programmatik der Regierung, so als wäre die Legitimität eine völlig intentionale Angelegenheit, d. h., als wählten die Wähler nur Programme, als könnten sie Programm und Wirklichkeit, Rhetorik und Pragmatik nicht unterscheiden, so als würden Programme unabhängig vom sich wandelnden Kontext beurteilt, so als hielten die Wähler die Regierenden für allmächtig und als hätten sie keine Ahnung von der transnationalen Verflechtung von Wirtschaft, Politik, Gesellschaft und Kultur, und überhaupt, als wäre ihnen die Komplexität und begrenzte Steuerbarkeit der interdependenten Systeme noch niemals aufgegangen.

Zweitens überrascht die Blauäugigkeit des Systemkonzeptes, das von einem statischen, nur auf Bestandserhaltung eingestellten, noch dazu aber monostabilen und total integrierten System ausgeht.[31] So harmonistisch hat noch keiner das soziale System definiert, auch Parsons nicht, auf den sich Habermas beruft. Wenn als Kriterium der Bestandserhaltung die von „den Mitgliedern des Systems" (hier deutet sich eine Reifikation des Systembegriffes an) empfundene „Identität" des Systems und mit dem System angegeben wird,[32] so wird damit nicht nur ein sehr luftiges Kriterium gewählt, sondern das Bestandsproblem wird auch noch ontologisiert, so als ginge es tatsächlich um die Existenz oder Nicht-Existenz des Systems: Es geht aber vielmehr um die Qualität von tausend Inputs und Outputs und ihre funktionalen Rückkopplungen, die ein System mehr oder weniger, mehr in dieser oder jener Richtung adaptations- und entwicklungsfähig halten. Nur bei der Fiktion eines total homogenen Systems – also ohne relative funktionale Autonomie der Subsysteme, ohne eine schwankende Nettobalance von funktionalen und dysfunktionalen, afunktionalen, multifunktionalen und redundanten Komponenten – kann man auf den Gedanken kommen,

---

30 Habermas (1973: 98).
31 Habermas (1973: 11).
32 Habermas (1973: 13).

daß „fehlende Legitimationen . . . durch systemkonforme Entschädigun-
gen ausgeglichen werden [müssen]"[33], daß fehlende Legitimität (oder
Sinnhaftigkeit) sozusagen durch eine Erhöhung des Bestechungsgeldes
ausgeglichen werden könne. Auf einen solchen Gedanken kann man ohne
(eine ontologisierte) „Systemtheorie" gar nicht kommen.

Drittens ist die Annahme, daß die Wahrnehmung einer verstärkten Krise
einen erhöhten Legitimitätsbedarf erfordert, nur mechanistisch gedacht,
jedoch durch keine systemtheoretische Annahme oder gar eine empirische
Beobachtung gedeckt. Das Gegenteil scheint richtig zu sein. Ganz abgesehen davon, daß es eine einheitliche und homogene Legitimation und daß es
die Nullsumme „Legitimationsbedarf" nicht gibt, sondern daß eine wirk-
liche Politik stets von vielen (nicht additiven und oft nur streckenweise
miteinander vereinbaren) Legitimationsvorgaben, Motivationen, Befriedi-
gungen und Frustrationen getragen wird,[34] daß andererseits aber auch die
Regierung nicht mit allen Parteien zugleich identifiziert, daß die Exekutive
nicht mit der Legislative und die Regierung nicht mit der politischen Gemeinschaft schlechthin gleichgesetzt wird,[35] wäre es ganz unwahrscheinlich, wenn eine Krise nicht die Struktur und die Qualität der sozialen und
Herrschaftsbeziehungen verändern würde. Hier ist nun jedoch nach tausendfach wiederholten Erfahrungen davon auszugehen, daß in der Krise die
soziale Bindung „agonistisch" wird und ihr „hedonistisches" Moment zurücktritt,[36] d. h., daß Unzulänglichkeiten im Innern eher verdrängt oder
nach außen projiziert werden, daß die Autoritätsgläubigkeit zunimmt bzw.
daß das Analog-Ich der Herrschaftsunterworfenen zusammengedrückt
wird, daß sie also ihre Ansprüche auf „Selbstverwirklichung" und „Eman-
zipation" weitgehend zugunsten ihres Sicherheitsbedürfnisses reduzie-
ren.[37]

Wenn man das „Krisentheorem" von Habermas u. a. empirisch ernst
nehmen wollte, dann würde das in strategischer Hinsicht bedeuten, daß
sich der Staat – beispielsweise über seine Wohlfahrtsleistungen – eine „in-
haltlich diffuse Massenloyalität" beschaffen kann, aber die Partizipation
der Massen tunlichst vermeiden muß.[38] So sehr man jedoch nach empirischen Indikatoren der „Formalisierung" der Demokratie und des Partizipa-
tionsrückgangs sucht, es findet sich keine Bestätigung – oder bei näherem

[33] Habermas (1973: 104).
[34] Vgl. den Differenzierungsversuch von Muller und Jukam (1977: 1561–1595).
Ebenso: Farah, Barges und Heunks (1979: 409–447).
[35] Gamson (1968: 50 f.).
[36] Vgl. Chance (1976: 315–333).
[37] Stoken (1980: 14–19).
[38] Habermas (1973: 55).

Hinsehen kehren sich scheinbare Bestätigungen in ihr Gegenteil um. Da ist erstens der angebliche „Zusammenbruch" des traditionellen Parteiensystems, oder genauer: zum einen der Rückgang der Parteibindung der Wähler und ihre abnehmende Bereitschaft, sich den von den Parteien artikulierten und aggregierten politischen Interessen anzuschließen; zum anderen das Aufkommen von Aktionsgruppen und Initiativbewegungen, die den „Parteienstaat" oder die repräsentative Demokratie überhaupt ablehnen. Alle verfügbaren Längsschnittuntersuchungen (und nur solche zählen hier) zeigen aber, daß gerade in der Bundesrepublik die Parteibindung außerordentlich konstant ist (sie liegt seit 1961 bei etwa 75 %) bzw. daß der Anteil der parteilich Ungebundenen zwar (zwischen 15 und 25 %) schwankt, jedoch in dieser Schwankung ebenfalls relativ konstant geblieben ist.[39] Auch das Auftauchen von (angeblichen) Ein-Punkt-Parteien (wie den „Grünen") und von Bürgerinitiativbewegungen läßt vielleicht auf eine Abnahme der Parteibindung, nicht unbedingt jedoch auf eine Abnahme der Partizipation am demokratischen System schließen. Selbst wenn – wie in den USA – eine gewisse Entfremdung zwischen politischer Elite und Wählerschaft festzustellen ist, so zieht sich diese größere Distanz über das gesamte Rechts-Links-Spektrum, und sie ist nicht Ausdruck einer Klassenspaltung in der einen oder anderen Form.[40]

In den westeuropäischen Ländern – und insbesondere in der Bundesrepublik – aber hat die politische Enttäuschung oder das politische Mißtrauen auch in den letzten Jahren – mit steigender Arbeitslosigkeit oder Inflation bzw. zeitweise stagnierendem Realeinkommen – keineswegs zugenommen, und die allgemeine Zufriedenheit mit dem demokratischen System ist zumindest stabil (wenn sie nicht sogar – wie in 6 von 9 europäischen Ländern – gewachsen ist).[41] Was die Initiativbewegungen betrifft, so suchen sie gewiß nach anderen Formen der Partizipation als über die bloße Wahlteilnahme; dennoch sind diese Bewegungen nicht von vornherein als systemfeindlich einzustufen, und schon gar nicht sind sie systemschädlich. Die Aktivisten dieser Initiativbewegungen sind wohl kritischer als die parteilich Gebundenen, sie glauben stärker an ihre Wirksamkeit, aber ihre Unzufriedenheit ist nicht notwendig größer: im Gegenteil, sie sind im Durchschnitt besser gebildet und sie haben einen besseren sozialen Status als die eher Passiven, und noch mehr: unkonventionelle und konventionelle Partizipationsweise korrelieren positiv miteinander, nicht negativ.[42]

[39] Vgl. Berger (1977: 501–509).
[40] Robinson (1976: 409–432).
[41] Kaase (1980: 182); vgl. auch Lipset und Schneider (1983) und zur Operationalisierung Zimmermann (1979).
[42] Kaase (1980: 188f.).

Daraus ist also nicht auf eine Polarisierung, sondern eher auf eine stärkere Systemorientierung (gegenüber einer bloßen Output-Orientierung) zu schließen; jedenfalls ist aus der Form der Partizipation, die aus den institutionellen bzw. bisher institutionalisierten Formen ausbricht, noch nicht auf eine generell negative Haltung zu schließen, und eine negative Haltung setzt sich nicht automatisch in eine negative Wirkung um. Schließlich kann sich der Aktivismus auch totlaufen und er kann falsch eingesetzt werden.[43] Dazu kommt, daß der bloße Protest politisch unwirksam bleiben wird, wenn keine positive Alternative aufgezeigt werden kann: Ohne eine verlockende und zugleich aber auch realistische Alternative werden jedoch auch erhebliche Zweifel nichts an der Geltung der herrschenden Ordnung ändern.

Was über die „Legitimitätskrise" gesagt worden ist, gilt fast in gleicher Weise auch für die „Effektivitätskrise" oder die Behauptung der „Unregierbarkeit".[44] Natürlich ist das Schlagwort von der „Unregierbarkeit" Unsinn bzw. reine Rhetorik; denn die Frage war noch nie, *ob* ein Land regierbar ist oder nicht, sondern nur, *wie* es regiert wird, d. h., ob es mit primitiven und repressiven oder mit sublimen und produktiven Mitteln regiert wird, welche Teileliten und welche gesellschaftlichen Gruppierungen in bezug auf welche Streitpunkte Einfluß haben usw. Natürlich kann sich die Regierung übernehmen, indem sie sich in wirtschaftlich guten Zeiten zu öffentlichen Wohlfahrtsleistungen verpflichtet, die sie bei vermindertem Wirtschaftswachstum nicht mehr aufbringen kann; selbstverständlich gibt es Konflikte und möglicherweise negative Nebenwirkungen für das Gemeinwohl, wenn das Ausgabenmuster grundlegend geändert werden muß; aber das erlaubt noch lange nicht den Rückschluß, daß die bisher von der Regierung erbrachten Leistungen sinnlos gewesen oder daß die Regierung ineffektiv (im Vergleich mit welcher anderen Trägerinstitution?) gewirtschaftet hätte, auch nicht die Vorhersage, daß das Land durch einen Wechsel der Politik in die Anarchie gestürzt werden wird.[45] Die möglichen Alternativen reichen von der Abwahl der alten Regierung und einer grundlegenden Reduktion der Staatsaufgaben bis zur praktischen Entmachtung der Regierung durch ein „sottogoverno" auf der Ebene der Parentel- und Klientelbeziehungen, vom öffentlich sich formierenden Protest bis zur Apathie und zum Rückzug ins Private, von der politischen Schuldigsprechung der Regierung bis zu ihrer politischen Entlastung angesichts der leeren Kassen oder anderer „Zwänge".

[43] Vgl. Rochon (1982: 20 ff.).

[44] Vgl. Crozier, Huntington und Watanuki (1976); *Schweizer Monatshefte* (1975); Peyrefitte (1971); Hennis, Kielmansegg und Matz (1977/79).

[45] Vgl. Rose (1979: 351–370).

In der „Unregierbarkeits"-These werden die gleichen Fehler gemacht wie in der Propagierung der „Legitimationskrise": Ein gesellschaftlicher Wandel wird überpolitisiert, indem er allein zu einer Angelegenheit der Regierung gemacht wird; zudem wird die Politik zu einer Frage des Allesoder-Nichts erklärt, „die" Politik wird zu einem homogenen Gebilde; und der Erfolg oder die Krisenanfälligkeit einer Politik wird daran gemessen, ob sie mit dem eigenen normativen (und vielfach utopischen) Modell der Politik übereinstimmt.[46] Auf diese Weise ufert die Krisenrhetorik ins Grenzenlose aus; damit aber entwertet sie sich selbst: Von Krisennachrichten geschüttelt, ja von Weltuntergangsprophetien bedroht, überleben wir doch Jahr für Jahr, und nicht schlechter als im letzten Jahr. Sicher gibt es Regierungskrisen, und es gibt krisenhafte Strukturwandlungen in der Politik, aber die Kriterien für eine solche Krise können nicht in (unrealistischen) normativen Zielsetzungen und paratheoretischen Gedankengebäuden liegen.

Es ist sicher richtig, die subjektive „Definition der Situation" der Betroffenen in die Krisendefinition mit einzubeziehen; doch der subjektive Standpunkt des Gesellschaftskritikers und „Krisentheoretikers" ist damit sicher nicht identisch. Wenn schon der „subjektive" Faktor mitberücksichtigt werden soll, so ist doch vor allem die „Volksmeinung" zu respektieren, wie sie in Umfragen und in der Beobachtung von Verhaltenswandlungen zum Vorschein kommt. Wenn es die Krisentheorie auch noch übernimmt, diese „Volksmeinung" für irrig oder illusionär, für unaufgeklärt und eben „falsches Bewußtsein" zu erklären, dann immunisiert sie sich völlig gegen Widerlegung, zumal wenn eine nüchterne struktural-funktionale oder systemorganisatorische Betrachtung ohnehin als „technokratisch" und „entfremdet" gilt. Aber auch die gewissenhafte Berücksichtigung der empirischen Daten der Umfrageforschung (die natürlich nur im Kontext der realen Verhaltensalternativen interpretiert werden können) genügt allein noch nicht. Zwar spielt in der Krisenrhetorik die "self-fulfilling prophecy"[47] – jedenfalls in der Vorstellung der Rhetoren – keine geringe Rolle; d. h., man setzt darauf, daß tatsächlich eine Krisensituation eintritt oder verstärkt wird, wenn nur genug Menschen subjektiv davon überzeugt sind, daß eine Krise vorliegt. Dennoch ist die Wirkung dieser sich selbst bestätigenden Vorhersage durchaus zweifelhaft; denn selbst wenn sehr viele Menschen an funktional wichtigen Stellen der Gesellschaft von einem krisenhaften Zustand überzeugt sind, so bestätigt und verstärkt dies nur den krisenhaften Zustand in seiner allgemeinen Form, d. h. in seiner Orientierungslosigkeit,

---

[46] Sontheimer (1976: 221).
[47] Vgl. Merton (1957: 421–436).

Unübersichtlichkeit, Komplexität, Verhaltensunsicherheit. Keine noch so geschickte Agitation ist jedoch imstande, die Krise in eine bestimmte Richtung zu steuern, alle sich betroffen fühlenden Akteure (als Individuen und kollektive Akteure) zu einem gleichsinnigen (meist stellt man sich vor: „massenhaften") Handeln und Verhalten zu veranlassen. Selbst wenn eine Massenwirkung eintreten sollte – was nur bei direktem Kontakt und unter dem Eindruck eines aufrüttelnden gemeinsamen Erlebnisses wahrscheinlich ist –, kann diese sozusagen „nach hinten" losgehen und die von der Krise sich bedroht Fühlenden in die Arme ihrer gewohnten Retter treiben. Die Krise hat sich dann wieder einmal nicht als „Krankheit zum Tode" erwiesen, sondern nur als „Stabilisierungskrise".[48]

Gerade für die Krise gilt gewöhnlich ein verminderter Grad der Organisierbarkeit: Die beunruhigten Akteure stehen sich voller Mißtrauen gegenüber, die Interessen werden nur kurzsichtig und kurzfristig definiert. Hier aber kann die sich selbst bestätigende Prophetie nur die Konfusion vergrößern. Ganz abgesehen davon sprechen viele der Krisenagitatoren – meist ohne daß sie es selbst merken – eine so esoterische Sprache, daß sie den meisten Adressaten schon rein begrifflich kaum verständlich ist oder für die sie beim besten Willen keine realistischen Handlungskonsequenzen ausmachen können.[49] Vielfach kollidieren hier auch Krisenprophetie und politische Verhaltensaufforderung: Wenn nämlich die Prophetie von der Unaufhaltbarkeit und der Schicksalhaftigkeit der Krise spricht, kann nicht erwartet werden, daß die Krisengläubigen spezielle Verhaltensänderungen für sich selbst versuchen; steht jedoch der Aufruf zum individuellen Handeln im Vordergrund, dann ist die Überzeugungskraft der Krise dahin. Die Krise ist also nicht nur oder nur zum geringen Teil ein rhetorischer Topos. Wenn im folgenden noch von Krise die Rede sein soll, so müssen dafür schon objektive operationale Kriterien angegeben werden, d. h. Kriterien, die vom Theorem der "self-fulfilling prophecy" nicht zuschanden gemacht werden können.

---

[48] Koch und Narr (1976: 332 f.).
[49] Henshel (1982: 519).

II. ZUM STAND DER THEORIE

In den letzten 30 Jahren sind drei deutlich voneinander abgehobene Krisentheorien entstanden: erstens der entscheidungstheoretische, zweitens der organisations- und systemtheoretische und drittens der strukturtheoretische Ansatz. Diese Ansätze folgen vor allem politischen Bedürfnissen oder auch Zwängen, wenngleich jede Theorieentwicklung, wenn sie einmal in Gang gesetzt worden ist, nach einiger Zeit auch eine eigene Entwicklungslogik zeigt.

Obwohl es natürlich zahlreiche Überlegungen gegeben hat über den Ausbruch des Ersten und Zweiten Weltkrieges und über das Versagen der damaligen Krisendiplomatie,[1] ebenso aber auch über die Ursachen und den Verlauf der Weltwirtschaftskrise von 1929,[2] so waren dies weitgehend doch nur theoretische Überlegungen post mortem; der erste Ansatz jedoch eines aktiven Krisenmanagements, das, gestützt auf eine systematische Informationssammlung und entscheidungsfähige Krisenstäbe, den Ehrgeiz hatte, Vorhersagen über Krisenverläufe und Vorschläge zu ihrer Eindämmung (oder ihrer Nutzung zum eigenen Vorteil) zu machen, begann zwischen 1947 und 1950, als sich der Kriegsverbündete Sowjetunion plötzlich in einen Gegner der USA zu verwandeln schien, der nicht nur durch weitere Expansionsbestrebungen die amerikanische Hegemonie in Frage stellte, sondern auch noch durch den Erwerb einer atomaren Gegenschlagkapazität die USA direkt bedrohen konnte. Dieser erste Ansatz einer ad hoc und mit diplomatischem und Geheimdienst-Personal entwickelten Krisentheorie war in einer primitiven Weise *strukturalistisch* oder „geopolitisch", insofern hier nur Aufmarschräume und militärische Vernichtungskapazitäten in Rechnung gestellt wurden, man aber noch glaubte, das Machtgleichgewicht allein durch Abschreckung und bestenfalls durch Militärhilfe gewährleisten zu können.[3]

Aber schon in den frühen 50er Jahren wurde deutlich, daß dies nicht genügt: Mit der Erosion der französischen und englischen Kolonialmacht, mit Aufständen im mitteleuropäischen Machtbereich der Sowjetunion, mit dem erstaunlichen wirtschaftlichen Wiederaufbau der Bundesrepublik und

---

[1] Wright (1965); Richardson (1960).
[2] Vgl. Galbraith (1979).
[3] McClelland (1977: 20).

ersten westeuropäischen Einigungsversuchen wurde deutlich, daß noch andere Faktoren eine Rolle spielen: nicht nur militärische Kapazitäten, sondern auch außenpolitische Intentionen und Ideologien, nicht nur geopolitische Größen, sondern Organisationsqualitäten, und später: nicht nur wirtschaftliches Wachstum, sondern auch sozialstrukturelle Balance und kulturelle Integration. Das zu bearbeitende Datenfeld hatte sich also immens ausgeweitet. Zugleich aber waren die Amerikaner unbestritten die erste Macht der Erde mit einem fast unbegrenzten Ausgriff, ausgestattet mit einem De-facto-Informationsmonopol und jedenfalls (im Vergleich zu den anderen Mächten) riesigen wissenschaftlich-technologischen Mitteln, getragen auch von dem Missionsbewußtsein, daß der amerikanische Weg der beste ist und daß die amerikanischen Institutionen Modellcharakter für alle übrigen Nationen haben. Nachdem so sozusagen das amerikanische politische System nullgesetzt und alle globalen Strukturhemmnisse für nichtig oder ephemer gehalten wurden, war dies die Stunde der *Entscheidungstheorie,* also eines Theorieansatzes, bei dem es nur auf die richtige Entscheidung, d. h. auf die volle Information und die „Rationalität" des Entscheidungsträgers, anzukommen scheint.

Der entscheidungstheoretische Ansatz ist zwischen 1948 und 1964 immer mehr routinisiert und systematisiert und im Anschluß daran auch wissenschaftlich-methodologisch reflektiert worden. Mit der Zeit aber hat genau dieser Ansatz, der die Handlungsfähigkeit des Entscheidungsträgers (und das war, so theoretisch verklausuliert auch die Aussagen sein mochten, doch die amerikanische Regierung) übertrieben und die strukturellen Widerstände bzw. organisatorischen Eigengesetzlichkeiten im Umfeld unterschätzt hatte, die Entscheidungsfähigkeit der amerikanischen Regierung spürbar begrenzt. Von zehn schweren, d. h. möglicherweise einen globalen Krieg auslösenden, internationalen Krisen zwischen 1966 und 1975 paßten nur noch drei in das alte Schema des Kalten Krieges, aus dem strukturelle Neuerungen ja weithin ausgeschlossen waren; die anderen zeigten Risse im sowjetischen (Tschechoslowakei) oder im amerikanischen Lager (Vietnam), oder sie brachten dritte Mächte in Asien (China) oder im Nahen und Mittleren Osten (Israel, Persien) ins Spiel.[4]

Diese Krisen konnten nicht mehr als von der Sowjetunion „geschürt" angesehen werden (auch wenn die Sowjetunion ein Interesse daran oder sogar die Hand im Spiele haben mochte); überhaupt schienen Krisen nicht mehr gemacht und kalkuliert, dementsprechend aber auch durch rationale Gegenmaßnahmen nicht mehr beherrschbar zu sein; vielmehr schienen sie nun von selbst, sozusagen als organische Verfallserscheinungen, an allen Ecken

---

[4] McClelland (1977: 22).

und Enden zu entstehen. Anfangs konnte man die Krise nur bei den Entwicklungsländern, sozusagen an der Peripherie, sehen: die sog. Modernisierungstheorien hatten Hochkonjunktur.[5] Waren die ersten Ansätze einer Krisentheorie nur punktuell und rudimentär, indem sie voraussetzten, durch Einzelmaßnahmen (wie Lebensmittelsendungen, Investitionshilfen, technische Hilfe, militärische Ausrüstung) die Krise überwinden zu können, so wurden sie allmählich immer systemischer. Über die Kritik und über mehr oder weniger handgreifliche Vorschläge zur Reform einzelner Institutionen (z. B. des Parlaments, der Parteiorganisation, des Offizierscorps) entstand zunächst eine Theorie der Entwicklung und des Verfalls der Institutionen schlechthin,[6] schließlich aber auch eine Theorie der gesamtgesellschaftlichen Entwicklung und Entwicklungsstörungen.[7] Mit der Zeit jedoch wurde nicht nur die Erfolglosigkeit dieser Modernisierungstheorie in den Entwicklungsländern der „Dritten Welt",[8] sondern auch die Krisenanfälligkeit der entwickelten Nationen des Westens, also des „Zentrums", deutlich – und diese Krise reicht sozusagen bis in das Herz des Systems: bis zur Krise der Demokratie.[9]

Der *organisations*- und *systemtheoretische* Krisenansatz findet sein Ende in seiner Überexpansion. Zum einen machen historische Studien deutlich, daß die Krise kein einmaliges Ereignis, sondern eine systemimmanente Erscheinung ist, mit der sich auch die entwickelten europäischen Staaten seit Jahrhunderten herumschlagen;[10] zum anderen wird der Systemansatz – allerdings in einer arg verkürzten mechanistischen Form – auf die gesamte Weltentwicklung angewandt und damit ad absurdum geführt. Dies geschieht einerseits durch das sog. „Weltmodell" des Club of Rome,[11] in dem das Problem der Entwicklung wie der Krise zusammenschrumpft auf das Malthusianische Problem von Bevölkerungszahl, Rohstoffverbrauch, Nahrungsmittelversorgung und Verschmutzung. Nicht minder reduktiv ist aber andererseits der „kapitalismuskritische" Ansatz verschiedener marxistischer und neomarxistischer Theoretiker, die alle konkreten Entwicklungs- und Krisenprobleme in einer universellen „Imperialismus"- oder „Dependenz"-Theorie zum Verschwinden bringen.[12] Beide Ansätze teilen den Fehler, daß sie deterministisch und strukturblind geworden sind und

---

[5] Apter (1965); Eisenstadt (1966).
[6] Huntington (1965: 386–430).
[7] Levy (1966); Almond und Coleman (1960).
[8] Binder et al. (1971).
[9] Crozier, Huntington und Watanuki (1975).
[10] Grew (1978); Linz und Stepan (1978).
[11] Meadows und Meadows (1974).
[12] Cardoso und Faletto (1979); Jänicke (1973).

daß sie keine Handhabe mehr bieten für die politische Entscheidungsfindung und für bewußte Organisationsanstrengungen.

Obwohl sich die Entwicklung und mehr noch die Kritik des Organisations- und Systemansatzes noch über mehrere Jahre hinzog, war der Höhepunkt dieses Ansatzes bereits überschritten, als sich die amerikanische Außenpolitik (in der Nixon-Kissinger-Ära) gezwungen sah, den eigenen bürokratischen Apparat zu überspielen und seine theoretischen Konstrukte über Bord zu werfen, um – mit China und überhaupt mit der pazifischen Region – neue strukturelle Möglichkeiten wahrzunehmen. Seitdem stehen wieder *strukturanalytische* Überlegungen im Vordergrund; denn es ist offensichtlich geworden, daß nicht alle politischen Systeme und Organisationen den gleichen Bedingungen – oder daß sie ihnen nicht im gleichen Maße – ausgesetzt sind bzw. daß es viele sich widersprechende Strukturtendenzen gibt, die ganz unterschiedliche Entwicklungsmöglichkeiten, aber auch Krisendrohungen mit sich bringen. So scheint nunmehr einer Welt der Nationalstaaten und der neomerkantilistischen Auflösung der Weltwirtschaft einerseits und einer Welt der hegemonialen Supermächte andererseits eine Weltordnung gegenüberzustehen, die von den funktional miteinander verflochtenen und jede Staatsgrenze durchdringenden Organisationen bestimmt wird.[13] Die Krisenproblematik gewinnt auf diesem Strukturhintergrund ganz unterschiedliche Perspektiven: Was auf der Basis des Nationalstaatsmodells als Staatskrise und politische „Systemkrise" angesehen wird, ist es auf der Basis des Interdependenzmodells mitnichten.

Der Theoriezyklus – vom ersten primitiven Strukturansatz über das Entscheidungsmodell und das Systemmodell zu einem nunmehr differenzierten Strukturansatz – ist damit durchlaufen. Zugleich sind wir aber auch um die Erfahrung reicher geworden, daß sich Dogmatismus nicht lohnt, d. h., daß jeder dieser Theorieansätze bestimmte Merkmalsbereiche und Probleme aufdeckt, andere aber verdeckt, ja, daß es von Zeit zu Zeit notwendig ist, sich von den Verhärtungen und Verblendungen des einen wie des anderen Ansatzes zu befreien.

1. *Entscheidungstheoretischer Ansatz: Die Krise als Entscheidungsproblem*

Eine erste Möglichkeit der Analyse, der Vorhersage und Erklärung von Krisen besteht darin, sich ganz der zu treffenden Entscheidung und dem bestimmten Bedingungen folgenden Entscheidungsverhalten zuzuwenden. Dieser Ansatz ist quasi individualistisch und rationalistisch; denn er nimmt

---

[13] Gilpin (1975).

an, daß unter gegebenen Bedingungen *jeder* Entscheidungsträger – ob als Individuum, Organisationsleiter oder Staatsführer, ob als Russe oder Amerikaner, ob als Beamter oder gewählter Politiker – ungefähr den gleichen Verhaltensgesetzlichkeiten unterworfen ist. Allerdings geht es hier wirklich um Entscheidungsträger, nicht einfach um „Betroffene". In der Literatur ist dieser Ansatz fast ausschließlich nur auf die oberste außenpolitische Entscheidungselite angewandt worden, die in großen internationalen Krisen (wie dem Ausbruch des I. Weltkrieges, den verschiedenen Berlin-Krisen, der Kuba-Krise oder der Korea-Krise) über Krieg und Frieden entschieden hat.[14] Dagegen haben z. B. die hautnah Betroffenen der Korea-Krise über die Korea-Krise nicht entscheiden können. Für sie stellte sich kein „Entscheidungsproblem", und so ist dieser Ansatz auch auf sie nicht anwendbar. Wenn man aber von „Krise" bereits dann spricht, „wenn mindestens ein *Sachverhalt* von zumindest zwei Individuen *wahrgenommen* wird und wenn das Vorliegen dieses Sachverhalts von diesen Individuen als unerwünscht betrachtet wird"[15], dann wird der Krisenbegriff ganz unsinnig ausgedehnt, dann ist (je nach Lebenseinstellung) beinahe alles im Leben „Krise". Doch auch nach dem entscheidungstheoretischen Ansatz ist die Krise nicht nur eine private und bloß kognitive, sondern eine politische oder gesamtgesellschaftliche Angelegenheit.

Ganz allgemein definiert im Sinne dieses Entscheidungsansatzes ist eine *Krise* eine Situation, die charakterisiert ist erstens durch einen hohen Grad der *Bedrohung,* zweitens durch einen hohen Grad der *Überraschung* (oder einen geringen Grad der Voraussicht) und drittens durch *Zeitdruck.*[16] Als bedrohlich gilt jede Veränderung der Umwelt, jedes Ereignis oder jeder Akt, der zentrale Werte unsererseits zu zerstören droht. Im Extremfall ist dies das physische Überleben, kaum weniger ernst aber ist die Bedrohung der von uns wertgeschätzten Lebensform (z. B. der parlamentarischen Demokratie und der Eingliederung in eine liberale Weltwirtschaftsordnung). Dadurch, daß eine Bedrohung vage und unausgesprochen bleibt, verliert sie nicht an Gewicht; denn es entscheidet ja unsere Wahrnehmung der Krise (die sehr verzerrt sein kann); die Spezifikation der Drohung kann bereits als ein Akt der Krisenbegrenzung gewertet werden. Überraschend ist ein Ereignis nicht schon dann, wenn es unseren (optimistischen oder unrealistischen) Erwartungen nicht entspricht, sondern erst dann, wenn es nach dem bisher eingespielten Modus der Informationsverarbeitung nicht mehr verarbeitet werden kann. Ohne eine solche systematische Informationsverar-

---

[14] Vgl. Hermann (1972); Holsti (1972); Frei (1978); Brecher (1978).
[15] Opp (1978: 18).
[16] Hermann (1969: 409 ff.).

beitung ist weder von Krise noch von Nicht-Krise, sondern nur von „Durchwursteln", Ignoranz oder Borniertheit zu sprechen. Natürlich spielt der Zeitdruck nur in Verbindung mit den ersten beiden Kriterien der Bedrohung und Überraschung eine Rolle. Die Krise wächst nicht proportional dem Zeitdruck, vielmehr kann ein gewisser Zeitdruck ganz heilsam sein; im allgemeinen besteht ein kurvilineares Verhältnis (im Sinne eines auf den Kopf gestellten U) zwischen Zeitdruck und Entscheidungsqualität. Obwohl der (oberste) Entscheidungsträger in der Krisensituation meist heroisiert wird, ist jede Krisenentscheidung von Komplexitätsverlust, Kurzschluß und Übereilung bedroht.[17]

Selbstverständlich kann sich auch ein entscheidungstheoretischer Ansatz nicht allein mit dem Entscheidungs*problem* beschäftigen: Entscheidend schon für die Wahrnehmung der Krise und dann für die Qualität der Entscheidung – und damit für eine positive und produktive Lösung der Krise – ist die (kognitive und soziale) Organisation des Entscheidungs*prozesses* selbst. Im entscheidungstheoretischen Ansatz wird diese Organisationsfrage jedoch als abhängige Variable betrachtet, deren Gestaltung sich nach der unabhängigen Variablen (Entscheidungsproblem) zu richten hat.

Der Entscheidungsprozeß (vgl. Fig. 1) besteht aus vier miteinander verbundenen Komponenten[18]: Erstens muß *Information* gesammelt werden. Und zwar geht es – über die generelle und weithin routinisierte Informationssammlung hinaus – vor allem um Informationen über das Ausmaß und den Stellenwert der wahrgenommenen Bedrohung. Unabhängig von der Größe und Zusammensetzung, der ideologischen Befangenheit oder pragmatischen Offenheit eines Entscheidungskriteriums scheint die größte Rolle die bisherige Erfahrung zu spielen.[19] Zweitens müssen die gefilterten und gewichteten Informationen den Mitgliedern der Exekutive (außenpolitische Entscheidungselite, bürokratische und militärische Führungsstäbe) unterbreitet werden, und diese müssen in eine *Konsultation* eintreten. Das Konsultationsgremium mag weniger groß oder klein sein, die Konsultation mag ad hoc erfolgen oder institutionalisiert sein; im allgemeinen ist mit zu-

---

[17] Holsti (1978). Die summative Definition von Opp trivialisiert das Problem ganz unannehmbar, wenn gesagt wird: „Das *Ausmaß* einer Krise ist um so größer, je mehr *Sachverhalte* von um so mehr *Individuen* wahrgenommen werden und je mehr *Individuen* diese Sachverhalte in um so höherem Grade *negativ bewerten*." (A. a. O., S. 210.) Man kann im Gegenteil behaupten: Solange überhaupt noch die einzelnen individuellen Interessen auseinandergehalten und je nach Sachverhalt addiert oder nicht addiert werden können, geht es noch um keine Krise. Eine Krise beginnt erst mit der Verschmelzung der Sachverhalte und individuellen Interessen.

[18] Brecher (1979: 451 ff.).

[19] Tanter (1977: 29).

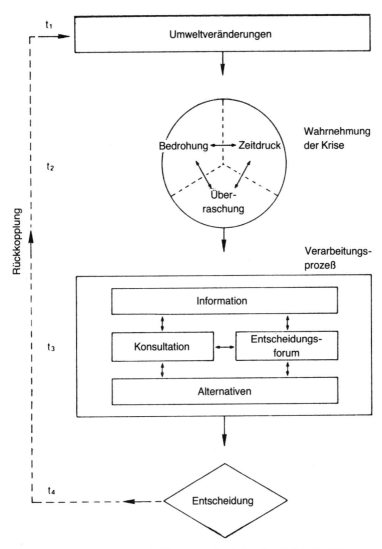

Fig. 1: Modell der Entscheidungskrise (nach Brecher [1979], S. 452).

nehmender Größe oder /und Dauer der wahrgenommenen Krise eine Verkleinerung des Konsultationsgremiums zu erwarten.[20] Drittens hat schließlich ein *Entscheidungsforum* zu entscheiden, das sich aus einem Ausschuß der bisher Beteiligten und dem zuständigen Autoritätsträger zusammensetzt. Die zu treffende Entscheidung hat sich vor allem nach den möglichen Handlungs*alternativen* und ihren zu erwartenden Konsequenzen für den Gegner und für die eigene Politik zu richten. Eine veränderte Sicht der Optionen macht eine Veränderung der Informationsverarbeitung und eine erneute Konsultation notwendig. Ein ausgedehnter Informations- und Konsultationsprozeß kann allerdings nur stattfinden, wenn genügend Zeit (t_3) verfügbar ist und wenn Handlungsalternativen offenstehen; im anderen Fall findet eine Kurzschlußschaltung von der Problemwahrnehmung über das Entscheidungsforum zur Entscheidung statt.

Die eigentlichen Schwierigkeiten in diesem Entscheidungsprozeß liegen natürlich vor allem darin, daß sich in einer Krise zwei oder mehr Entscheidungsträger gegenüberstehen, d. h., daß jeder Akt von B die Optionen von A und jede Reaktion von A die Optionen von B verändert. Die Krisenentscheidungen eskalieren; sie steigen auf von Grundsatzentscheidungen über die Auswahl von Optionen bis zu Einsatzplänen und schließlich zur tatsächlichen Ausführung eines Einsatzplanes.[21] Es ist vielleicht nicht so schwer, die Optionen des Gegners zu ermitteln, aber es ist außerordentlich schwierig, genau zu bestimmen, auf welcher Stufe der Leiter er angelangt ist, d. h., ob er noch zurück kann und ob ein weiteres Abwarten unsererseits noch zu vertreten ist. Dazu kommt noch, daß sich ganz selten nur zwei Entscheidungsgremien gegenüberstehen; viel wahrscheinlicher ist, daß der wechselseitige Eskalationsprozeß von A und B auch noch die Allianzpartner A_{2-n} und B_{2-n} bzw. die Konfliktgegner C_{1-n} und D_{1-n} auf den Plan ruft, die bei dieser Gelegenheit eigene Rechnungen begleichen wollen.

Damit ist aber bereits ein Punkt erreicht, an dem die Grenzen des Entscheidungsansatzes sichtbar werden; denn bei dem weiteren Umsichgreifen der Krise spielt es bald keine Rolle mehr, was das ursprüngliche Entscheidungsproblem gewesen ist: Nun wird das Entscheidungsproblem zur abhängigen Variablen, während Allianzstruktur und Koalitionskalkül zur unabhängigen Variablen aufrücken. Genau besehen aber ändert sich der Stellenwert des Entscheidungsprozesses schon während des Ablaufs einer (analytisch herausgehobenen) Krise. Gewöhnlich sind drei Phasen der Krise deutlich zu unterscheiden[22]:

[20] Milburn (1972: 266).
[21] Belden (1977: 185 f.). Eine Eskalationsleiter für einen Atomkrieg ist ausgearbeitet worden von Kahn (1966).
[22] Brecher (1979: 459).

In der *Vor-Krise*, die sich von einem Zustand der *Nicht-Krise* (Normal-zustand, Entspannung) dadurch abhebt, daß der Entscheidungsträger eine Krise wahrzunehmen beginnt, ist das Entscheidungsproblem noch unklar, das wahrgenommene Ereignis scheint noch punktuell zu sein, eine Verän-derung der Umwelt wird ebensowenig wahrgenommen wie die Kompetenz des eigenen Informationsverarbeitungs- und Entscheidungsapparates in Frage gestellt wird.

In der Mitte der Krise (oder der eigentlichen *Entscheidungskrise*) beginnt sich das Problem zu strukturieren, weitere Ereignisse werden als Signale oder Symbole gewertet, die Beziehung von Ereignis (Ereignissen) und eigenen Wertsetzungen wird offenbar; der eigene Apparat erscheint nun inadäquat und wird – meist nicht planmäßig, sondern durch Versuch und Irrtum oder durch Ad-hoc-Regelungen – umgebaut. Noch glaubt man aber, die Kapazität zu einer die Krise zu den eigenen Gunsten beendenden Antwort zu haben. Nur in dieser Mittelphase erscheint das Entscheidungs-problem riesengroß: Es scheint allein auf die „richtige" Entscheidung an-zukommen, das Entscheidungsproblem kann somit zur unabhängigen Va-riablen erhoben werden. Dies ist jedoch zweifellos eine Sichtverzerrung, die nur einen Ausschnitt aus dem ganzen Ablauf erfaßt und überzeichnet. In dem Augenblick, wo die Inadäquanz des eigenen Verarbeitungsappara-tes deutlich wird und der Entscheidungsträger fürchten oder – im Falle des tatsächlichen Einsatzes seiner Mittel – erfahren muß, daß seine derzeit ein-setzbaren Mittel nicht ausreichen, tritt das Allianz- und Strukturproblem in den Vordergrund.

Das Stadium der *Nach-Krise* ist erreicht, wenn sich das Entscheidungs-problem in einer oder allen drei seiner Komponenten vereinfacht hat. Dies ist aber sowohl dann der Fall, wenn der Gegner zur Rücknahme seiner Be-drohung veranlaßt worden ist, als auch dann, wenn keine eigene Vergel-tungskapazität mehr besteht. Das früher als riesig empfundene Entschei-dungsproblem schrumpft wieder auf seine „normale", das heißt: routine-mäßig zu bearbeitende, Größe zusammen. Natürlich ist klar, daß eine auf diese Weise bewältigte Krise – z. B. ein gewonnener oder verlorener Krieg – nicht das Ende aller Krisen ist: Das ursprüngliche Entscheidungsproblem ist von der Tagesordnung abgesetzt worden, aber neue Probleme tauchen auf. Vor allem muß man sehen, daß in der Endphase einer Entscheidungs-krise neue Strukturen geschaffen worden sind, womöglich neue Struktur-krisen in Gang gesetzt worden sind, die eines Tages für den (die) alten oder für neue Entscheidungsträger zu neuen Entscheidungskrisen werden.

Damit sind aber auch schon die Vorteile und Grenzen des Entschei-dungsansatzes in der Krisentheorie deutlich geworden. Die Vorteile liegen zweifellos darin, daß für eine Krise sachliche Gründe gesucht werden und daß die Krisenlösung als Problemlösung definiert wird. Gleichzeitig liegen darin aber auch gewisse Nachteile.

Erstens ist nicht zu übersehen, daß die Krisenlösung nur darauf ausgerichtet ist, die Drohung zu beseitigen oder (durch einen Gegenzug) unschädlich zu machen, daß aber kein Gedanke darauf verschwendet wird, die Wertsetzungen des Gegners oder die eigene Wertordnung oder interne Struktur zu ändern. Überhaupt wird der Handlungsspielraum der Entscheidungsträger übertrieben, und die Systemzwänge oder globalen Strukturbedingungen werden unterschätzt. Der Entscheidungsansatz sieht meist nur kurzfristige Lösungen: Wo es um langfristige System- und Strukturentwicklungen geht, bleibt er blind. Eine Krisenlösung nach dem entscheidungstheoretischen Ansatz verspricht daher nur Erfolg, wenn beide Kontrahenten ungefähr gleich stark sind, wenn sie unabhängig voneinander entscheiden können, wenn eine gewisse Symmetrie in den Wertsetzungen herrscht (bzw. man an die „Rationalität" des Gegners glaubt) und wenn der Informationsfluß ungestört ist.[23] Dies war z. B. weitgehend der Fall zwischen den beiden Supermächten der USA und der UdSSR bezüglich ihrer Hegemonialinteressen. Nur dann wird das Entscheidungsproblem quasi kalkulierbar, und nur dann lassen sich sozusagen irrationale Kontextfaktoren vernachlässigen. Der entscheidungstheoretische Ansatz muß jedoch versagen, wenn sich sehr ungleiche Mächte gegenüberstehen, wenn diese unterschiedliche Wertsetzungen verfolgen oder wenn sich ihre Interessen nicht relativ unabhängig von anderen durchsetzen lassen.[24] Dies ist z. B. der Fall, wenn einer dominanten Status-quo-Macht eine nach Herrschaftserweiterung strebende Anti-Status-quo-Macht gegenübersteht oder wenn innerhalb eines Landes eine bürgerkriegsähnliche Situation entstanden ist.

Zweitens wird vielfach selbst das Entscheidungsproblem zu eng gesehen. Im Übergang zu einer technologisch wie wirtschaftlich, militärisch wie ökologisch interdependenten Welt entstehen nämlich viele Krisen aus der nichtintendierten Veränderung von kollektiven Gütern.[25] *Kollektive Güter* sind Güter, die nur im Verbund der Akteure hergestellt werden können, die dann aber auch allen und selbst denjenigen verfügbar sind, die nichts (oder wenig) zu ihrer Bereitstellung beigetragen haben.[26] Solche „kollektiven Güter" sind der Atomschirm über Westeuropa, aber auch die innere Sicherheit oder die öffentliche Gesundheitsvorsorge. Es gibt allerdings auch „kollektive Übel" wie die Umweltverschmutzung oder -zerstörung oder

---

[23] So Hermann (1978: 29 f.).
[24] Hermann (1978: 34 ff.).
[25] Benjamin (1980: 10 ff.).
[26] Olson (1968: 13 ff.).

die wechselseitige atomare Bedrohung durch den eben genannten atomaren Schirm: Kollektive Güter verwandeln sich leicht in kollektive Übel, wenn die Lasten nicht entsprechend dem Nutzen verteilt sind (wenn es Schwarzfahrer und parasitäre Nutzer gibt) oder – noch schlimmer – wenn die Bereitstellung eines Kollektivgutes A (z. B. wirtschaftliches Wachstum, militärische Sicherheit) nur durch die Erzeugung eines Kollektivübels B (z. B. Luftverschmutzung, Risikoerhöhung) zu erreichen ist.[27] Nach dem Entscheidungsansatz wird jedoch vorausgesetzt, daß die Entscheidungsträger unabhängig voneinander ihre eigenen Ziele definieren können. Es besteht daher die Gefahr, daß individuelle Krisen überbewertet und die umfassenderen kollektiven Krisen übersehen werden. Die „Logik" des Entscheidungsansatzes entspricht dem Nullsummenspiel (was A gewinnt, muß B verlieren) oder dem Maximinspiel (jeder versucht die Gewinne zu maximieren und die Verlustrisiken zu minimieren), die „Logik des kollektiven Handelns" folgt jedoch dem „Gefangenendilemma" (A und B können sich nur gemeinsam aus dem Handlungsdilemma befreien, oder sie bleiben beide Gefangene).[28]

Drittens wird im Entscheidungsansatz gerade die soziale oder politische Seite der Krisenbewältigung vernachlässigt, die darin besteht, daß der Bedrohte oder Geschädigte eine neue Koalition oder Allianz eingeht, um seine individuellen Verluste durch neue Verbundgewinne auszugleichen oder überzukompensieren. Der Entscheidungsansatz verführt dazu, die inter- und intranationale politische Ordnung als ein unilaterales Machtsystem zu sehen, d. h. die Politik so darzustellen, als ginge es immer nur darum, daß eine Macht A durch Drohung oder Gewaltanwendung, durch Bestechung, Versprechung und Informationsmanipulation auf B einwirkt, anstatt zu berücksichtigen, daß weder B noch A allein stehen, daß also dauerhafte Wirkungen nur über Kooperationsangebote oder Austauschbeziehungen mit C und D usw. zu erzielen sind.[29] In der Entscheidungsanalyse aber stehen gewöhnlich nur zwei Akteure im Blickpunkt, oder vielleicht nur einer: nämlich der Entscheidungsträger selber, seine Wertsetzungen und drohenden Verluste, während schon die Wertsetzungen und Optionen des Geg-

---

[27] Dagegen liegt *keine* Krise vor, wie Opp definiert, wenn ein kollektives Gut „nicht in hinreichendem Maße hergestellt" wird (Opp (1978: 22); denn wenn alle gleichmäßig davon betroffen sind, merken sie gar nicht, daß ein „kollektives Gut" besteht. Dies ist nur eine verbale Gleichsetzung des Kollektivgut-Ansatzes mit dem individuellen Entscheidungsansatz, die an den logisch-strukturellen Problemen völlig vorbeigeht.

[28] Vgl. Bühl (1976: 61 ff.).

[29] Bonoma (1976: 501 f.).

ners nur unscharf gesehen werden. Ist die Krise aber nicht auf die beiden Akteure begrenzbar, werden andere Akteure (z. B. über die tangierten kollektiven Güter anderer) hineingezogen oder wird durch den Krisenablauf überhaupt das Umfeld der internationalen Beziehungen (aber auch der internen Gruppenbeziehungen) strukturell verändert, dann entgeht dies leicht einem Ansatz, der auf Ereignisse und Akte, auf heroische Entscheidungen und individuelle Nutzenvorteile ausgerichtet ist. Der Entscheidungsansatz ist eben im Prinzip nur in einer Welt der unabhängigen Nationalstaaten zu vertreten.[30]

2. Organisations- und systemtheoretischer Ansatz: Die Krise als Systemkrise

Der zweite Ansatz geht nicht mehr vom Individuum aus, und sei ein noch so bedeutender Entscheidungsträger an der Spitze eines Entscheidungsgremiums; denn die Individuen gelten als auswechselbar, als Agenten ihrer Organisation, die nichts anderes tun können als ihre Organisation mit ihren spezifischen Kapazitäten ins Spiel bringen. Obwohl Entscheidungen aus individuellen Entscheidungen zusammengesetzt sind, zählt nach dem Organisations- und Systemansatz letztlich nur das bewirkte (nicht schon das intendierte) Verbundergebnis; dieses aber läßt sich nicht aus der Summe der Individualentscheidungen ableiten. Nach Maßgabe des Systemansatzes ist der Entscheidungsansatz zu eng gewählt; er könnte nur dort erklärungs- und prognosefähig sein, wo der Organisations- und Systemkontext mit berücksichtigt wird, wo also die getroffenen Entscheidungen in Bezug gesetzt werden zu den Organisationsbedürfnissen und Systemzwängen, in die die Entscheidungsträger unaufhebbar eingebettet bleiben.

Diese Organisationserfordernisse sollen im folgenden näher definiert werden. Als allgemeinstes Organisationserfordernis gilt die „Selbsterhaltung" des Systems. Allerdings ist dieses Erfordernis nicht statisch, sondern dynamisch zu verstehen: Selbsterhaltung schließt die Fähigkeit zu einer selbständigen Entwicklung ein. „Selbständig" ist eine Entwicklung so lange, als sie der (freilich latenten) Architektonik des Systems folgt, d. h., solange die Führung des Systems aktiv ist (und nicht bloß auf äußeren Zwang reagiert) und die Partizipation der relevanten Funktionsgruppen mehr oder weniger spontan ist. Statt von „Selbsterhaltung" könnte man auch von „Adaptationsfähigkeit" sprechen, wenn man darunter nicht eine bloß reaktive Umweltanpassung, sondern ein lebendiges Wechselspiel von

---

[30] McClelland (1977: 22 f.).

Systementwurf und Umweltanpassung und eine von Eigeninitiativen bestimmte Interaktion mit anderen Systemen versteht.

Zwischen *Organisation* und (politischem) *System* besteht kein grund-
sätzlicher, sondern nur ein gradueller Unterschied: Organisationen sind
vom Mitgliederbestand her meist. kleinere Systeme (das muß aber nicht
sein: Manche internationalen Organisationen haben mehr Mitglieder als so
mancher Staat Staatsangehörige), jedenfalls aber sind es funktional spezifische Systeme, deren Organisationszweck sich in einer oder wenigen
Funktionen (z. B. der Produktion und Verteilung von bestimmten Gütern
oder der öffentlich-rechtlichen Vertretung von satzungsgebundenen Mitgliedern) erschöpft. *Soziale Systeme* sind hingegen zahlenmäßig meist größere, jedenfalls aber multifunktionale oder funktional unspezifische Systeme, deren Organisationszweck ein allgemeinmenschlicher (Herstellung
einer Gemeinschaft von füreinander sorgenden Mitgliedern) ist. *Politische
Systeme* sind soziale Systeme, die effektiv und in der Legitimitätsvorstellung (der ganz überwiegenden Mehrzahl) ihrer Mitglieder ein Gewaltmonopol ausüben.[31] Im folgenden wird dieser Unterschied vernachlässigt,
wenn nicht besondere Gründe für seine Herausarbeitung sprechen.

Wenn man zu einem theoretischen Modell der Krise nach dem organisa-
tions- bzw. systemtheoretischen Ansatz zu kommen versucht, dann ist von
der Kapazität eines Systems auszugehen, der Krise zu begegnen; denn daß
Krisen vorkommen, muß als selbstverständlich gelten, ja, ohne Krisen
würde das System erschlaffen. *Kapazität* ist zu definieren als die allgemeine
Fähigkeit eines Systems, Anforderungen zu begegnen, die sich aus Umweltveränderungen ergeben.[32] Dies ist sozusagen die externe Seite der Ka-
pazitäts- bzw. Krisendefinition. Für die *interne* Seite besagt dies, daß die
Systemkapazität durch die Fähigkeit definiert ist, neue Mittel zu finden und
die interne Organisationsstruktur so zu ändern, daß neue – der veränderten
Umwelt angemessene und der eigenen Entwicklung förderliche – Ziele erreicht werden können. Eine Krise liegt demnach vor, wenn das Repertoire
der Steuerungsmechanismen oder wenn die Energiereserven eines Systems
nicht ausreichen, um mit Problemen fertig zu werden, die die Überlebens-
bzw. die weitere Entwicklungsfähigkeit bedrohen.[33] Oder angelehnt an die
entscheidungstheoretische Definition von Hermann, kann man sagen, daß
eine Krise eintritt, wenn die Organisationsziele mit hoher Priorität bedroht
sind, wenn die Organisationsführung von dieser Bedrohung überrascht ist
und wenn nur wenig Zeit für Gegenmaßnahmen bleibt.[34]

---

[31] So vor allem nach Weber (1964: 39 f.).
[32] O (1975: 464).
[33] Khandwalla (1978: 151).
[34] Smart, Thompson und Vertinsky (1978: 57).

Um zunächst nur schematisch den Umfang dieser Krisenursachen zu bestimmen, kann man als *interne* Gründe einerseits das Versagen der Führung, andererseits die mangelnde Partizipation oder Kooperation der arbeitsteilig aufeinander verwiesenen Funktionsgruppen angeben.[35] Die *Führung* kann darin versagen, daß sie die Funktionsweise des zu steuernden Systems und seine Umweltsituation nicht versteht, daß sie (natürlich mit Hilfe von Experten, die sie engagieren kann) nicht in der Lage ist, die Entwicklungsprobleme des Systems vorauszusehen, oder auch, daß sie nicht genügend politische Unterstützung für ihre (vielleicht durchaus angemessenen) Ziele organisieren kann. Im Extremfall versagt die Führung, weil sie korrupt ist, d. h., weil sie (kurzsichtig) versucht, allgemeine Systemressourcen zu ihrem eigenen Gruppenvorteil einzusetzen.[36] Eine Organisation oder ein politisches System kann aber – von der Seite der Geführten gesehen – auch daran scheitern, daß die für eine kontinuierliche Arbeitsweise des Systems erforderlichen Funktionseinheiten ineffizient organisiert sind. Diese Ineffizienz kann – wiederum nur schematisch gesehen – auf *Über-* oder *Unterorganisation* beruhen. „Unterorganisiert" ist ein System, wenn die grundlegenden Funktionseinheiten zu sehr voneinander abgesondert sind oder wenn ihre Arbeitskoordination unzureichend ist. „Überorganisiert" ist ein System – im Sinne von Olson –, wenn sich eine große Zahl von gut organisierten speziellen Interessenorganisationen herausgebildet hat, die vor allem deshalb zusammenarbeiten, um sich die Kollektivgüter des Systems anzueignen, weniger jedoch, um die Kollektivgüter des Systems zu vermehren.[37] Natürlich kann dies nicht ohne das Versagen der Führung passieren, Führung und Geführte sind interdependent.

Die *externen* Gründe für die Krise oder in der Folge auch des Zusammenbruchs eines Systems liegen – um wieder von begrifflichen Polaritäten auszugehen – im Ressourcenmangel oder in der Unterlegenheit gegenüber einem anderen System. Der *Ressourcenmangel* kann sich auf sog. natürliche Ressourcen beziehen, also auf Bodenschätze oder Land, oder umgekehrt können lebensnotwendige Ressourcen wie Wasser, Luft und überhaupt Gesundheit durch Umweltzerstörung bedroht sein; doch sind diese „natürlichen" Ressourcen stets in bezug auf die „künstlichen" Ressourcen zu

---

[35] Für Dahl (1982) besteht die Grundproblematik jedes größeren sozialen Systems darin, daß seine Produktivität und Wandlungsfähigkeit nur durch die Vielfalt der Organisationen gesichert werden kann, denen deshalb eine möglichst große Autonomie zu gewähren ist, die aber andererseits damit die Kontrolle des Gesamtsystems unterlaufen und es zum Untergang verurteilen können (S. 31 ff.).

[36] Vgl. Ben-Dor (1974: 63–83).

[37] Olson (1982: 75).

sehen, nämlich die technologischen Innovationen und die zugehörigen Produktionsanlagen und Infrastrukturen; letztlich sind alle Ressourcen eine Funktion der einsetzbaren Begabung und Leistungskraft ("human capital") der Bevölkerung. Zum anderen aber kann ein System – bei bester eigener Leistung – auch dadurch in die Krise geraten, daß es in der *Konkurrenz* mit einem anderen System unterliegt: Eine Produktorganisation kann vom Markt verdrängt werden,[38] ein politisches System kann mit militärischen Mitteln von einer anderen Macht unterworfen und ausgebeutet werden. Im allgemeinen aber ist anzunehmen, daß die Konkurrenzfähigkeit eines Systems mit dem Grad seiner Ressourcenerschließung steigt. Selbstverständlich hängen auch interner und externer Aspekt eng zusammen: Interne Krisen machen anfällig für externe Einwirkungen, andererseits wird so manche interne Krise durch den Hinweis auf externe Bedrohungen heruntergespielt. Auf die Dauer aber gibt es kein Entrinnen aus dem intern-externen Krisenzusammenhang.

Krisen können von unterschiedlicher Schwere oder „Systemtiefe" sein. Systemtheoretisch gesehen sind an der Oberfläche, also an der Kontaktfläche von System und Umwelt, Regulationsmechanismen niedrigster Ordnung zu lokalisieren, welche kontinuierlich oder kurzfristig reagieren und in der Regel lediglich mit der Veränderung materieller *Input-* und *Output*größen zu tun haben; diese Regulationsmechanismen sind vorprogrammiert und hochspezialisiert.[39] Auf einer mittleren Ebene liegen Regulationen, die mit den *Relationen* der Systemelemente zueinander und den *Regeln* ihres Verhaltens zu tun haben. Diese Regulationsmechanismen sorgen für eine Veränderung der Abstimmung zwischen Eingangs- und Ausgangsgrößen; sie sind mit einem Langzeitgedächtnis ausgestattet und sind genereller Natur. Sie sind also zu ändern, aber der Veränderungsprozeß ist schwierig und langwierig, da viele Parameter aufeinander abgestimmt werden müssen. Auf der tiefsten Systemstufe sind Steuerungsprozesse anzunehmen, die nicht nur die Synchronisation der internen Funktionsabläufe und die Effizienz der Input-Output-Abstimmung sichern, sondern darüber hinaus die *Zielrichtung* bzw. die *Grundwerte* und die Legitimation des Gesamtsystems bestimmen. Diese Regulationen höchster Ordnung (oder größter „Systemtiefe") sind nicht mehr direkt auf die Umwelt bezogen, sondern sie haben vor allem die innere Konsistenz des Systems, seine Architektonik und teleonomische Entwicklungsfähigkeit zum Ziel.[40]

[38] Smart, Thompson und Vertinsky (1978: 58).
[39] Rappaport (1977: 53 f.).
[40] Systeme sind teleonomisch (nicht teleologisch), d. h., sie folgen den Gesetzlichkeiten des inneren Verhaltensprogramms, sie entwickeln sich folgerichtig, ohne jedoch einem von vornherein bestimmbaren Ziel zu folgen. Vgl. Mayr (1974).

Diese Steuerungshierarchie entspricht in etwa dem Parsonsschen AGIL-Schema, das die materielle Systemanpassung an die Umwelt (adaptation = A) rückgekoppelt sieht an die politischen Zielstrukturen des Systems (goal attainment = G), welche jedoch im Rahmen der Erhaltung einer integrativen Systemstruktur (integration = I) zu liegen hat; eine dauerhafte Integration wiederum ist nur möglich, wenn sie den latenten Grundwerten und emotionalen Tiefenstrukturen (latency = L) des Systems folgt.[41] Eine ähnliche Stufenfolgte stellt Sidney Verba auf, wenn er als Grundkrise die Identitätskrise ansetzt und ihr die Legitimitätskrise folgen läßt, welcher die Probleme der Penetration (der Kontrolle des Mitgliederbestandes) und der Partizipation untergeordnet werden; das oberflächlichste und noch am leichtesten meßbare Problem ist das der Distribution, also der Verteilung von Gütern und Dienstleistungen an die funktional relevanten Mitgliedergruppen einer Gesellschaft oder Organisation.[42]

Eine Krise ist um so schwerer, eine je größere Systemtiefe sie erreicht. Allerdings ist nicht zu erwarten, daß die Krise nun fein säuberlich von den oberen zu den tieferen Regulationsmechanismen fortschreitet; denn diese Regulationsmechanismen sind ja mehrfach rückgekoppelt, so daß es leicht zu überraschenden Überlagerungen und Zusammenbrüchen oder Aufschaukelungen kommen kann. Bevor in Kapitel III verschiedene Formen der Krise auf systemtheoretischer Grundlage unterschieden werden können, ist zunächst wichtig zu verstehen, daß die (zunächst global betrachtete) Kapazität eines Systems keine statische Größe ist und daß sie sozusagen nicht auf Vorrat geschaffen werden kann. Wie Huntington, Weiner, Olson u. a. überzeugend herausgearbeitet haben,[43] trägt jede Kapazitätssteigerung ihre eigene Verführung oder den Keim des Verfalls in sich: Mit der *positiven* Kapazität (z. B. mit den intellektuellen und technischen Fähigkeiten der Organisationsmitglieder, mit der Größe der erschlossenen oder erschließbaren Ressourcen, mit dem zunehmenden Verbundgewinn der sozialen Organisation) wächst auch die *negative* Kapazität: denn alle diese Mittel sind ja auch einzusetzen zur Ausbeutung des Systems durch einzelne Gruppen, zum Kampf gegen die herrschende Elite oder die geltende Wertordnung, zu Revolution, Bürgerkrieg und externem Krieg.

Die Kapazität eines Systems erhöht sich, wenn die Anforderungen, die von außen und innen gestellt werden, dank der Organisationsanstrengun-

---

[41] Vgl. Parsons (1961: 61).
[42] Verba (1971: 299). In dem Anschlußband von Grew (1978) wird in dem einleitenden Aufsatz von Grew, ›The Crises and Their Sequences‹ (ebd., S. 3–39), auf S. 25 die Legitimitätsfrage in den Mittelpunkt gestellt.
[43] Vgl. Huntington (1965); Weiner (1971: 159–204); Olson (1982: 75 ff.).

gen der Mitglieder erfüllt (und übererfüllt) werden können. Wenn keine oder zu geringe Anforderungen (Unterforderung) an das System herangetragen würden, könnte sich seine Kapazität auch nicht erhöhen. Wenn jedoch immer wieder Anforderungen auftreten, die nicht (oder nur auf Kosten der langfristigen Funktions- und Entwicklungsfähigkeit des Systems) erfüllt werden können (Überforderung, dysfunktionale Anforderungen), dann wird damit nicht nur (linear) die Kapazität vermindert, sondern es werden die Verfallstendenzen verstärkt; die Desorganisation des Systems beginnt zirkulär zu werden. Es geht hier also nicht nur um ein Mehr oder Weniger an Anforderung, sondern um zwei in verschiedene Richtungen führende Prozesse: der eine erhöht die *Adaptationsfähigkeit* des Systems (Adaptationskoeffizient α), der andere zerstört sie bzw. beschleunigt den *Verfall* oder Zerfall des Systems (Verfallskoeffizient β).[44] (Vgl. Fig. 2.)

Die Führung oder das Kontrollzentrum einer Organisation oder eines sozialen Systems[45] versucht, die Anforderungen entsprechend der vermuteten Systemkapazität (bzw. seiner Entwicklungskapazität) so zu regulieren, daß $\alpha > \beta$. Wenn immer diese Bedingung gegeben ist, ist eine Erhöhung der Anforderungen produktiv und erwünscht, es kann eine positive Rückkopplung (K +) hergestellt werden; wenn $\beta > \alpha$, müssen die Anforderungen gebremst werden, die negativen Rückkopplungen (K –) müssen verstärkt werden.[46]

Natürlich ist die Kontrollstruktur einer Organisation, vor allem aber eines einigermaßen komplexen politischen Systems, nicht ganz so einfach zu denken. Um weitere Komplikationen wenigstens anzudeuten, werden noch die beiden Rückkopplungsschleifen g und h eingezeichnet. Die Rückkopplungsschleife g repräsentiert die allgemein zu beobachtende Erscheinung, daß das generelle Anspruchsniveau um so höher wird, je höher das bereits erreichte Niveau ist, bzw. daß ich meine Ansprüche steigere, wenn ich sehe (zu sehen glaube), daß auch die anderen sie steigern (eigendynami-

---

[44] O (1975: 465) bezeichnet den zweiten Koeffizienten als "rigidity coefficient"; doch im Anschluß an die Kritik an Huntington von Sigelman (1979: 212) kann die Rigidität einer Organisation nur als einer von mehreren Verfallsfaktoren aufgefaßt werden, dessen Bedeutung erst im Zusammenwirken mit anderen Faktoren bestimmt werden kann.

[45] Dieses darf man sich allerdings in der Regel gerade nicht als ein einziges Kontrollzentrum vorstellen; vielmehr ist die Kontrolle auf mehrere Kontrollzentren und -ebenen verteilt; von einer gemeinsamen Kontrolle (und einem virtuellen Kontrollzentrum) kann dennoch gesprochen werden, solange es verbindende Werte oder wenigstens gemeinsame Ressourcen oder ökologische Zwänge gibt. Vgl. Kuhn (1976: 76–84).

[46] O (1975: 466 f.).

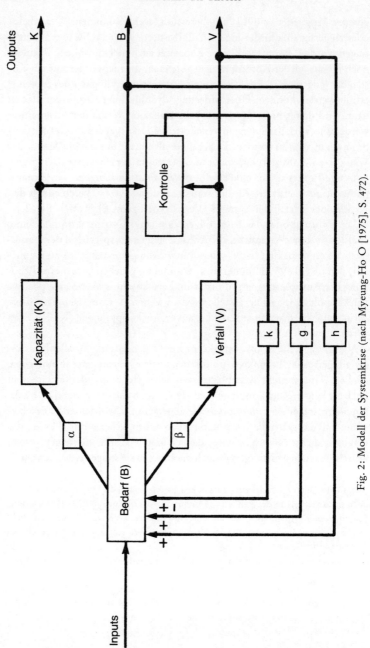

Fig. 2: Modell der Systemkrise (nach Myeung-Ho O [1975], S. 472).

sche Anspruchssteigerung). Wenn trotzdem das System stabil bleiben soll, muß eine entgegenwirkende Rückkopplungsschleife h zugeschaltet werden, die an die Verfallsfaktoren angekoppelt ist und die stärker zunimmt als diese, also die Anspruchssteigerung wieder bremst oder frustriert.[47]

Damit ein solches System allerdings operabel gemacht werden kann, wäre es – bei einer tatsächlichen empirischen Anwendung – erforderlich, vor allem möglichst genaue Indikatoren für die Kapazität bzw. den Verfall eines Systems zu ermitteln. In einer allgemeinen Abhandlung wie der vorliegenden können jedoch nur typologische Abgrenzungen versucht werden, die lediglich die Richtung oder den Strukturkontext anzeigen, in der oder in dem solche operationalen Kriterien zu suchen sind. Dafür ist es zunächst erforderlich, die Definition der Krise noch etwas schärfer zu fassen. Nachdem die Krise weitgehend eine Sache des Gradunterschiedes ist, kann dies am besten durch ein *Phasenschema* der Krise geschehen.

1. Von einer Krise wäre zunächst und ganz allgemein zu sprechen, wenn die Systementwicklung nicht stabilisiert werden kann, wenn also der Verfallskoeffizient β den Kapazitätskoeffizienten α überwiegt, *obwohl* im allgemeinen eine Kapazitätserweiterung festzustellen ist. Diese allgemeine Definition von Krise ist nicht falsch; dennoch sind wir gewohnt, nur schwerwiegende Störungen als Krisen anzusehen: Ein Mehr oder Weniger an Output, eine allgemeine Veränderung der Produktpalette und der Konsummuster, ja auch eine leichte (oder in den zu erwartenden Wirkungen unkontrollierbare) Veränderung der sozialen Allokationsmuster usw. reicht dafür keineswegs aus: Bloße Schwankungen und Oszillationen, insofern sie nicht zu einer grundlegenden Strukturveränderung des Systems zu führen drohen, stellen noch keine Krise dar. Solange eine gewisse *Synchronisation* der für die Aufrechterhaltung des Systems wichtigen Systemfunktionen erhalten bleibt, befindet sich ein System im *Normalzustand*. Effektivitätsschwankungen – und davon abgeleitete Allokationsveränderungen – gelten nicht als Krise, auch wenn sie erheblich und langdauernd sein sollten, solange sie als Effektivitätsprobleme wahrgenommen werden und nicht die Reproduktionsstruktur oder Legitimität des Systems in Frage gestellt wird.

2. Aber auch eine nur ideelle und theoretische Infragestellung der Legitimität (wie sie in Pamphleten und in der Krisenrhetorik zum Ausdruck gebracht wird) genügt nicht. Von einer *beginnenden Krise* ist erst zu sprechen, wenn eine spürbare *Desynchronisation* der für die Aufrechterhaltung des Systems wichtigen Systemfunktionen auftritt.[48] Wenn verschiedene gesellschaftliche Gruppen widersprüchliche Forderungen erheben, ja, wenn

[47] O (1975: 473ff.).
[48] Flanagan (1973: Kap. 2).

es zu einer Polarisierung dieser Forderungen und der politischen Programme verschiedener Parteien und Verbände kommt, so kann dies ein Anzeichen der Desynchronisation sein, muß es aber nicht. Entscheidend ist vielmehr, daß es zur Desynchronisation der *Systemfunktionen* kommt; d. h., daß die vom System erarbeiteten Mittel zu einem zu großen Teil denjenigen zufließen, die nichts oder wenig zu seiner Erhaltung und Weiterentwicklung beitragen; daß die Allokationsstandards die soziale Struktur des Systems grundlegend verändern und die Systemintegration sozusagen außerhalb der Legitimitätsbasis des Systems liegt; daß der (umwelt- oder konkurrenzbedingte) Ausfall von materiellen Ressourcen nicht mehr durch die Mobilisierung von geistigen Ressourcen kompensiert werden kann; daß die Motivation und die Rekrutierung der arbeitenden Bevölkerung nicht mehr übereinstimmt mit den Arbeitserfordernissen, dem Arbeitsplatzangebot und dem Entlohnungssystem usw.[49]

Die Folge der Desynchronisation für das Gesamtsystem ist nicht einfach, daß seine Produktivität absinkt (die kann dank der weiterentwickelten technischen Mittel, des erhöhten Kapitalstocks und der geschaffenen Produktionsanlagen weitaus höher sein als im „Normalzustand", bevor also die Desynchronisation Platz gegriffen hat), sondern daß die vom System produzierten kollektiven Güter nicht mehr für die Systementwicklung und für eine Förderung der zukünftig tragenden Kräfte eingesetzt werden können, sondern daß dieser Überhang von den etablierten Interessengruppen – sozusagen den Kräften der Vergangenheit – aufgezehrt wird. Obwohl dieser Zustand sicher eine Krise zu nennen ist und dieser Krisenzustand – über die Zahl der Fälle und die Länge der Zeit gesehen – wohl der häufigste ist, bildet sich jede Regierung (oder Organisationsleitung) ein, ihn zu beherrschen; tatsächlich ist der Krisenablauf in dieser Phase auch nicht irreversibel, und er kann – wenn die Führung fähig ist und wenn auch die Umwelt- und Konkurrenzverhältnisse günstig sind – wieder zum Normalzustand der strukturindifferenten Schwankungen zurückgeführt werden.

3. Die *eigentliche* und irreversible *Krise* ist erreicht, wenn nicht nur ein mehr oder minder großer Funktionskomplex der Desynchronisation verfallen ist, sondern wenn der Bestand des Gesamtsystems in Frage gestellt ist. Es geht nun nicht nur um die Effektivität, sondern um die Legitimität des Systems, d. h., es geht um die „Spielregeln", um die „Verfassung" des Systems und um seine grundlegenden Wertprämissen oder Zielvorstellungen. Allerdings kann auch hier das Ausmaß der Agitation nicht als Gradmesser der Legitimitätskrise genommen werden: In einer Demokratie ist dieses naturgemäß groß, in einer Diktatur beschränkt; aber eine Diktatur

---

[49] Vgl. Parsons (1969: Kap. 13–17, S. 311–522).

wird dadurch nicht legitimer. Entscheidend ist vielmehr auch hier die Verschiebung der institutionellen Machtbalance. Das beste Kriterium scheint immer noch die Bildung einer handlungsfähigen Gegenkoalition zu sein: Eine Krise im eigentlichen oder politischen (d. h. das Gesamtsystem betreffenden) Sinn liegt vor, wenn eine regierende Koalition mit Problemen konfrontiert ist, für die sie in der verfügbaren Zeit keine (glaubhafte) Lösung finden kann, während sich eine die Regierung bekämpfende Gegenkoalition herausgebildet hat, die eine Lösung (glaubhaft) anbieten kann.[50] Diese Definition gilt für Organisationen ebenso wie für politische Systeme, wenngleich die Machtprozesse in einer Organisation stärker durch „Abwanderung und Widerspruch"[51] geregelt sind, während in einem politischen System, aus dem die Mitglieder nicht einfach „austreten" können, tiefgreifende und irreguläre Umstrukturierungsprozesse um sich greifen. Diese können bis zur Bildung von Massenbewegungen und zur Gewaltanwendung, d. h. zur Brechung des staatlichen Machtmonopols reichen. Am Ende steht der Zerfall der herrschenden Koalition (nicht nur der Regierungskoalition, was ja normal ist, sondern der Koalition aus Regierung, Verbandsführungen, Unternehmern, Kapitalgebern und Meinungsmachern) und die Flucht der Wähler in den politischen Extremismus oder in die Apathie.[52]

4. Die Krise ist de jure beendet – ganz gleichgültig, ob die öffentlich benannten (tatsächlichen oder vermeintlichen) „Probleme" gelöst sind oder nicht: sie sind es gewöhnlich nicht –, wenn das Gewaltmonopol an die neue herrschende Koalition übergegangen ist und wenn diese es versteht, zunehmend mehr Loyalitäten an sich zu binden oder jedenfalls, wenn sie die für den Bestand oder die Wiederherstellung eines funktionsfähigen gesellschaftlichen Systems wichtigen Bevölkerungsgruppen zu stillschweigender Duldung und Gehorsam veranlassen kann. Die Krise klingt de facto aber erst ab, wenn es in der Folge zu einer *Resynchronisation* der funktional wichtigen Prozesse kommt und wenn wieder ein Überhang an kollektiven Gütern zur Verfügung steht, die der Redistribution der politischen Führung an die systemkonformen, besser noch an die die Systementwicklung fördernden Kräfte zur Verfügung steht. Ob diese „Krisenlösung" tatsächlich zu einer anderen Systemstruktur, also zu neuen Legitimitätsgründen und Allokationskriterien, zu neuen Rekrutierungsmustern oder vielleicht sogar neuen Organisationsformen usw. führt, das ist nicht gewiß: Die Schwere der Krise ist keineswegs eine Garantie für einen grundlegenden

---

[50] Linz (1978b: 50).
[51] Hirschman (1974).
[52] William Kornhauser (1959).

Strukturwandel; vielmehr ist ein gewisser Handlungsspielraum, ist eine fähige Gegenkoalition und sind schon besonders günstige Umweltumstände erforderlich, wenn es dazu kommen soll.

Rückblickend erweist sich der system- und organisationstheoretische Ansatz als der zentrale Ansatz jeder Krisentheorie, der es am ehesten erlaubt, objektive und subjektive Momente zu verbinden und zu einer operationalen Definition der Krise zu kommen. Vorausgesetzt ist allerdings, daß der Systembegriff nicht reifiziert wird; d. h., daß nicht unterstellt wird, jede Systemtheorie feiere eo ipso den Status quo und sie setze die Harmonie aller Systemfunktionen voraus; jedes System strebe notwendigerweise nach wachsender Komplexität bzw. Differenzierung und Integration nähmen stets proportional zu; oder Systeme könnten nur erfaßt werden, insoweit sie sich im Gleichgewicht befinden, und das Gleichgewicht sei statisch zu definieren.[53] Die Systemtheorie kann selbstverständlich auch zur Analyse und zur Planung von „Gegensteuerkapazitäten"[54] verwendet werden. Natürlich weiß auch der Systemtheoretiker (und keiner genauer als er) von Desintegration und Entdifferenzierung, von Systemkrise und Systemzusammenbruch zu reden, und den Glauben an die notwendigerweise zunehmende Systemkomplexität überläßt er den Ideologen. Das Gleichgewicht schließlich kann nur als dynamisches *Fließgleichgewicht* und als *Entwicklungspfad* definiert werden, wobei der Gleichgewichtspfad lediglich als Linie der geringsten Strukturspannungen angesehen wird; aber jeder weiß, daß sich Systeme niemals in einem perfekten Gleichgewicht befinden *können*.[55] Die in ihrer Grundkonzeption ebenfalls systemtheoretischen Theorien der Fluktuation, die Katastrophentheorie und die Theorie des „Chaos" haben das vielleicht in den Anfängen gegebene statische Vorurteil der Systemtheorie längst aufgelöst.[56]

Wenn man nicht vom „geschlossenen System" ausgeht – was äußerst unklug wäre –, dann hat die Entscheidungstheorie durchaus ihren Platz im Rahmen oder auch als Gegenposition zur Systemtheorie. Die Bedeutung der menschlichen Entscheidung (bzw. der Entscheidungen von hervorgehobenen, z. B. außenpolitischen, Entscheidungsträgern, aber auch der sich summierenden Entscheidungen von Massenbewegungen) braucht gerade im Rahmen der Systemtheorie nicht geringgeschätzt zu werden, da jeder Systemtheoretiker weiß, daß in der Desynchronisation der grundlegenden

[53] So etwa Rittberger (1971: 492 ff.); Japp (1975: 49 f.).
[54] So die Entdeckung von Eder (1973: 15).
[55] Vgl. Gluckman (1975: 186; 215 f.); Boulding (1981: 91 f.).
[56] Vgl. exemplarisch: Nicolis und Prigogine (1977); Bigelow (1982: 26–42); May (1976: 459–467).

Prozesse, daß am Übergangspunkt von Fluktuationen oder Bifurkationen scheinbar kleine Einzelentscheidungen den Ausschlag für die weitere Entwicklung geben, die sich dann wieder über längere Zeit aggregieren kann und wenig Raum für heroische Entscheidungen bieten wird.[57] Auch für den heroischsten Entscheidungsträger gilt, daß seine Entscheidungen nur dann Gewicht haben, wenn sie mit den verfügbaren Ressourcen einerseits und der ihn tragenden Elite andererseits übereinstimmen.[58] Auf der anderen Seite muß eine wohlverstandene Systemtheorie, die nicht bloß als eine zynische Herrschaftsideologie gehandhabt wird, mit dem (im folgenden noch zu besprechenden) Strukturansatz verbunden bleiben; denn immer, wenn man die Systemkrise ernst nimmt, muß man ja versuchen, eine Krisenlösung zu finden, die eine Resynchronisation auf einer *neuen,* die alten Mängel möglichst vermeidenden *Strukturbasis* ermöglicht.

3. Strukturtheoretischer Ansatz: Die Krise als Strukturkrise

Theoretisch am wenigsten ausgearbeitet ist der Strukturansatz, d. h. die Erklärung des Verhaltens aus Strukturbedingungen, die unabhängig von der Art und den Zielsetzungen der Akteure den Spielraum ihres Handelns bestimmen. Der strukturelle Ansatz erklärt das Handeln der Akteure aus dem Handlungs*kontext,* d. h. aus der statistischen Verteilung der Ressourcen und aus den ökologischen Zwängen des Umfeldes, sozusagen aus der Geometrie der Beziehungen der Akteure zueinander und aus der daraus sich ergebenden Verfügbarkeit der Mittel. Und die Vertreter dieses Ansatzes fahren nicht schlecht, wenn es gilt, sich einen ersten Überblick zu verschaffen und sich weder von den Ideologien und der Eigenpropaganda der Akteure noch von ihren Organisationsanstrengungen besonders beeindrucken zu lassen.

Die besondere Leistung des Strukturansatzes liegt darin, daß er eine regelhafte Beziehung zwischen System und Umwelt herstellt. Eine *Strukturkrise* kann ganz allgemein definiert werden als eine Entwicklung, in der System und Umwelt nicht mehr kompatibel sind. Im Prinzip ist der Strukturansatz – in einem zweiten Schritt und ausgehend von der System-Umwelt-Beziehung – dann aber auf alle Komponenten anwendbar: auf die Struktur der Umwelt wie auch auf den strukturellen Aufbau des Systems bzw. die Interaktionsstruktur dieser Systeme. Wenn man der Wissenschaftsgeschichte folgt, so scheint es zunächst am leichtesten gewesen zu

---

[57] Vgl. Bock (1980: 187f.).
[58] Deutsch (1968: 65f.).

sein, die „Geometrie der Beziehungen" zu erfassen, während die Analyse der Umweltstruktur längere Zeit gebraucht hat und eine strukturelle Betrachtung des Systemaufbaus erst über eine umweltbezogene Systemtheorie möglich wurde.

Das zentrale Problem des Strukturansatzes ist die strukturelle Stabilität der sozialen Systeme bzw. das Problem eines geordneten Strukturübergangs. Die *maximale* Strukturkrise liegt vor, wenn strukturell instabile Systeme in einer instabilen oder sogar turbulenten Umwelt gezwungen sind, auf eine andere Interaktionsstruktur überzugehen. Es lohnt sich, diese drei Momente auseinanderzuhalten und gesondert zu betrachten; denn in der hilflosen Rhetorik der „Strukturkrise", in die man sich typischerweise gerade dann flüchtet, wenn überhaupt keine Struktur mehr zu erkennen ist, gehen diese Momente heillos durcheinander.

1. Aus der Perspektive der operierenden Systeme ist das strukturelle Hauptproblem die *strukturelle Stabilität*. Ein System ist – grob gesagt – dann strukturell stabil, wenn es trotz kleinerer und auch größerer Störungen aus der Umwelt und sogar gezielter interaktiver Irritationen seine Kontrollstruktur[59] beibehält bzw. diese Störungen durch Verzögerungen und Oszillationen oder einfach durch teil- und zeitweise Ausfälle ausgleichen kann. Das Konzept der strukturellen Stabilität ist ein globales Konzept: In bestimmten funktionalen und regionalen oder lokalen Bereichen muß es natürlich Änderungen geben; aber gerade durch diese begrenzten Veränderungen kann die Gesamtstruktur in ihren Grundzügen erhalten bleiben. Makrostabilität ist nur durch Mikrovariabilität zu gewährleisten;[60] d. h., das strukturell stabilste System wäre ein System, das aus mehreren (oder vielen) Subsystemen aufgebaut ist, die in relativer Autonomie handeln und je nach Bedarf miteinander interagieren, die Interaktion verstärken oder vermindern oder auf andere Interaktionspartner überwechseln können.

Dies aber ist die Beschreibung des „heterarchischen" oder „multistabilen" Systems. *Heterarchisch* ist ein System, das von zwei oder mehr Gruppen von sich gegenseitig kontrollierenden und miteinander konkurrierenden Managern gelenkt wird.[61] *Multistabil* ist ein System, das aus einer variablen Kopplung von ultrastabilen Teilsystemen besteht, von Teilsystemen also, die sich weitgehend selber regulieren können. Normalerweise unterliegen diese Teilsysteme einer zentralen Koordination; wenn diese zentrale Koordination jedoch versagt, kann eines der Teilsysteme (oder kann eine Koalition von Teilsystemen) die Steuerung übernehmen; und

[59] Zur genaueren Ausführung vgl. Berlinski (1976: 94 ff.).
[60] Klein (1977: 26).
[61] Vgl. Taschdjian (1979: 546).

funktionsuntüchtig gewordene Subsysteme können vorübergehend ausgehängt und durch andere ersetzt werden.[62] *Monostabile* Systeme, Systeme also, die nur über ein einziges Steuerungszentrum verfügen, insbesondere wenn sie hierarchisch aufgebaut und komplex geworden sind, sind dagegen strukturell unstabil in dem Sinn, daß sie bei Umweltveränderungen, die über ein gewisses Maß hinausgehen, gleich die ganze Systemstruktur umbauen müßten. Dies ist in der zur Verfügung stehenden Zeit jedoch meist unmöglich; so werden die Umweltveränderungen ignoriert; und mit der Zeit müssen immer schwerwiegendere Funktionsausfälle hingenommen werden, bis das System zusammenbricht.

„Monostabilität" und „Multistabilität" sind idealtypische Endpunkte in der Skala der wirklichen Organisationen, die sich irgendwo dazwischen bewegen. Jedenfalls kann man behaupten, daß die häufig zu beobachtenden Strukturkrisen in Wirtschaft und Politik auf übertriebene Monostrukturen zurückzuführen sind: In einer multistabilen oder mikrovariablen Systemorganisation gibt es zwar laufend kleinere, nämlich regional und sektoral begrenzte, Strukturkrisen; jedoch nicht die große und katastrophenträchtige „Strukturkrise", die wir meinen, wenn beispielsweise von „struktureller Arbeitslosigkeit", von der „Krise der Demokratie" oder dem Problem der „Unregierbarkeit" usw. die Rede ist. Ebenso kann die vielzitierte „Krise der Komplexität", die darin besteht, daß viel zuviel zu ineffektiv geregelt ist, weil alle zu spezialisiert sind, um noch einen Überblick über das Ganze zu haben,[63] darauf zurückgeführt werden, daß eine einzige Organisation (z. B. der Staat und seine Regierung) sich zu viele gesellschaftliche Funktionen angemaßt hat. In Wirklichkeit leidet niemand an der gesamtgesellschaftlichen „Krise der Komplexität", weil sie nämlich nur in den Köpfen besteht: Tatsächlich ist die universelle staatliche Fürsorge und Zuständigkeit illusionär, wie ja auch die staatliche Kontrolle weithin ineffektiv ist. Während sich viele „Spitzenpolitiker" gerne hinter dem Schild (oder dem Nebelschleier) der „Komplexität" verstecken, regeln sich glücklicherweise viele der zentralen gesellschaftlichen Probleme scheinbar von selbst, in Wirklichkeit: durch die (der politischen Öffentlichkeit verborgen bleibenden) laufenden Interaktionen von Tausenden von Organisationen, deren Ergebnisse von keiner zentralen Stelle koordiniert, ja kaum registriert werden.

Da wirklich umfassende monostabile Systeme nicht sehr lebensfähig und daher selten sind, so sind auch die kleinen und periodischen Krisen weitaus häufiger als große Strukturkrisen. Wirklich *große* Strukturkrisen sind wohl

[62] Fuchs (1973: 133 ff.).
[63] Crozier (1982: 10 ff.).

nicht mehr mit Begriffen der Stabilitäts-, sondern nur noch der Katastrophentheorie zu erfassen: Große Strukturkrisen haben wirklich etwas mit einem „Zusammenbruch" zu tun; allerdings erfolgt auch dieser Zusammenbruch durchaus gesetzmäßig und in Stufen, d. h., die Komplexität des Systems vermindert sich, die Systemsteuerung regrediert von einer mehrparametrigen Kontrollstruktur auf nur noch ganz wenige Steuerparameter.[64] *Kleine* (also sektoral und regional begrenzte) Strukturkrisen sind hingegen dadurch gekennzeichnet, daß die an und für sich zur Verfügung stehende Produktionsstruktur nur zum Teil genutzt wird und daß vorhandene Fähigkeiten nicht eingesetzt werden, weil es an Innovationen und neuen Aufgabenstellungen fehlt, daß diese jedoch reaktiviert und restrukturiert werden können, wenn neue technische und organisatorische Entwicklungen in Gang gesetzt worden sind.[65] Während von der Summe der kleinen Strukturkrisen insgesamt ein Strukturwandel in Richtung einer höheren Organisationskapazität zu erwarten ist, ist von einer großen Strukturkrise nichts zu erwarten als eine Verminderung der Organisationskapazität. Gegen große Strukturkrisen läßt sich im Augenblick der Krise nichts mehr tun; das einzige Mittel dagegen ist die vorbeugende Einrichtung von multistabilen Systemen (vgl. Kap. V. 3).

2. Die Systemstruktur ist abhängig von der *Struktur der Umwelt;* wenngleich das System versucht, die Umweltbedingungen zu seinen Gunsten zu modifizieren, so bleibt auch das mächtigste System von den (meist knappen) Ressourcen wie auch von den anderen, um diese Ressourcen konkurrierenden, Systemakteuren abhängig. Die Umweltstruktur ist nach den verschiedensten Kriterien zu klassifizieren: Die Umwelt kann mehr vom System aus gesehen werden; dann gilt sie nur als Reservoir von (freilich erst zu erschließenden) Ressourcen. In diesem Fall werden als die zwei wesentlichen Dimensionen eine räumliche und eine zeitliche Verteilung, nämlich die *Ressourcendichte* und die *Ressourcenvorhersagbarkeit,* angesehen.[66] Es gibt dann z. B. eine Umwelt, in der Ressourcen in ausreichender Dichte vorhanden, aber nur schlecht vorhersagbar sind; oder umgekehrt: Die Ressourcen sind knapp, aber ihre Verteilung ist gut vorhersagbar usw. Wenn man die Eigengesetzlichkeiten der Umwelt stärker betonen will, dann empfiehlt sich die systemanaloge Unterscheidung in *Komplexität* und *Stabilität*[67]: Eine Umwelt ist komplex, wenn eine in ihr agierende Organisation eine große Anzahl verschiedener Faktoren zu berücksichtigen hat, um

---

[64] Woodcock und Davis (1978: 43).
[65] Biermann (1976: 97ff.).
[66] Vgl. Dyson-Hudson und Smith (1978: 21–41).
[67] Shortell (1977: 275–302); Stanton (1979: 217–240).

darin überleben zu können. Eine Umwelt ist instabil (oder auch unsicher), wenn sich die externen Faktoren unregelmäßig verändern usw. Es gibt dann vier große Typen von Umwelt: eine komplexe und stabile Umwelt; eine komplexe und instabile Umwelt, die „turbulent" genannt wird; eine nichtkomplexe und stabile Umwelt; und eine nichtkomplexe und instabile Umwelt.[68]

Von einer *Umweltkrise* oder *ökologischen Krise* ist nur im Zusammenhang mit den in der Umwelt operierenden Systemen zu sprechen; denn die Natur kennt alle vier Formen von Umwelt; und von der Natur aus gesehen gibt es kaum ein Kriterium, warum ein bestimmter Umwelttyp vorzuziehen sei (die Artenvielfalt erfordert alle vier). Von einer Umweltkrise ist dann zu sprechen, wenn die Organisationsstruktur der operierenden Systeme nicht kompatibel mit der Umweltstruktur ist.[69] So ist z. B. einer turbulenten Umwelt nur mit einem multistabilen System zu begegnen: Die hohe Umweltkomplexität kann nur von einer hohen Systemkomplexität verarbeitet werden, die große Unsicherheit kann nur durch Organisationsvielfalt aufgefangen werden. Ein monostabiles und organisatorisch verarmtes System könnte in einer solchen Umwelt nicht überleben bzw. es würde – wenn es mächtig ist – die Komplexität der Umwelt zerstören, um dann die Defizite durch Gewaltanwendung und Zwangsimporte auszugleichen.

Solange man immer nur *ein* System in einer Umwelt operieren läßt, ist eine *Umwelt*krise immer eine *System*krise; denn sie ist ja durch die Aktivität oder Insensibilität des Systems entstanden. Von einer genuinen Umweltkrise ist also nur im Sinne einer Verbunderscheinung oder eines relativ unstrukturierten kollektiven (hier: negativen) Gutes zu sprechen: In der Umwelt operieren ja viele Systeme mit verschiedenen Organisationsstrukturen und Ressourcenanforderungen. Die Umwelt figuriert für diese verschiedenen Ansprüche nur als ein Reservoir oder eine Kapazität, von der in der Regel nur gefordert ist, daß sie in ihrer (vermeintlichen) Strukturlosigkeit verharrt und sozusagen nicht „zurückschlägt": Solange die natürlichen (vom Menschen bisher nicht kontrollierten) Kreisläufe erhalten bleiben, solange z. B. in dem einem natürlichen (oder teilweise auch künstlichen) Filterungsprozeß unterzogenen Wasser keine gesundheitsschädigenden Stoffe zurückbleiben, solange die Luft in den natürlichen Umwälzungsprozessen wieder einigermaßen gereinigt wird, solange ein kontinuierlicher Holzeinschlag durch ein kontinuierliches Wachstum ausgeglichen wird und sich die Böden (durch verschiedene Maßnahmen) wieder regenerieren können, kann von einer ökologischen Krise keine Rede sein. Wohl aber

---

[68] Emery und Trist (1973: 38–56); Metcalfe (1974: 639–663).
[69] Vgl. Mascarenhas (1981: 78).

kann es zu (regionalen und funktionalen) *Knappheits*erscheinungen kommen, die jedoch durch zusätzliche Transport- und Transformationsleistungen überwunden werden können. Von einer ökologischen *Krise* ist zu sprechen, wenn die ökologische Selbstregulation in einem Maße gestört ist, daß insgesamt die Kapazität dieser Selbstregulationen (oder die „ökologische Tragfähigkeit") drastisch absinkt und ohne aufwendige und langwierige Strukturmaßnahmen nicht wiederhergestellt werden kann.[70]

3. Der Begriff der Strukturkrise kann sich auch auf die *Interaktions*struktur beziehen; konsequent ausgearbeitet wurde er bisher aber nur im Bereich der internationalen Beziehungen. Im Mittelpunkt der Analyse stand zunächst nur die Geometrie oder Topologie der Interaktionsbeziehungen zwischen verschiedenen politischen Systemen, vor allem natürlich der Super- und Großmächte, die durch ihre militärischen Drohpotentiale, vielleicht auch ihre Wirtschaftsmacht und ihren kulturellen Einfluß, auch das Kräftefeld aller übrigen Mächte bestimmen. Die Meßdimensionen haben sich weitgehend auf leicht meßbare Größen wie das Bruttosozialprodukt oder das Einkommen pro Kopf und die militärische Zerstörungsmacht (gemessen in Tonnen TNT, in Heeresstärken und technischer Ausrüstung) beschränkt. Die *horizontale* Machtverteilung, in der Macht gegen Macht steht, wurde häufig ergänzt durch die *vertikale* Stratifikation der Statuspositionen. Beide Strukturen werden letztlich durch die Interaktionsqualität der einzelnen Akteure (gemessen in der soziometrischen Häufigkeit und Reichweite der Interaktionen) bestimmt.

Die Beschreibung der horizontalen Interaktionsstruktur wird seit dreißig Jahren vom Konzept der *Polarität* beherrscht,[71] wobei im Prinzip nur drei Strukturen unterschieden werden: die *Uni*polarität, die *Bi*polarität und die *Multi*polarität. Natürlich sind in der Empirie auch Mischformen zu beobachten, wird die Polarität abgemildert durch Block- und Allianzenbildung; trotzdem bleibt das strukturelle Problem bestehen, daß es zwischen diesen Grundstrukturen keinen kontinuierlichen und vorausplanbaren Übergang gibt: Der Sprung in eine andere Grundstruktur bedeutet den Sprung in eine andere „Logik". Besonders krisenhaft wurde der Übergang von der Bipolarität zur Multipolarität empfunden,[72] der die zwischen den USA und der UdSSR herrschende Nullsummenlogik und das davon abgeleitete Abschreckungskalkül plötzlich außer Kraft gesetzt hat, um den (anfangs sehr gefürchteten) Unsicherheiten der in Fluß gekommenen Koalitionsbildung mit Dritten, der Aufweichung der bipolaren Blöcke, der

---

[70] Vgl. Bühl (1981: 44 ff.).
[71] Vgl. Modelski (1974); Nogee (1975: 1193–1224).
[72] Vgl. Bühl (1978: 64 ff.).

Regionalisierung, der „Schaukelpolitik" und des Neutralismus Platz zu machen.

Die ökonomische Parallele zum Polaritätskonzept der Machtpolitik bilden die Konzepte des *Monopols,* des *Oligopols* und schließlich des *freien Marktes,* wobei die vom „Kapitalismus" beherrschte Weltwirtschafts- bzw. Weltwährungsordnung von den Marxisten gerne als ein Monopol der USA oder zumindest als ein Oligopol der OECD dargestellt wird,[73] während die Vertreter des Wirtschaftsliberalismus nur eine im Prinzip freie Marktwirtschaft sehen können, die freilich einerseits von Nationalismus und Protektionismus, andererseits von hegemonialen (und wirtschaftsschädigenden) Machtkämpfen bedroht ist.[74] Dieser Weltanschauungsperspektive folgend, versuchen die Marxisten, die gesamte internationale Entwicklung nach dem Strukturierungsprinzip von „Zentrum und Peripherie" zu beschreiben, während in der liberalistischen Perspektive entweder das Konzept des „Machtgleichgewichts" ("balance of power") oder das Konzept der „Interdependenz" im Vordergrund steht.

Die „Logik" von *Zentrum und Peripherie* ist die, daß jeweils ein Zentrum eine mehr oder weniger große Peripherie beherrscht, wobei die Elite des Zentrums mit den Eliten vieler Peripheriestaaten konspiriert, während die jeweiligen Nichteliten ohne Kontakt – und daher ohne effektive Abwehrmöglichkeit – sind. Dadurch entsteht eine „feudale" Zentrums-Peripherie-Struktur oder schlicht eine „imperialistische" Ordnung.[75] Der Imperialismus drückt sich in den militärischen Machtverhältnissen ebenso aus wie in der Kapitalakkumulation und in der Arbeitsteilung, im Technologietransfer wie im Kulturaustausch.[76] Von seiten der Peripherienationen gesehen, bedeutet „Imperialismus" Abhängigkeit oder „Dependenz", d. h. aber: einen schlechten Platz in der Arbeitsteilung, geringes wirtschaftliches Wachstum, große soziale Ungleichheit, bleibende Unterentwicklung, ja: die Unterentwicklung der Peripherie ist eine Funktion der Entwicklung des Zentrums.[77] Aber genau darin liegt, „dialektisch" gesehen, das zukünftige „Heil"; denn soziale Ungleichheit und permanente Unterentwicklung führen zur Stärkung charismatischer und autoritärer Staatsführungen, damit aber werden gleichzeitig die Fesseln des Kapitalismus gelöst.[78] In sehr langfristigen Strukturkrisen kommt es zur Ablösung des alten Zentrums durch

---

[73] Hopkins und Wallerstein (1982: 41–82).

[74] Bergsten, Keohane und Nye (1975: 3–36).

[75] Galtung (1971: 81–117).

[76] Chase-Dunn (1981: 19–42).

[77] Vgl. Amin (1976: 379–403).

[78] Ramirez und Thomas (1981: 147 ff.).

ein neues in der Peripherie entstandenes Zentrum, und der imperialistische Reigen beginnt von vorne. Das alte Zentrum verspielt seine Stellung regelmäßig dadurch, daß es sich übernimmt, d. h., daß es seinen Kontrollbereich zu weit ausdehnt und daß es anfällige Monostrukturen erzeugt; während die alte Elite durch Arroganz und Vergnügen korrumpiert wird, sind die neuen Eliten in der Peripherie lernbegierig; und unter günstigen Umständen wird eine davon (oder vielleicht auch eine Koalition peripherer Eliten) die Macht an sich reißen können.[79] Die Grundstruktur des Weltsystems bleibt damit aber im Prinzip dieselbe, Krisen sind nur von regionaler und zyklischer Bedeutung.

Nicht minder einfach – in der empirischen Operationalisierung jedoch dubios – ist das *"Balance-of-Power"*-Konzept der Gegenseite. Danach kann und muß jede Macht nur für sich selbst entscheiden. Das entscheidende Strukturprinzip des Gleichgewichtssystems ist, daß keine mögliche Koalition erheblich stärker werden darf als ihre Gegenkoalition,[80] d. h. aber, daß Koalitionen nur für den Kriegsfall gelten, während sonst nur das Nationalstaatsprinzip gilt und kein Platz für Akteure anderer Art (für Reichsbildungen, politische Unionen oder Blockmächte, für inter- oder transnationale Organisationen) ist. Es ist vielfach auf die Schwierigkeiten oder die Unmöglichkeiten der Operationalisierung dieses Konzeptes hingewiesen worden, das letzten Endes – da dann die subjektive Einschätzung der stärksten Mächte den Ausschlag gibt – doch immer wieder in einem Wettlauf um den entscheidenden Machtüberhang, um eine angeblich größere Sicherheitsmarge endet.[81] Interne Krisen liegen nach diesem Konzept vor, wenn ein Gleichgewichtssystem (beispielsweise von 5 auf 9 Mächte) erweitert werden muß oder wenn eine übernationale Blockmacht auftritt; eine Krise des gesamten Gleichgewichtssystems aber ist gegeben, wenn funktionale Verflechtungen (in wirtschaftlicher, technischer und militärischer oder ökologischer Hinsicht) nicht mehr zu vermeiden sind oder ideologische und wertmäßige Bindungen eingegangen werden.[82] Leider sind die Kriterien zur Abgrenzung der Krise völlig unscharf: Das Gleichgewichtssystem befindet sich einerseits dauernd in der „Krise", denn das Gleichgewicht ist stets bedroht; andererseits scheint dieses System so gut wie unzerstörbar zu sein.

Das *Interdependenz*konzept geht gerade von diesen funktionalen Verflechtungen als konstitutivem Strukturelement aus. Interdependenz

---

[79] Galtung, Heiestad und Rudeng (1978: 51).
[80] Vgl. Zinnes (1967: 270–288).
[81] Kaplan (1969: 215).
[82] Vgl. Bühl (1978: 59 ff.).

meint ein „systembedingtes Aufeinanderangewiesensein in dem Sinne, daß zwei oder mehrere Partner nur gemeinsam, und zwar unter Aufrechterhaltung einer gewissen Funktionsteilung, einen Gewinn erwirtschaften können oder eben zusammen einen Verlust (in wirtschaftlicher, ökologischer, strategischer oder politischer Hinsicht) erleiden müssen" [83]. Die Interdependenz bedeutet nicht ein Ende der Konflikte, auch nicht ein Ende des Nationalstaats, aber doch eine Unterordnung der Konflikte und der nationalstaatlichen Interessen unter die Logik der Verbundgewinne. [84] Natürlich gibt es auch im Rahmen der Interdependenzstruktur Hegemonialmächte, aber ihre Hegemonie ist wohltuend und schöpferisch, da sie auf dem Hintergrund dieser Struktur nur so lange effektiv und auch legitim sein können, als sie durch technische und sozialorganisatorische Innovationen hervortreten, die auch den anderen nützen und die diese nur so lange übernehmen, wie sie ihnen nützen. [85] Die Politik wird damit „transnational", d. h., die das System tragenden Organisationen (z. B. multinationale Unternehmen) greifen ebenso wie die Kapitalflüsse und Arbeitsmigrationen wie aber auch die politischen Loyalitäten oder wirtschaftlichen Erwartungen und kulturellen Wertsetzungen weit über den Nationalstaat hinaus. [86] Wenn immer eine Hegemonialmacht versuchen sollte, von Monopolbildungen und Renten zu leben, wenn immer sie von der indirekten funktionalen Kontrolle in die direkte und machtmäßige territoriale Kontrolle abgleitet, gerät diese Hegemonialmacht in die Krise, wird sie von einer innovativeren, funktional besser ausgelegten Macht abgelöst. Krisen sind nach diesem Modell ebenfalls funktional begrenzt, und sie treten zyklisch (in Langzeitzyklen von mehreren Jahrzehnten oder auch Jahrhunderten) auf. Wenn es auch zeitweise zur Renationalisierung und zu neomerkantilen Tendenzen kommen kann, so wird dennoch damit die Interdependenzstruktur nicht aufgelöst, sondern (durch den Zusammenbruch protektionistischer Mächte) eher noch verdichtet. Eine grundlegende Strukturkrise kann es nach diesem Modell ebensowenig geben wie nach der Zentrums-Peripherie-Logik, die ebenso umfassend wie unbestimmt ist.

Insgesamt ist festzustellen, daß von einer „Strukturkrise" in den inter-systemischen Beziehungen in einem methodisch strengen Sinn kaum gesprochen werden kann: Die Interaktionsbeziehungen sind vielmehr das veränderlichste Moment im ganzen Krisengeschehen. Alle drei Strukturtheorien in diesem Bereich – die "Balance-of-Power"-Theorie, die Imperialismus-

[83] Bühl (1978: 14); vgl. vor allem: Keohane und Nye (1977).
[84] Young (1969: 728 f.).
[85] Modelski (1978: 224).
[86] Vgl. Mendershausen (1969: 251–275); Nye (1974: 961–996).

und Dependenztheorie sowie die Interdependenztheorie – sind viel zu vage und zu strukturarm: So scheinen sie beliebig operationalisierbar zu sein, und so haben sie auch immer recht. Gerade das aber zwingt uns, sie zu vernachlässigen und die *Interaktions*struktur als eine *abhängige* Variable der Organisationsstruktur der interagierenden (politischen) Systeme zu betrachten. Sowohl aus praktischen wie aus theoretischen Erwägungen kann nur diese *System*struktur als unabhängige Variable und als Hebel im Strukturwandel und in der Bewältigung von Strukturkrisen angesehen werden. Eine *intermediäre* Variable ist die *Umwelt*struktur, die zwar nicht von einem einzigen System allein, jedoch vom Verbundhandeln mehrerer Systeme bestimmt wird. Genauer: In normalen Zeiten – wenn die Systemstruktur und die Interaktionsstruktur der operierenden Systeme umweltkompatibel sind – ist die Umwelt „kein Problem", d. h., sie scheint eine abhängige Variable der System- bzw. Interaktionsstruktur zu sein. Wenn jedoch ein wesentlicher Systemakteur (oder wenn eine Reihe von Systemakteuren) in eine systemische Strukturkrise geraten ist, wirkt plötzlich die Umwelt zurück, d. h., sie wird – weil ihre Reaktionen von den Systemakteuren nicht vorausgesehen worden sind und ab einem bestimmten Punkt nicht mehr kontrolliert werden können – vorübergehend zur (konfligierenden) unabhängigen Variablen.

Für ein aus diesen Erörterungen zu abstrahierendes *Minimal-Modell* genügt es also, von zwei strukturellen Komponenten auszugehen (vgl. Fig. 3):

a) der Struktur der in einer gemeinsamen Umwelt operierenden Systeme, wobei wir als Minimalkriterium nur zwischen einem hohen und niederen Grad der "systemness" bzw. der *Struktureinheit* oder des Strukturzerfalls unterscheiden wollen;

b) dem Grad der *Kompatibilität* der Umwelt mit dieser (dominierenden) Systemstruktur.

Selbstverständlich läßt sich ein solches Modell deskriptiv sehr viel reicher gestalten. Statt von der Multistabilität/Monostabilität als wichtigstem Strukturmerkmal läßt sich auch von der Diversität/Uniformität der Handlungen oder der sozialen Gleichheit/Ungleichheit der Mitglieder[87] oder von der kulturellen Heterogenität/Homogenität des Systems[88] usw. ausgehen. Ebenso läßt sich auf der anderen Seite das Problem der Kompatibilität von System und Umwelt wesentlich besser differenzieren.[89]

Charakteristisch für den ganzen Ansatz bleibt, daß hier nur *Transforma-*

---

[87] Galtung (1977: 15).
[88] Vgl. Blau (1977: 77–99).
[89] Vgl. Metcalfe (1974: 639–663).

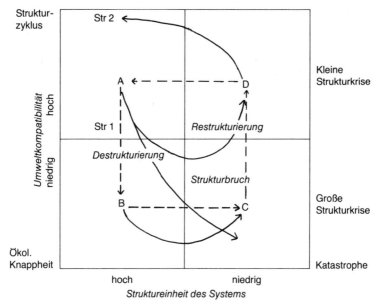

Fig. 3: Modell der Strukturkrise.

tionen in der Komponenten- und Relationsstruktur der ausgewählten Struktureinheiten vermerkt werden, daß aber keine kausale oder funktionale Mikroanalyse des Zustandekommens dieses Wandels versucht wird.[90] Der Strukturansatz bleibt holistisch und grobrasterig; er ist stets ein erster Analyseansatz, der es erlaubt, sozusagen eine Landkarte des *möglichen* Verhaltens zu entwerfen, der dieses aber nicht vorhersagen und erklären kann. In dieser Darstellung scheint der Strukturwandel im entscheidenden Moment (in der Phase C) immer sprunghaft zu sein; d. h., aus einem ungeordnet oder chaotisch erscheinenden Beobachtungsfeld taucht plötzlich eine neue Gestalt oder Struktur auf, fügen sich zunächst sinnlos scheinende Teile zu einem prägnanten Ganzen zusammen oder löst sich umgekehrt eine verwirrende Komplexität in abgerundete und logisch aufgebaute Bruchstücke auf, die nun als neue Ganzheiten figurieren. Dieser Übersprung ist im Grunde nur mit den Mitteln der Gestaltheorie, der Katastrophentheorie oder der Theorie der Frakturen darstellbar.[91] Daneben gibt es freilich auch die Darstellung kontinuierlicher Übergänge, z. B. der zunehmenden Differenzierung oder Entdifferenzierung, der Differenzierung

---

[90] Galtung (1977: 164).
[91] Vgl. etwa: Koffka (1936); Woodcock und Poston (1974); Mandelbrot (1977).

oder/und Integration oder der Komposition oder Dekomposition hierarchisch oder in Modulbauweise aufgebauter Systeme.[92] Diese Darstellung kann sich jedoch nur auf die Phasen B oder D und auf die Prozesse der Destrukturierung und Restrukturierung beziehen – oder die Strukturkrise wird verniedlicht und nur im Rahmen eines wiederkehrenden Strukturzyklus gesehen.

Ein nur *zyklischer*, also wieder zum Ausgangspunkt A zurückkehrender Strukturwandel ist zu beobachten, wenn ein organischer Reproduktionsprozeß zugrunde liegt (und beispielsweise aus dem Ei eine Raupe, aus der Raupe eine Puppe und aus dieser ein vollentwickeltes Insekt wird). Im Bereich der Sozialorganisationen gibt es ähnliche Strukturwandlungen, wenn z. B. aus einer kleinen, aber flexiblen und erfindungsreichen Pionierfirma ein hochspezialisiertes, jedoch starres Großunternehmen wird, das – unter veränderten Marktbedingungen – nur noch dadurch zu „verjüngen" ist, daß seine hierarchische Struktur durch Stabs- und Matrixlinien durchschossen bzw. daß es wieder in kleinere Unternehmenseinheiten zerlegt wird.[93] Dennoch ist dies nur eine Analogie; denn nach einem Organisationszyklus von vielleicht 30 Jahren herrschen doch schon wieder ganz andere technologische, marktorganisatorische und auch psychologische Voraussetzungen, und der Ausgangszustand ist auf keinen Fall mehr herstellbar. Insoweit ein Strukturwandel als ein bloßer Organisationszyklus gesehen wird, ist von einer echten Strukturkrise nicht zu sprechen; diese setzt einen Strukturbruch voraus.

In der Phase B gibt es noch keinen Strukturbruch, sondern nur einen Prozeß der *Destrukturierung*. Die Destrukturierung besteht vor allem darin, daß die Struktur- oder Stileinheit des Systems zerfällt, daß einerseits die Kontrollorgane von Orientierungslosigkeit und Apathie befallen werden, während andererseits neue Untereinheiten entstehen, die nicht mehr in das alte Bild passen, ja, die die Struktureinheit des Gesamtsystems sprengen, sobald sie eine führende Rolle übernehmen. Diese Destrukturierung wird ausgelöst und beschleunigt dadurch, daß die früher reibungslose Einbettung in die Umwelt verlorengegangen ist, d. h., daß viele Tätigkeiten des Systems ins Leere laufen, keinen Gewinn mehr bringen oder zusätzlich auch noch die Umwelt schädigen bzw. keine Zustimmung mehr finden. Umgekehrt ist es im Prozeß der *Restrukturierung* (D), wo über bestätigende und belohnende Reaktionen aus der Umwelt die zunächst noch heterogene und zerfahrene Systemstruktur wieder an Form gewinnt, indem die

---

[92] Vgl. Elias (1977: 127–149); Buß und Schöps (1979: 315–329); Simon (1974: 231–265).

[93] Vgl. Adizes (1979: 3–25).

bestätigten Funktionen und Organisationen auf Kosten der nun nicht mehr bestätigten aufeinander abgestimmt werden und eine neue, den veränderten Markt- und Umweltbedingungen entsprechende Kontrollstruktur etabliert wird. Sowohl bei der De- wie bei der Restrukturierung hat also die Umwelt eine Leitfunktion. Die Destrukturierung wird eingeleitet von Phänomenen der ökologischen Knappheit, d. h. der Verteuerung oder Knappheit von bisherigen Ressourcen bzw. auch des Überhandnehmens von negativen Umwelteffekten bei ihrem Verbrauch. Umgekehrt wird die Restrukturierung in der Regel eingeleitet durch die Erschließung neuer Ressourcen (neuer Energieformen, neuer Werkstoffe und neuer Technologien).

In der Phase des *Strukturbruchs* (C) aber degeneriert beides, die interne Systemstruktur wie auch der Umweltbezug. Hier gibt es keine Leitschiene des Wandels mehr; dementsprechend kann der Wandel auch kaum mehr mit funktional-strukturalen Kategorien beschrieben werden, sondern man greift dann gern auf ganzheitlich-kulturelle Kategorien wie „Anomie" oder „Identitätsverlust" zurück, oder man verweist auf um sich greifende Massenbewegungen und alternative Lebensweisen. Der harte Kern des Strukturbruchs aber ist der Kontrollverlust, der sich einerseits in der Polarisierung oder im Rückzug der alten Elite äußert,[94] andererseits aber auch im Verlust des Kontrollwissens besteht: Das alte Wissen greift nicht mehr, ein neues ist noch nicht gefunden oder jedenfalls nicht öffentlich akzeptiert. Wenn sich keine Funktionselite mehr herausbilden sollte, die über die Erfüllung ihrer Funktionen hinaus auch ein korporatives Bewußtsein oder Zusammengehörigkeitsgefühl entwickelt, dann müßte die Strukturkrise im Systemzusammenbruch oder in der *Katastrophe* enden.

[94] So Galtung, Heiestad und Rudeng (1978: 55 f.).

III. ZYKLUS, KRISE UND KATASTROPHE

1. Krise und Kontrolle

Wie alle drei dargestellten Theorieansätze implizieren, ist von einer Krise nur dort zu sprechen, wo ein entwicklungs- oder adaptationsfähiges System gegeben ist; wo kein Kontrollsystem festzustellen ist, sondern nur ein unverbundenes Nebeneinander von erratisch miteinander interagierenden Organismen oder Handlungseinheiten, dort kann auch von keiner „Krise" die Rede sein: Hier ist das, was im Systemzusammenhang „Krise" genannt wird, gerade der Dauerzustand, nämlich die Irregularität, die nichtvorhersagbare Zufallsverteilung, die ungeordnet-chaotische Bewegung, die tausendfach gestörte oder abgebrochene Entwicklung. Allerdings ist dieser chaotische Zustand selten in Bereichen, die – wie im Reich des Organischen – durch einen gemeinsamen Evolutions- oder Diffusionszusammenhang miteinander verbunden sind. Dies gilt natürlich auch für den gesellschaftlichen Bereich. Umgekehrt ist eine Krise in einem relativ geschlossenen System undenkbar: Hier gibt es nur die Alternative von Reproduktion oder Untergang. Der Begriff der Krise ist also nur in einem Bereich sozusagen der *mittleren ökologischen Systemdichte* anzuwenden. In der allgemeinen Systemökologie kann man nämlich ökologische Systeme hoher Komplexität und großer Stabilität (wie z. B. ein tropischer Regenwald) von Systemen mit sehr geringer Stabilität und geringer Komplexität (wie z. B. das Schwemmland eines schnellen, kalten und oft über die Ufer tretenden Flusses) unterscheiden.[1] In diesen beiden Extremen ist kaum von „Krise" zu sprechen; denn im maximal komplexen und stabilen Ökosystem führt jede länger andauernde funktionale oder regionale Störung, die eine bestimmte kritische Grenze überschreitet, gleich zum unaufhaltsamen und irreversiblen Zusammenbruch des Systems *(Katastrophe);* im chaotischen oder völlig durchlöcherten Ökosystem hingegen, wo sich nur relativ schnellebige und primitive Arten halten können, ist ein komplexer Systemaufbau ohnehin nicht möglich, kommen und gehen die Populationen so schnell nacheinander, daß eine krisenhafte Störung kaum auszumachen ist. Von einer Krise kann nur die Rede sein, wenn sich ein halbwegs stabiles und komplexes, d. h. aber: sich in der Entwicklung befindliches Ökosystem heraus-

[1] Vgl. Richardson (1977: 60f.).

gebildet hat, bei dem eine klare ökologische Sukzession (bzw. eine klare Stufenfolge der Systementwicklung) festzustellen ist.

Das Vorhandensein eines *ökologischen Systems* (oder einer ökologischen Gemeinschaft) und einer gesetzmäßigen Entwicklungsfolge ist die minimale Voraussetzung für die Anwendung des Krisenbegriffes. Unter einem ökologischen System ist ein Komponentenzusammenhang zu verstehen, dessen Regelmäßigkeiten oder Gesetzmäßigkeiten wenn schon nicht durch eine interne Systemsteuerung, so doch durch die Verteilung und Begrenzung der Umweltressourcen bedingt sind. Diesen Begriff einer sozusagen äußeren oder von außen bedingten Krise beschränken wir jedoch gewöhnlich auf ökologische Krisen; vielleicht daß wir ihn auch auf kulturelle Krisenerscheinungen und internationale Beziehungen anwenden, wenn wir nur von einem lockeren Systemzusammenhang ausgehen können. Bei sozialen oder politischen Systemen setzen wir dagegen in der Regel mehr voraus, nämlich eine *zentrale* Systemkontrolle, d. h. eine Agentur (z. B. eine Firmenleitung, eine politische Regierung), die für das Funktionieren des Systems wichtige Informationen sammelt, auswertet und über eigene „Organe" (z. B. über Anordnungen und über Kontrollbehörden) auf die Umwelt zurückwirkt.[2] Doch dies ist nicht unbedingt erforderlich, die Kontrollmacht der Zentralbehörde wird meist weit überschätzt. Erforderlich ist nur eine *ökologische* Systemkontrolle.[3] Organische Systeme z. B. werden einerseits durch das genetische Programm der einzelnen Organismen, andererseits aber durch die Zwänge und Verteilungsmuster der gemeinsamen Umwelt bzw. durch die Konkurrenz mit anderen Organismen kontrolliert. Das gleiche gilt für menschliche Systeme, deren Mitglieder zudem noch durch Kultur und Tradition „programmiert" sind, deren Programmierung aber auch durch Lernen und Wissen verändert werden kann. Soziale Systeme sind nicht nur (wie auch Organismen) zweckvoll organisiert und zielgerichtet, sondern darüber hinaus auch „idealbildende" Systeme,[4] d. h. Systeme, die sich immer wieder neue und weiterführende Ziele jenseits der unmittelbaren Lebensumwelt setzen können. Menschliche Sozialsysteme sind in dem Sinn „aktive" Systeme,[5] daß sie sich nicht nur reaktiv verhalten, sondern sich ihrer Ziele auch bewußt werden, daß sie sich also nicht nur der Umwelt (unbewußt, z. B. durch Versuch und Irrtum) anpassen, sondern aktiv die Umwelt nach ihren Zielsetzungen verändern.

Kontrollanspruch und *Kontrollkapazität* klaffen jedoch oft weit ausein-

---

[2] Sog. DSE (Detektor-Selektor-Effektor)-Systeme: vgl. Kuhn (1975: 47).
[3] Kuhn (1976: 77 f.).
[4] Ackoff und Emery (1972: 241 ff.).
[5] Etzioni (1968: 172 ff.).

ander. Würden beide genau übereinstimmen, könnte es keine Krise geben. Die häufige Existenz von Krisen weist uns darauf hin, daß wir in aller Regel Systeme zu kontrollieren versuchen, die wir nicht selbst entworfen haben oder deren Nebeneffekte und Verbundergebnisse wir nicht überschauen können.[6] Nicht entworfen haben wir schon einmal das organische System, von dem wir (mit unserem Primatenbiogramm) selbst ein Teil sind und das unweigerlich unser Verhalten bestimmt oder mitbestimmt. Nicht entworfen haben wir auch das ökologische System mit seinen biochemischen Kreisläufen, in das wir eingebettet sind und dessen strukturelle Verletzlichkeit uns erst in letzter Zeit aufgedämmert ist. Aber auch Organisationen (wie Firmen oder Staatsregierungen, Schulklassen oder Ehen), die wir selbst geplant, eingerichtet und vielleicht sogar bewußt nach expliziten Kriterien rekrutiert haben, entziehen sich weitgehend unserer Vorausplanung und aktiven Kontrolle: Sie gehen sozusagen ihren eigenen Weg. Und selbst dort, wo sich Manager mit klaren Zielvorgaben und Margen an den Verhandlungstisch setzen, ist das Ergebnis nicht vorauszusehen. Das ist jedoch kein Grund zum Verzweifeln: Manager braucht man gerade deshalb, weil es keine perfekte Zielplanung gibt bzw. weil komplexe Organisationsprozesse immer überraschend sind, weil unvorhergesehene Hindernisse auch ganz unverdiente Chancen eröffnen, die nur von jemand wahrgenommen werden können, der flexibel genug ist, um Selbstorganisationsprozesse und Verbundergebnisse zu erkennen und sie für sich zu nutzen.

Insofern eine Krise durch die Differenz von Kontrollanspruch und Kontrollkapazität zu definieren ist, enthält die Krisendefinition ein *subjektives* und ein *objektives* Moment. Die Krise kann dann auf zweierlei Weise gelöst werden: indem der Kontrollanspruch ermäßigt oder indem die Kontrollkapazität erhöht wird. Aber beide Strategien sind in der politischen Wirklichkeit kaum als ein Gegensatz zu sehen, sie spielen vielmehr ineinander. So mag ein guter Teil der „Krise des Wohlfahrtsstaates" tatsächlich darauf beruhen, daß der Staat zu viele Aufgaben übernommen hat oder daß er von den Politikern zum Garanten einer universalen Daseinsfürsorge erklärt worden ist. Gegenüber diesem Anspruch ist jedoch der Ausbau des Produktions- und Kontrollapparates (innergesellschaftlich wie vor allem auch international) zurückgeblieben – und muß wohl immer zurückbleiben; denn Ansprüche sind nun einmal leichter zu steigern als Organisationskapazitäten. Wenn einem überzogenen Kontrollanspruch keine auch nur angenähert adäquate Kontrollkapazität gegenübersteht, ist eine realistische Krisenpolitik nicht zu erwarten: soviel auch von „Strukturkrise" und „Strukturpolitik" die Rede sein mag, es bleibt dann doch nur der Weg in die

---

[6] Malik und Probst (1982: 162 f.).

Krisenrhetorik. Anstatt – notwendigerweise – kleiner Kapazitätsverbesserungen werden dann immer wieder grundlegende („revolutionäre") Strukturwandlungen gefordert, die aber gar nicht zu schaffen sind. Verderblich und illusionär an der Krisenrhetorik ist vor allem, daß sie eine Behebung der Krise ein für allemal verspricht. Dies jedoch kann nur versprochen werden, wenn man die Krise für ein Ergebnis der „Verschwörung" ansieht, also wenn man die Krise für total gemacht und willentlich auch wieder behebbar hält. Mit einem überzogenen und unrealistischen Kontrollanspruch aber ist die Krise nicht zu bewältigen; er wird nur tiefer hineinführen in die Krise.

So wie sich die Krise aus der Differenz von Kontrollanspruch und Kontrollkapazität ergibt, so liegt in der Differenz von *flexibler* und *starrer Kontrolle* aber auch die Chance der Krise. Diese Chance kann allerdings nur wahrnehmen, wer beim Scheitern seiner Zielvorgaben nicht gleich die Wellen über seinem Kopf zusammenschlagen fühlt, sondern wer noch in der Art des Scheiterns die Fehler seiner Kontrolle erkennen kann. Die Krise ist noch lange keine Katastrophe: Weit davon entfernt, in ein Chaos zu führen, verlaufen Krisen streng „gesetzmäßig" in dem Sinn, daß sie die verletzte oder nicht berücksichtigte Steuerordnung auf einem niedrigeren Kontrollniveau wiederherstellen. Wenn der Kontrolleur zu wenig Steuerparameter berücksichtigt oder wenn er ihr Verhältnis zueinander falsch einschätzt, so behält er eben nur das System in der Hand, das mit seinen reduzierten Steuerparametern gerade noch zu kontrollieren ist – nicht mehr und nicht weniger. Wenn er aus diesem Kontrollverlust nichts lernt, dann wird das Kontrollniveau weiter absinken. Doch auch das weitere Absinken des Kontrollniveaus ist nicht regellos, sondern es folgt genau dem (allerdings zunächst unbekannten) Aufbau des (realen) Kontrollsystems (nicht dem Aufbau des eingebildeten Kontrollsystems). Umgekehrt ist es, wenn die Krise überwunden werden soll. Auch dies ist natürlich nur möglich, wenn der Kontrolleur den Aufbau des Kontrollsystems besser kennenlernt und wenn er seine unsachgemäße Reduktion der Steuerparameter Schritt für Schritt wieder zurücknimmt bzw. wenn er sein Kontrollkonzept systematisch erweitert.

Man kann mit Sicherheit annehmen, daß der Weg aus der Krise – der Weg auf ein höheres Kontrollniveau – nur langsam und schrittweise möglich ist, während der Weg in den Kontrollverlust eher ruckartig und „holterdiepolter" zurückgelegt wird. Die Krise verläuft gerade deshalb *sequentiell* oder stufenweise, weil der Verlust der intentionalen und direkten (aber unangemessenen oder unzureichenden) Kontrolle keineswegs das System in die totale Kontrollosigkeit stürzt, sondern weil das System jeweils (von Stufe zu Stufe immer wieder) von den nicht-intendierten und indirekten Kontrollen aufgefangen wird, seien diese nun ökologischer, organischer oder kollektivpsychischer Art. Umgekehrt kann der Aufstieg in der Kontrollhöhe nur stufenweise erfolgen, weil intentionale und direkte Kontrollmaßnahmen immer nur soweit wirksam werden, wie die diesem Kontrollniveau entsprechenden ökologischen, organischen und kollektiv-psychischen Valenzen tatsächlich abgesättigt sind. Zum Beispiel hat eine individuelle Leistungskontrolle im Betrieb nur einen Sinn und ist eine Leistungssteigerung nur zu erzielen, wenn der Arbeiter oder Angestellte wirklich gern in die Firma kommt, wenn er in der Arbeit einen Teil seines Lebenssinns sieht, aber auch, wenn ihm (vergleichsweise) leistungsfähige und zuverlässige Maschinen zur Verfügung stehen und sein Arbeitsprodukt nicht ohnehin wieder in einer unzureichenden Betriebs- und Marktorganisation versandet. Dies aber ist nicht (oder nur sehr schwer) planbar und kontrollierbar. Ähnliches gilt auf der Ebene der politischen Planung und Kontrolle.

Wenn wir also davon ausgehen können, daß eine *Krise* dann vorliegt, wenn die Adaptation eines Systems an die Umwelt bzw. die Interaktion mit anderen Systemen aufgrund äußerer oder innerer Elastizitäts- oder Kapazitätsgrenzen außer Kontrolle gerät, jedoch sowohl der Kontrollverlust als auch die Rückgewinnung der Kontrollfähigkeit nur sequentiell voranschreiten kann, dann gibt es zwei Endpunkte der Krise, bei denen die Bedingung der Sequenzbildung nicht mehr erfüllt ist: Das ist zum einen die bloße Oszillation eines Systems und zum anderen die Katastrophe.

Eine harmonische *Oszillation* mit ungefähr gleichbleibender Amplitude (2.2) ist nicht krisenverdächtig,[7] auch wenn die Schwingung um eine linear auf- oder absteigende Trendlinie oszilliert (2.1 oder 2.3); denn solange der Trend linear ist, er keine verborgenen Wendepunkte oder lokalen Besonderheiten (Singularitäten) enthält, bringt er keinerlei Überraschungen; vor allem besteht keine Gefahr, daß die Oszillation außer Kontrolle kommen könnte und daß sich das Verhältnis von Trend und Amplitude plötzlich verschiebt. Eine Krise droht jedoch, wenn trotz einer gleichbleibenden Trendlinie sich die Amplitude so erhöht (1.2), daß sie dank ihrer dynamischen Selbststeigerung außer Kontrolle zu geraten droht. Zum Beispiel könnte eine Firma mit überraschenden technologischen Wandlungen und entsprechenden Marktverlagerungen und Gewinnverschiebungen konfrontiert sein. Obwohl bei der Firma alles „in Ordnung" ist, sie z. B. über genügend Mittel, über moderne Anlagen und ein fähiges Personal verfügt, kann sie in bezug auf ihre Effizienz in erhebliche Schwankungen geraten. Die Firma wird natürlich versuchen, die Effizienzschwankungen durch eine progressive Strategie, z. B. durch eine Aufstockung des Betriebskapitals, durch eine Erweiterung der Produktpalette, durch Betriebserweite-

---

[7] Melcher und Melcher (1980: 239 f.).

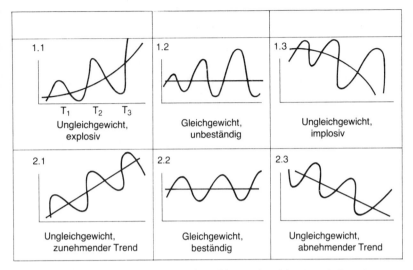

Fig. 4: Oszillation und Krise (nach Melcher und Melcher [1980], S. 240).

rung oder -fusion, auszugleichen. Das Ungleichgewicht nimmt damit aber dann leicht in Richtung einer „Explosion" (1.1) zu, der Wendepunkt zur Normalisierung ist nur schwer zu finden, bzw. die Entwicklung schlägt oft in ihr Gegenteil, in die „Implosion" (1.3) um, oder die Firma gerät in eine Folge von Auf- und Abschwüngen (1.1 und 1.3), in denen die Kontrolle hinterherhinkt oder sogar kontraproduktiv wird. Von einer „Krise" wird verständlicherweise nur im Falle der „Implosion" gesprochen, obwohl die „Explosion" die Voraussetzungen der Krise geschaffen haben mag.

Ein Beispiel für eine solche Krise ist oder war die Finanzkrise der Stadt New York.[8] Viele Jahre waren die Betriebsausgaben der Stadt stärker gewachsen als ihre Betriebseinnahmen. Verschiedene aufeinanderfolgende Verwaltungen suchten diesem unhaltbaren Zustand durch eine Art Goldgräberstrategie zu begegnen, d. h., die Defizite wurden durch kurzfristige Anleihen beglichen, und die Bilanzen wurden beschönigt, um die zunächst noch hohe Kreditwürdigkeit der Stadt nicht zu gefährden. Sobald diese jedoch angeschlagen war, rutschte die Stadt in die Krise, d. h., die kurzfristigen Anleihen wurden noch teurer, die von der Stadt gebotenen Sicherheiten wurden abgewertet. Die Verminderung des Personals von Polizei und Feuerwehr, der Schule und anderer öffentlicher Einrichtungen verminderte die Anziehungskraft der Stadt, und erhöhte Steuern verstärkten den Drang in

---

[8] Melcher und Melcher (1980: 244 f.).

die Vorstädte. Die Kreditwürdigkeit der Stadt sank damit auf einen Tiefpunkt, der sich dem Konkurs näherte.

Einen Konkurs kann man zwar umgangssprachlich eine „Katastrophe" nennen; er kommt aber oft nur durch eine kontinuierlich sich steigernde Oszillation zustande. Eine *Katastrophe* im Sinne der Katastrophentheorie ist etwas anderes, nämlich ein sprunghafter Übergang von einem stabilen Systemzustand zu einem anderen.[9] Ein System hat mehrere und verschieden geformte Minima oder Pfade, auf die es im Falle einer Zerstörung des obersten – strukturell zwar stabilen, aber komplexen und nur unter Wahrung einer bestimmten Dynamik stabilen – Gleichgewichtszustandes sozusagen zurückfallen oder wo es – nun jedoch auf einem primitiveren Niveau – wieder Halt gewinnen kann. Der Rückfall oder Zusammenbruch, wenngleich sprunghaft und plötzlich und insofern unkontrollierbar, ist streng gesetzmäßig, indem sich sozusagen die Verhaltenslandschaft oder der Systemaufbau immer mehr vereinfacht. Die von René Thom entdeckten sieben Elementarkatastrophen unterscheiden sich mit ihren verschiedenen Verhaltensoberflächen vor allem dadurch, daß von Stufe zu Stufe weniger Steuerparameter zur Verfügung stehen.[10]

Der Übergang von einem „normalen", d. h. kontinuierlichen, zu einem „katastrophischen" und diskontinuierlichen Verhalten läßt sich am leichtesten anhand der relativ einfachen Kuspen-Katastrophe (das ist die zweite Elementarkatastrophe mit nur zwei Steuerparametern) veranschaulichen (Fig. 5): Das Verhalten auf der Verhaltensoberfläche wird bestimmt durch die zwei Steuerdimensionen im Kontrollraum. Diese werden hier genannt „Wandlungsdruck" und „Wandlungswiderstand". Darunter sind alle Faktoren (in der Umwelt, aber auch im System selbst) zu zählen, die einerseits eine Organisation zum Wandel drängen, andererseits alle Faktoren (z. B. die Routine, die feste Betriebshierarchie, der hohe Grad der Spezialisierung), die einem Wandel entgegenstehen. Kennzeichnend für eine Kuspenkatastrophe ist nun eine Bifurkation im Kontrollraum; d. h., wenn der Wandlungsdruck gering ist, wird die ursprüngliche Organisationspraxis (a) beibehalten; wenn der Wandlungsdruck hoch ist, wird dem Wandlungsdruck nachgegeben (b); ein Problem entsteht aber, wenn der Wandlungsdruck mittelgroß ist – dann entsteht eine Bifurkation; d. h., man versucht zunächst, dem Wandlungsdruck zu widerstehen, tut also so, als wäre nichts geschehen, als wäre der Wandlungsdruck nur niedrig; wenn nun aber der Wandlungsdruck zunimmt, gleichzeitig sich aber auch der Widerstand formiert, dann kommt es sozusagen zu einer Entwicklung auf Biegen oder Brechen. Die Anpassung

[9] Woodcock und Davis (1978: 32).
[10] Yung-Chen Lu (1976: 102).

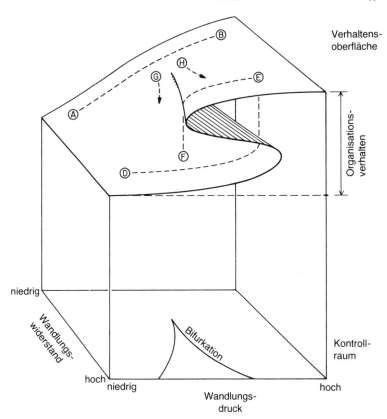

Fig. 5: Organisationswandel nach dem Modell der Kuspenkatastrophe
(nach John Bigelow [1982], S. 37).

an die veränderten Umweltgegebenheiten und inneren Stabilitätsbedürfnisse kann nicht mehr kontinuierlich erfolgen, sondern sie erfolgt in einem Sprung.

Oder mit anderen Worten: die Verhaltensoberfläche ist nicht mehr leicht gewölbt und überschaubar (wie am hinteren Bildrand), sondern sie wölbt sich auf, und zwar um so mehr, je härter der Widerstand ist, je starrer und inflexibler eine Organisation geworden ist (vorderer Rand der Verhaltensoberfläche). Das Organisationsverhalten kann nicht mehr einem kontinuierlichen Pfad (A–B) folgen, sondern bei zunehmendem Wandlungswiderstand gelangt es an einen Bifurkationspunkt, ab dem es sich nur noch entweder in Richtung H oder in Richtung G weiterbewegen kann.[11] Wenn das

[11] Bigelow (1982: 36 f.).

Verhalten jedoch zunächst unentschieden in der Mitte verharrt und man für einen Wandel sich nicht entscheiden kann, steigt zunehmend die Gefahr, daß man sich auf dem bisherigen Organisationsniveau (auf E) nicht mehr halten kann, sondern daß (bei F) plötzlich ein Absturz auf ein niedrigeres Organisationsniveau (auf D) erfolgt. Hier wird eine neue Stabilität gefunden: Der Wandlungsdruck ist niedrig, der Wandlungswiderstand ist hoch; aber man hat auch an Organisationsniveau und Handlungsspielraum verloren. Das kann z. B. bedeuten, daß eine Firma verkleinert und daß Arbeitnehmer entlassen, daß Produkte oder Funktionen aufgegeben werden müssen oder daß die Organisationsspitze gekappt wird. In analoger Weise läßt sich dieses Katastrophenschema auch auf den Wandel der Umwelt anwenden, die z. B. von einer komplexen und reichhaltigen auf eine verarmte und primitiv gestaltete Umwelt herunterbricht.

Obwohl ein katastrophischer Wandel wahrlich erschreckende Formen annehmen kann, ist hier von keiner Krise im strengen Sinn zu sprechen; denn der Übergang von einem Systemzustand zum anderen ist nicht mehr sequentiell, also von Stufe zu Stufe kontrollierbar und unter Umständen sogar wieder umzukehren; die Katastrophe oder der Zusammenbruch ist vielmehr eine *Überkrise*, in der – jedenfalls für die Zeit des Übergangs – alles zur gleichen Zeit außer Kontrolle gerät. Obwohl Katastrophen im allgemeinen Sprachgebrauch als Krisen bezeichnet werden, ist die Katastrophe ein absoluter Grenzfall für eine krisentheoretische Analyse.

Mit der Ausgrenzung der beiden polaren Extreme, in denen die Krise entweder in Richtung einer „Überkrise" oder in Richtung des Normalzustandes überschritten wird, ist der Mittelbereich der eigentlichen Krise, d. h. der Bereich sequentieller und im Prinzip noch reversibler Gleichgewichtsstörungen, abgesteckt. Leider ist der Gleichgewichtsbegriff viel zu undifferenziert, als daß man ihn für eine nähere Unterscheidung verschiedener Typen von Krisen gebrauchen könnte. Unter Gleichgewicht (natürlich kann bei lebenden und sozialen Systemen nur von einem *dynamischen,* nicht von einem statischen *Gleichgewicht* die Rede sein) ist ja zunächst nur ein Systemzustand oder ein Entwicklungspfad zu verstehen, der durch ein Kontrollsystem bestimmt wird, in dem sich negative und positive Rückkopplungen die Waage halten.[12] Die negativen Rückkopplungen suchen Abweichungen vom Normalzustand auszuregeln, die positiven Rückkopplungen jedoch suchen – wenn die Abweichungen durch eine relativ konstante Umweltveränderung verursacht werden – die Abweichung zu einem eigenen Systemzustand auszubauen (deviation amplification): Nur diese „Doppelstrategie" kann eine optimale *strukturelle Stabilität* des

---

[12] Vgl. Laszlo (1972: 103 f.).

Systems gewährleisten. Diese Stabilität wird aber durch Flexibilität ermöglicht,[13] d. h. durch ein rechtzeitiges *lokales* Nachgeben, um die *globale* Kontrollstruktur in etwa zu erhalten, nicht jedoch durch Starrheit und eine Alles-oder-Nichts-Reaktion.

Mit dieser groben Unterscheidung in positive und negative Rückkopplung sind nur die äußersten Grenzwerte zu bestimmen: Ein Überwiegen der negativen Rückkopplungen (– –) führt zur *Stagnation* oder zur Erstarrung des Systems; eine Krise im präzisen Sinn ist dann nicht mehr denkbar: Das System geht unter oder es überlebt in seiner Insensibilität; oder ein Überwiegen der positiven Rückkopplungen (+ +) führt zur *Explosion* des Systems, d. h. zum Zerfall in kleinste Teileinheiten, die zwar wieder als „Baumaterial" für andere Systeme dienen können, deren Struktur jedoch nicht mehr an das alte System erinnert. In der Mitte liegt strenggenommen ebenfalls ein Grenzfall, nämlich der Fall des vollkommenen *Äquilibriums;* in Wirklichkeit wird es zumindest kleine Abweichungen und Oszillationen geben. Die eigentlichen *Krisen* aber liegen links und rechts neben dieser gedachten Mitte (vgl. Fig. 6).

Für eine rein formale Differenzierung der Parameterstruktur im Kontrollraum genügt es, zwei *Ordnungsdimensionen* zu unterscheiden: Erstens können sich die *Werte* der *gegebenen* Parameter (p_{1-n}) ändern; zweitens kann sich die Zahl und die *Ordnung der Parameter selbst* (P_x) verändern. Die erste Veränderung läßt – solange sie nicht überdimensioniert ist und nicht katastrophenartig verläuft – die Parameterstruktur selbst unverändert; die Veränderung der Parameterstruktur aber stellt sozusagen einen Wandel zweiter Ordnung dar. Der Wandel zweiter Ordnung impliziert stets einen Wandel erster Ordnung, nicht aber umgekehrt. Im allgemeinen ist anzunehmen, daß eine adaptive Veränderung der Parameter*ordnung* erst notwendig wird, wenn akute Umweltveränderungen durch eine Veränderung der Parameter*werte* (auf der Basis der bisherigen Parameterordnung) nicht mehr ausgeglichen werden können bzw. wenn in der Kombination zweier oder mehrerer Parameter bestimmte kritische Punkte oder Schwellenwerte überschritten werden.[14] Ab diesem Punkt beginnt auf jeden Fall ein diskontinuierlicher und zur Veränderung der Parameterwerte scheinbar unverhältnismäßiger Wandel; jenseits dieses kritischen Punktes geht das System in einen anderen Zustand über (wie etwa physikalische Systeme von einem festen in einen flüssigen Aggregatzustand übergehen), oder es ist schon gar nicht mehr vom selben System zu sprechen.

Nach dieser Unterscheidung von Parameterordnung und Parameterwer-

---

[13] Cook (1980: 20f.).
[14] De Greene (1981: 104f.).

Oszillation		Zyklische Krise	Koordinationskrise	Strukturkrise	Katastrophe
	Formel	P_x = stabil p_{1-n} = iterativ	P_x = stabil p_{1-n} = variabel	P_x = variabel p_{1-n} = variabel	
intern		Krise des Phasenübergangs Wachstumskrise	Wohlfahrtskrise Haushaltskrise	Organisationskrise Komplexitätskrise	
extern		Krisenhafte Überlagerung	Währungskrise Energie- und Umweltkrise	Interdependenzkrise Innovationskrise	
„Stagnation"					„Explosion"

Fig. 6: Typologie verschiedener Krisenformen.

ten und nach dem zugrunde gelegten Implikationsverhältnis gibt es nur drei Kombinationsmöglichkeiten: Erstens, die Parameterordnung bleibt stabil, ebenso bleiben die Parameterwerte im Prinzip die gleichen, d. h., sie kehren in einer zyklischen Sequenz immer wieder; oder zweitens, die Parameterordnung bleibt stabil, aber die Parameterwerte ändern sich; drittens besteht die Möglichkeit, daß die Parameterwerte die kritische Grenze überschreiten und daß sich damit auch die Parameterordnung ändert. Demnach sind drei Formen der Krise zu unterscheiden: erstens die *zyklische Krise* oder die *Krise des Phasenübergangs;* zweitens die *Koordinationskrise;* drittens die *Strukturkrise.* Bei jeder dieser Krisenformen ist zwischen einer system-internen Krise und einer Krise zu unterscheiden, die durch die Interaktion oder Interferenz mit anderen Systemen bedingt ist.

2. Übergangskrise, Koordinationskrise und Strukturkrise

a) *Zyklische Krisen* sind strenggenommen keine Krisen; denn der zykli-sche Wandel kommt nicht überraschend, er ist streng sequentiell und be-wegt sich im Bereich auch früher schon gemachter Erfahrungen. An der Pa-rameterordnung und Kontrollstruktur ändert sich nichts; was sich ändert, sind lediglich die Parameterwerte, doch geschieht auch dies in einer konti-nuierlichen und iterativen, bekannte Schwellenwerte nicht überschreiten-den Form. Dennoch werden – mit einer gewissen rhetorischen Übersteige-rung – gerne bestimmte *kritische Phasen* des zyklischen Wandels als Krisen bezeichnet. Dies geschieht erstens bei *Phasenübergängen,* insbesondere wenn sie sich verzögern und dann mit um so größerer Gewalt einsetzen; zweitens werden *unstabile*, vor allem in der Amplitude wachsende *Oszilla-tionen* als Krisenanzeichen gedeutet; drittens wird stets der *Phasenausgang*

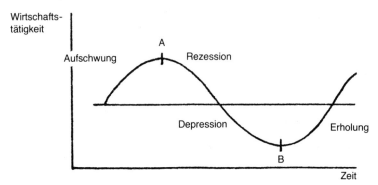

Fig. 7: Normalzyklus der Wirtschaftätigkeit.

des auslaufenden Wachstums als Krise erlebt, vor allem, weil im Wellental die weitere Richtungsbestimmung ungewiß ist; viertens werden *Überlagerungen* mehrerer Zyklen, vor allem von Wellentälern und absteigenden Bewegungen, als Krisen empfunden.

Die kritischen Punkte einer normalen Sinuskurve (die natürlich nur eine modellhafte mathematische Idealisierung darstellt und in Wirklichkeit so nicht zu beobachten ist) liegen an den beiden Wendepunkten A und B bzw. kurz vor A und kurz nach B (vgl. Fig. 7). Dem Wendepunkt A geht eine Zeit des kontinuierlichen Aufschwungs voraus, zunächst mit einem exponentiellen Wachstum, dann unspürbar in ein etwas gedämpftes Wachstum übergehend.

Ganz gleich, wie man einen solchen Zyklus beschreiben will, ob man von langen oder kurzen Zyklen ausgehen will,[15] immer besteht das Problem, daß Investitionen festgelegt, daß Anlagen erstellt und Maschinen gebaut werden und daß damit das Arbeitskräftepotential in einer bestimmten Weise ausgebildet und auch fixiert wird; auch die Lebens- und Konsumgewohnheiten sind festgefahren; trotzdem bildet sich bald die Erwartung heraus, es müßte – mit kleinen Korrekturen hier und dort – so weitergehen wie bisher. Diese Erwartung aber muß auf jeden Fall enttäuscht werden; denn auf der Basis der bisherigen Produktpalette und der dafür geschaffenen Industriestruktur ist, wenn einmal der Gipfelpunkt der Rationalisierung und der Marktsättigung erreicht ist, ein weiteres Wachstum nicht mehr möglich; im Gegenteil: Schon einige Zeit *vor* diesem Gipfelpunkt werden Arbeitskräfte und Kapitalien freigesetzt, selbst die Motivationen zum Erwerb der bisherigen Produkte sinken ab. Nur wenn es gelingt, schon längere Zeit vor dem Sättigungspunkt Innovationen auf den Markt zu bringen und – wenn diese angenommen werden (obwohl sie den bislang aufgebauten Erwartungen weitgehend widersprechen mögen) – rechtzeitig Produktionskapazität für diese Zwecke abzuzweigen, besteht die Möglichkeit, daß (auf einem inzwischen höheren allgemeinen wirtschaftlichen Niveau) eine neue Produktserie einsetzt, noch ehe die alte uninteressant geworden ist.[16] In diesem Fall bleibt es den Mitgliedern einer Wirtschaftsgemeinschaft erspart, die bitteren Früchte der Rezession oder der Depression zu kosten: An die eine Wachstumsphase schließt sich im Nettoeffekt (obwohl natürlich bestimmte Produktionszweige und Marktanteile schrumpfen und an Bedeutung für die Gesamtwirtschaft verlieren) eine weitere Wachstumsphase an (vgl. Fig. 8).

Von einer Wachstumskrise kann erst die Rede sein, wenn dieser An-

[15] Vgl. Delbeke (1981: 246–257); Graham und Senge (1980: 283–311).
[16] Van Duijn (1977: 558).

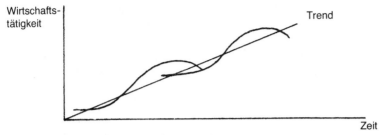

Fig. 8: Fortgesetztes Wachstum (nach van Duijn [1977], S. 560).

schluß nicht gelingt: wenn mehrere, einmal wichtige Produktserien zur gleichen Zeit auslaufen; wenn in mehreren Sektoren Arbeitskräfte freigesetzt werden; wenn die Firmen auf der alten Produktionsbasis zu groß und zu unbeweglich geworden sind (um rechtzeitig Innovationen zu starten); wenn Staat und Verbände die alte Produktionsstruktur „schützen", d. h., wenn sie deren mangelnde Produktivität und Konkurrenzfähigkeit über den Steuerzahler subventionieren; aber auch, wenn die Konsumenten von altgewohnten Konsumgewohnheiten nicht abgehen wollen; wenn Arbeitskräfte mit nunmehr nicht mehr benötigten Arbeitsqualifikationen nicht mehr umlernen wollen oder können usw.[17]

Wenn eine *Wachstumskrise* voll ausgeprägt ist, d. h., wenn eine Volkswirtschaft nicht nur kurzfristig von Rezessionen heimgesucht wird, sondern wenn sie durch eine volle Depressionsphase geht, dann ist am Wendepunkt B unweigerlich das fällig, was man eine *Strukturkrise* nennt; denn an diesem Punkt *muß* eine neue Produktpalette gefunden und muß eine andere Organisationsstruktur eingerichtet werden. Was nämlich das idealisierte Kurvenmodell nicht zeigen kann, das ist, daß es nicht von selbst weitergeht und daß ein neuer Wirtschaftsaufschwung auf keinen Fall mit den alten Produkten und nach dem Modell des früheren Aufschwungs erfolgen kann. Diese Strukturänderung ist natürlich um so größer, je längere Wirtschaftszyklen man untersucht.

Leider weiß man nie so recht, wo man gerade steht; denn solange man nur hochaggregierte Wirtschaftsdaten betrachtet – weil sich die wirtschaftliche und die politische Organisationsstruktur nicht so leicht auf einen Nenner bringen lassen und individuelle technische und unternehmerische Leistungen (wie Innovationen und Firmengründungen) überhaupt nicht vorherzusagen sind –, kann man nicht wissen, ob der jeweils konstruierte Zyklus (und es überschneiden sich ja viele Zyklen) nur fiktiv oder wirklich ist, bzw. man weiß nicht, ob die verfügbaren (rudimentären) Daten richtig

[17] Vgl. Clark, Freeman und Soete (1981: 308–322); Forrester (1981: 323–331).

zugeordnet worden sind.[18] Dennoch kann man mit Sicherheit behaupten,
daß die *gegenwärtige wirtschaftliche Lage* der westlichen Industrieländer
(natürlich auch der östlichen, insofern sie ähnlich weit entwickelt sind),
über eine bloße Wachstumskrise hinausreicht.[19] Erstens gibt es viele sta-
gnierende Industrien, die an einer zu geringen Kapazitätsauslastung leiden.
Diese Situation verlockt nicht gerade zu weiteren Investitionen. Zweitens
sind viele der früheren Wachstumsmärkte saturiert, oder vereinzelte neue
Wachstumsmärkte (wie z. B. die Mikroelektronik) werden von wenigen
technischen Vorreitern beherrscht. Die Keynessche antizyklische Finan-
zierungspolitik ist unter diesen Umständen nicht mehr wirksam; vielmehr
sind nunmehr die Kosten für frühere Staatsinterventionen zu zahlen, die
den Erneuerungsprozeß nur aufgeschoben haben. Drittens ist die Arbeitslosigkeit hoch – und sie wird hoch bleiben, weil der Produktivitätszuwachs
das mögliche Produktionswachstum weit überflügelt hat und weil neue
große Wachstumsmärkte vorerst nicht zu erkennen sind. Selbst wenn sich
solche auftun sollten, würde dies neue Arbeitsqualifikationen vorausset-
zen, die vom ausgeschiedenen Arbeitskräftepotential kaum oder nur zum
kleinen Teil erbracht werden können. Der größte Wachstumssektor in einer Zeit der Rezession und Depression ist der Sektor der öffentlichen
Dienstleistungen; dieser bringt jedoch unmittelbar keine Produktinnovationen und keine neuen Investitionen hervor, im Gegenteil verfestigt er
meist alte Konsumgewohnheiten und Sozialansprüche. Die Wachstumskrise geht damit über in eine Koordinations- oder Strukturkrise.

Aber auch ganz normale Wirtschaftszyklen können als krisenhaft erlebt
werden. Wenn wir einmal davon absehen, daß es stets – auch in Zeiten der
allgemeinen Prosperität – Firmen, Branchen, Wirtschaftsregionen und verschiedene Gruppen von Wirtschaftsteilnehmern gibt, die von einer sozusagen lokalen Krise betroffen sind, so wird das Auf und Ab der Zyklen vor
allem dann als allgemein krisenanfällig erlebt, wenn die Interferenz der
verschiedenen Innovationen bzw. Produkt- und Kapitalbewegungen sich
nicht mehr neutralisiert und wenn mehrere Indikatoren *gleichzeitig* nach
unten zeigen. Dies ist schon deshalb oft der Fall, weil die meisten Kurven
sozusagen entropisch sind; d. h., sie zeigen schmale Gipfel, aber breite
Täler, und die Abstiege sind oft abrupt, während die Aufstiege fast immer
langsam und stufenweise erfolgen: zwei Schritte vor, einer zurück. Selbst
das abgebildete Ergebnis der Computersimulation von Forrester[20], die den

---

[18] Vgl. zu dieser Problematik das grundlegende Werk von Schumpeter (1961:
Bd. 1, S. 171–202).

[19] Van Duijn (1977: 571 ff.).

[20] Forrester (1977: 529).

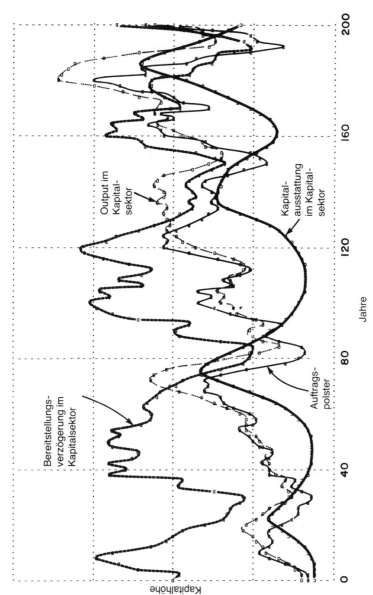

Fig. 9: Computersimulation des 200-Jahre-Verlaufs der Kapitalentwicklung in den USA (nach J. W. Forrester [1977], S. 529).

amerikanischen Wirtschaftsverlauf mit Hilfe sehr stark aggregierter Wirtschaftsdaten über 200 Jahre verfolgt, zeigt diesen Effekt, und zwar nach
ungefähr 30, 86, 152 und 190 Jahren (vgl. Fig. 9).

Die hier deutlich werdenden *Interferenzkrisen* sind nicht zufällig, sondern sie folgen den sog. Kondratieff-Zyklen, d. h. Langzeitzyklen, die mit
der Entwicklung einer neuen Technologie und einer dazugehörigen Ener-
gie- und Rohstoffbasis (z. B. der Technologie der Dampfmaschine auf der
Basis von Kohle und Eisen) beginnen und mit der Ausschöpfung der technologischen Möglichkeiten oder /und mit Rohstoff- und Energieknappheit
enden.[21] Bei kürzeren Geschäfts- und Konjunkturzyklen können aber solche krisenhaften Überlagerungen mehr oder weniger zufällig zustande
kommen. Diese zyklischen Interferenzkrisen sind im Grunde nur „psychologische" Krisen insofern, als es bei solchen Abwärtsbewegungen immer
stimmungsmäßige (nicht von den objektiven Wirtschaftsdaten gerechtfer-
tigte) Resonanzen gibt, da eben gerade in Perioden der Richtungsverände-
rung, und das heißt der Unsicherheit, die subjektive Definition der Situation den Ausschlag gibt und anstehende Entscheidungen jedenfalls erheblich verzögern kann. Dazu kommen noch externe Signale – wie z. B. ein
Kriegsausbruch, die Kartellierung des Erdöls, politische Proteste –, die in
einer Phase des Aufschwungs keinen Eindruck machen würden, in einer
Phase der Rezession jedoch noch zusätzlich entmutigen.

b) Eine *Koordinationskrise* liegt vor, wenn die Parameterordnung der
Kontrollstruktur nicht in Frage gestellt ist, jedoch die Abstimmung der
Parameterwerte aufeinander Mängel zeigt und ineffizient erscheint. Charakteristisch für die Koordinationskrise ist insbesondere, daß der Glaube an
die Kontrollfähigkeit der Regierung und des übrigen politischen und wirtschaftlichen Managements voll erhalten ist, ja, daß man glaubt, den Kontrollbereich und/oder die Kontrollintensität noch ausdehnen zu können
und zu sollen. Die Koordinationskrise besteht paradoxerweise gerade
darin, daß ihre Lösung in der Verstärkung der Kontrolle gesucht wird, daß
gerade diese Verstärkung, d. h. letztlich: die mutwillige Belastungsprobe
der Wirtschaft und die Vermehrung der Staatsaufgaben bzw. die Vergrößerung des Staatsapparates, jedoch die Schwächen der Koordination scho-
nungslos offenbart. Man weiß nicht so recht, ob man von einer „Krise der
Unterkoordination"[22] oder einer „Krise der Überkoordination" bzw. der
„Überlastung"[23] sprechen soll; denn das eine ist oft eine Funktion des anderen.

[21] Van der Zwan (1980: 183–239).
[22] Gupta (1979: 329).
[23] Von „Überlastung" wird gerne aus der Perspektive der Regierung gesprochen.
Die Regierungsproblematik der hochindustrialisierten Demokratien erscheint als ein

Publik wurde diese Koordinationskrise unter dem Schlagwort der *Krise des Wohlfahrtsstaates*.[24] Diese Krise scheint oberflächlich gesehen ja nur darin zu bestehen, daß der Staat durch die Erhöhung seiner Wohlfahrtsausgaben – was in Zeiten des wirtschaftlichen Wachstums nicht schwierig und organisationspolitisch sehr bequem gewesen ist – überzogene und sich von selbst steigernde Erwartungen geschaffen hat, die in einer Zeit der Rezession nicht mehr zu befriedigen sind. Gekürzt können sie aber nun auch nicht werden, weil die Parteien damit fürchten, Wahlstimmen zu verlieren, und weil überhaupt eine Erschütterung des Legitimitätsglaubens befürchtet wird.[25] In Wirklichkeit ist diese „Erwartungskrise"[26] nur Symptom einer tieferliegenden und allgemeineren Organisationskrise, die in einer übermäßigen korporativen Verflechtung zu suchen ist, nämlich in der Herausbildung einer starken Verteilungskoalition, die sich vor allem ein möglichst großes Stück am Kuchen sichern will, ohne sich allzusehr um die Produktion dieses Kuchens selbst Sorgen zu machen.[27] So wird die Wohlfahrtspolitik vor allem durch eine Koalition der Verbände (der Gewerkschaften, der Unternehmerverbände, verschiedener Sozialverbände) bestimmt, die mit der jeweils herrschenden Regierung (und im Vorfeld: mit den Parteien) darin übereinkommen, den Fortschritt der Produktion dadurch zu sichern, daß sie auf destabilisierende Interessenkämpfe verzichten, wenn die entstehenden sozialen und ökologischen Kosten auf die Allgemeinheit abgewälzt werden, während ihre eigenen Anteile gemäß dem Produktivitätsfortschritt fortgeschrieben werden.[28] Dieses Schutzabkommen scheint zunächst im Interesse aller zu liegen – bis deutlich wird, daß der Schutz vor einem grundlegenden Strukturwandel nur aufgeschoben ist und daß eine immer stärkere Wirtschafts- und Politikverflechtung die Koordinationskrise nur noch weiter zentralisiert und auf den Staat verlagert, während sich gerade die großen Organisationen, die doch selbsttätig nach einer wechselseitigen Abstimmung suchen sollten, aus der Verantwortung entlassen sehen. Die größte Schwäche dieses korporativen Koordinationsstils liegt darin, daß in

strukturell bedingtes Aggregationsproblem, d.h., durch die zunehmende gesellschaftliche Differenzierung und Organisationsdichte ist die Aggregationsfähigkeit des Systems der Parteienkonkurrenz bedroht, so daß die Parteien dem politischen Willen der Allgemeinheit nicht mehr Ausdruck geben können und der Steuerungsbedarf der hochindustrialisierten Gesellschaft auf diese Weise nicht mehr erfüllt werden kann. Vgl. Franz Lehner (1979: 156).

[24] Vgl. als Überblick: Bühl (1981: 149–162).

[25] Vgl. Abel-Smith (1980: 17–23).

[26] Strümpel (1977: 86–97).

[27] Olson (1982: 65).

[28] Vgl. Doorn (1978: 1–18).

einer rasch sich wandelnden Technologie Forschung und technische Entwicklung zurückbleiben, daß die Mobilität (und Lernbereitschaft) des
Arbeitskräftepotentials gedämpft wird, daß die Arbeitskosten überhöht
werden und daß die kleinen, vielfach innovativen Unternehmen an den
Rand gedrückt werden.[29]

Die logische Fortsetzung der „Wohlfahrtskrise" ist unter diesen Umständen die *Haushaltskrise* (die Finanzkrise des Staates bzw. die Krise der
öffentlichen Haushalte), die unweigerlich mit der Rezession einsetzt und
die trotz allem "deficit spending" nur tiefer in die Depression führen kann.
Mit der Zunahme des öffentlichen Sektors am Bruttosozialprodukt (in
Schweden von 1974 auf 1980 von 46 auf 64 %,[30] in der Bundesrepublik von
1970 bis 1982 von 37,7 auf 44,9 %)[31] bzw. mit dem dramatischen Anstieg
der Staatsschulden (in den USA von 1970 auf 1980 von 300 auf 700 Mrd.
Dollar, in der Bundesrepublik im gleichen Zeitraum von 100 auf 450 Mrd.
DM)[32] wurde die Koordinationskrise sozusagen monetarisiert, womit die
strukturellen Ursachen zunächst verdeckt werden.

Das Problem scheint nunmehr nur zu sein, daß der vermeintliche Kauf-
kraftmangel der Rezession durch Injektionen zusätzlicher Kaufkraft behoben werden muß. Wenn dieses Geld jedoch mehr für Kundenkredite als
für Investitionskredite ausgegeben wird, dann erfolgt damit nur eine Kapa-
zitätsausweitung auf der Basis der bisherigen Industriestruktur, die damit
unnötig angehalten wird. Die in Erwartung einer sich steigernden Inflation
vorgezogene Erfüllung von Kundenwünschen hinterläßt aber nur ein
Nachfrageloch, in dem den Unternehmen erst recht die Mittel zu einer
strukturellen Erneuerung fehlen. Wenn zudem ein unverhältnismäßig großer Anteil des Geldes über die Mühlen des Staats läuft – und seien es sog.
Arbeitsbeschaffungsprogramme –, ja, wenn der Kreditbedarf der öffentlichen Haushalte so groß und so unabweisbar geworden ist, daß die Zinsen
hochgetrieben und private Kreditnehmer (d. h. Kreditnehmer, die Zinsen
erst verdienen müssen und nicht von vornherein als feste Kosten einsetzen
können) verdrängt werden, dann wird damit die Geldmenge vermehrt,
ohne daß dem eine entsprechende Erweiterung des Warenangebots gegen-

[29] Hage und Clignet (1982: 84).

[30] Walters (1983: 23).

[31] Thoma (1983: 33); Sharpe (1981).

[32] Wannemacher (1983: 21). Vgl. auch Biedenkopf und Miegel (1979): Nach den
in dieser Arbeit vorgelegten Schätzungen beträgt die konjunkturbedingte Verschuldung der öffentlichen Hände in der Bundesrepublik um 1983 etwa 350 Mrd. DM
(S. 62). Daneben ist noch eine konjunkturneutrale (investitionsfördernde) Verschuldung von etwa 360 Mrd. DM anzusetzen, so daß sich die öffentliche Gesamtver-
schuldung etwa auf 700 Mrd. DM beläuft.

überstünde. Damit wird jedoch nur die Inflation gefördert, ohne daß neue Arbeitsplätze geschaffen würden; im Gegenteil werden alte Arbeitsplätze „wegrationalisiert", weil die an die Inflation gekoppelten Löhne und Gehälter sowie Steuern und Sozialabgaben zu hoch geworden sind.

Die durch das "deficit spending" scheinbar oder vorübergehend angeheizte Konjunktur, die jedoch auf jeden Fall einen ungleich dauerhafteren inflationären Multiplikatoreffekt hat, kann den Zyklus nicht wirklich unterlaufen,[33] sondern ihn nur verschieben, damit aber auch verschärfen. Am Ende steht eine veraltete Industriestruktur mit international kaum noch konkurrenzfähigen Betrieben. Der Staat kann dann durch Subventions- und Protektionsmaßnahmen eingreifen, notfalls kann er zentrale Betriebe verstaatlichen. Aber das verbessert seine eigene Lage keineswegs. Am Ende sieht er sich Protesten wegen der zunehmenden Arbeitslosigkeit und der notwendigen Kürzungen der Sozialausgaben ausgesetzt, insbesondere steht nun die *Rentenkrise*, d. h. die Frage der zuverlässigen Finanzierbarkeit der Renten über mehrere Jahrzehnte, ins Haus.[34]

Der nächste Schritt weiter in die Krise erfolgt, wenn die Leistungsschwäche der eigenen Wirtschaft durch eine – wie man meint: überbrückende – Verschuldung im Ausland kompensiert werden soll. Angeblich dient diese Verschuldung allein der Verbesserung der eigenen Produktionsstruktur, so daß eine bessere internationale Position im Handelsaustausch geschaffen werden kann; in Wirklichkeit bedingt diese Verschuldung zugleich immer eine Umverteilung der Mittel auf unproduktive Kreditnehmer, z. B. auf die öffentlichen Haushalte und auf Verwaltungsorganisationen.[35] Die Grenze zwischen einer klassischen Handelsfinanzierung und reinen Finanzkrediten, deren Effekt kaum noch zu kontrollieren ist, ist jedenfalls nur schwer

---

[33] Wannemacher (1967: 212 ff.); Rosa (Hrsg., 1982).

[34] Von einer „Rentenkrise" kann man sprechen, wenn die laufenden Einnahmen aus der Rentenversicherung nicht mehr für die Auszahlung der Renten und Sonderzahlungen (wie Urlaubs- und Weihnachtsgeld) ausreichen. Dieser Punkt ist in der Bundesrepublik 1984 erreicht, die Schwankungsreserve von zuvor 1,2 Monatsausgaben ist auf 0,23 bzw. 0 % gesunken. Gleichzeitig ist jedoch darauf hinzuweisen, daß der Beitragssatz von 18 % und die Senkung des Bundeszuschusses von früher 32 auf nunmehr 17 % eine politische Festsetzung ist, die auch geändert werden kann. Vgl. Piel (1983: 23). Auch das Schreckgespenst der geburtenschwachen Jahrgänge wird zu Unrecht zitiert, da es nicht die pure Masse der Beitragszahler ist, die die Kassen füllt, sondern die Produktivität ihrer Arbeit. Diese aber wird weitgehend vom technischen Fortschritt bestimmt, der ja auch ein Verdienst der vorhergehenden Generation ist.

[35] Wannemacher (1983: 135).

zu ziehen.[36] Wenn der Punkt erreicht ist (wie 1984 auch in der Bundesrepublik[37]), daß der Zinsendienst für die Altschuld die investive Neuverschul-
dung zu übersteigen beginnt, bzw. wenn es keine Leistungsbilanzüber-
schüsse und damit auch keine Devisen mehr gibt, um den Zinsen- und
Amortisationsdienst der internationalen Großkredite zu bedienen, dann
kann eine Regierung nur noch versuchen, entweder den Konsum drastisch
zu drosseln und alles daranzusetzen, um die Produktivität und die Position
im internationalen Handelsaustausch wieder zu verbessern; oder man geht
weiter den Weg des geringsten Widerstandes und versucht, sich durch eine
inflationäre Geldschöpfung und durch eine Verschleierung der Bilanzen
(z. B. über staatliche Tochtergesellschaften) noch so lange über Wasser zu
halten, bis die Insolvenzen internationales Ausmaß annehmen – womit die
Regierung eine moralische Schuld von sich weisen kann.

Wir sind damit bei der *internationalen Verschuldungskrise*, wie sie die
Jahre vor 1931 und wie sie auch wieder die Jahre ab 1980 bestimmt, wobei
das Ausmaß der neuen Verschuldungskrise ungleich größer ist, allerdings
auch einige institutionelle Sicherungen mehr eingebaut sind, so daß die
Krise gedehnt und vielleicht auch streckenweise entzerrt bzw. daß eine
panische Massenflucht verhindert werden kann. Das gilt allerdings nur,
wenn die diesbezüglichen Instrumente des internationalen Weltwährungs-
systems nicht durch den zunehmenden Protektionismus einerseits und durch
eine bloße Umwälzungspolitik des Rette-sich-wer-kann andererseits zerstört worden sind. Oberflächlich gesehen läßt sich diese Krise auch als
„Währungskrise" bezeichnen, da ja schließlich Währungen auf- und abgewertet werden;[38] trotz heftiger Diskussionen um die Währungsordnung
steht jedoch weniger diese selbst in Frage als vielmehr die Leistungsbilan-
zen der beteiligten Länder,[39] d. h. letztlich aber: die Innovativität ihrer Bevölkerung und die Leistungskraft ihrer Industrie, ihr Konsumniveau und
ihre politische Organisation. Die Verschuldung bleibt so ein Problem der
Gesellschaften selbst; deren Positionen in dieser internationalen Verschuldungskrise sind ja auch sehr unterschiedlich, wenngleich diese Krise im
(mangelhaft koordinierten) Zusammenwirken aller begründet ist und alle
darunter leiden werden.

Die Koordinationskrise findet ihren Höhepunkt in der *Energie- und
Umweltkrise*. Energie- und Umweltkrise werden allgemein im Zusammenhang gesehen, obwohl sie ökologisch nicht notwendigerweise mitein-

---

[36] Herlt (1983: 47); Hankel (1984: 47–95).
[37] Kirchhof (1983: 13).
[38] Möller (1972: 7); Meier (1974: 97–111).
[39] Richard N. Cooper (1975: 88 ff.).

ander verbunden sind; die Verkopplung kommt eher durch Mängel der Sozialorganisation zustande. Die sog. Energiekrise ist oft weit von einem akuten Mangel an Energie entfernt: Sie ist vorerst nur eine Haushalts- und Verschuldungskrise, wie sie z. B. durch die Vervierfachung des Erdölpreises 1973 zwar nicht ausgelöst, aber doch verschärft worden ist. Die „Erdölkrise" jedenfalls ist eine ganz typische Koordinationskrise: Es herrscht bis zum Jahre 2050 kaum ein Mangel an Erdöl; wenn man die schwerer auszubeutenden Vorkommen an Erdölschiefer und Teersänden und schließlich die zu verflüssigende Kohle mit einbeziehen will, dann gibt es noch Vorräte für Jahrhunderte.[40] Aber das ist hier gar nicht das Problem: Die „Krise" besteht vielmehr darin, daß erstens das Erdöl geopolitisch sehr ungleich verteilt ist, daß die Lieferwege verletzlich sind und daß es zum politischen Druckmittel eingesetzt werden kann; zweitens daß die betroffenen Verbraucherländer sich erpreßbar gemacht haben, indem sie zum einen die Bezugsquellen nicht ausreichend diversifiziert haben (was inzwischen ausgeglichen ist) und indem sie zum anderen zu spät alternative Technologien in Gang gesetzt haben.[41] Nachdem die Hälfte des Erdöls für den Auto- und Flugverkehr (in einer technisch meist sehr ineffizienten und umweltschädigenden Weise) verwendet wird,[42] hätte der rechtzeitige Umstieg auf elektrische Züge, auf das Elektroauto oder wenigstens auf den Wasserstoffbetrieb die „Krise" vermeiden helfen. Voraussetzung wäre in diesem Fall natürlich eine zusätzliche Stromgewinnung durch Atom- oder Sonnenkraftwerke; aber selbst die Weiterentwicklung der schon seit dem letzten Krieg verfügbaren Kohleverflüssigungstechnologie hätte das Problem wesentlich entschärft.

Ebenso lassen sich fast alle anderen Rohstoffe substituieren. Die Substitution ist allerdings zum einen eine Frage des technischen (und wissenschaftlichen) Fortschritts, zum anderen aber auch des rechtzeitigen Aufbaus von neuen Produktionsanlagen und vielleicht einer ganz anderen Infrastruktur. Die Krise liegt darin, daß für eine solche Umstellung viel Zeit (10–20 Jahre) und viel Kapital erforderlich ist; beides aber fehlt denjenigen hochindustrialisierten Staaten, die ohnehin schon in einer Finanzklemme stecken. So werden sie – von Einsparungen und kleinen Effizienzsteigerungen abgesehen – weitgehend so weitermachen müssen wie bisher, und die große Chance der „Energiekrise" ist vertan. Die Energiekrise tritt also nur als ein verschärfendes Moment zur Haushalts- und internationalen Verschuldungskrise hinzu; sie ist keineswegs deren Ursache – wie viele

---

[40] Perrin u. a. (1975: 215–224).
[41] Caldwell (1976: 31–45); Willrich (1975: 186–203).
[42] Starr (1973: 19).

Politiker glauben machen möchten, um die Verantwortung von sich zu weisen.

Die bedrohlichere Energiekrise liegt sozusagen auf der anderen Seite des Problems, nämlich bei der Erreichung der globalen thermischen Grenze, d. h. der Erzeugung eines Treibhauseffektes durch eine zu große oder jedenfalls zu ineffiziente Energieerzeugung, durch welche sich der CO_2-Gehalt der Luft bis zu einem Maße erhöhen könnte, daß die Meere versalzen und die Polkappen abschmelzen usw.[43] Hier würde die Energiekrise einerseits zum technologischen, andererseits zum ökologischen Problem (beide sind ja stets eng miteinander verbunden). Dies ist aber auch gegenwärtig schon ein Problem, da die meiste Energie – verbunden mit allen Verbrennungsrückständen – ja ohnehin in die Luft abgegeben wird.

Die *ökologische Krise,* die zum einen Teil die Verschmutzung oder Vergiftung von Luft und Wasser, zum anderen Teil die Bodenerosion und die Nahrungsmittelproduktion betrifft, ist aber noch eine ganz typische Koordinationskrise; denn entgegen den politisch-tendenziösen Krisenprophezeiungen von ›Grenzen des Wachstums‹ oder ›Global 2000‹[44] hat sich die Nahrungsmittelproduktion weltweit und pro Kopf der Weltbevölkerung merklich erhöht; die aufgegebenen oder verlorenen landwirtschaftlichen Anbauflächen werden durch Neuerschließung und Bewässerung mehr als kompensiert; die Umweltqualität der Industrieregionen hat sich insgesamt nicht verschlechtert, sondern im Vergleich mit den letzten Jahrzehnten erheblich verbessert usw.[45] Wenn bei uns ein Waldsterben durch den sauren Regen ausgelöst worden ist, so ist dies keine notwendige strukturelle Folge des „kapitalistischen Systems" oder des „technisch-industriellen Komplexes", sondern ein unverzeihliches technikpolitisches Versäumnis; denn die Technik der Rauchgasentschwefelung und nahezu abgasfreier Motoren steht ohne weiteres zur Verfügung, und der gesamtwirtschaftliche Nutzen ihres Einsatzes ist unbestritten. Wenn es gelegentlich und lokal zu Hungerepidemien kommt, so ist auch dies eine Folge der mangelnden Koordination: daß nämlich die Agrarproduktion in oft bestens geeigneten Anbaugebieten politisch ganz bewußt vernachlässigt wird; daß den Bauern kein Anreiz zur Mehrproduktion geboten wird, weil keine Absatzmöglichkeiten gesichert sind oder der regierungsamtliche Preis unter den Selbstkosten liegt; daß Nahrungsmittellieferungen verschoben werden oder durch unsachgemäße Lagerung verderben usw. Ebensowenig kann die Bevölkerungszunahme als ein „Umweltproblem" bezeichnet werden; denn entge-

---

[43] Watts und Hrubecky (1975: 371–378).

[44] Meadows (1972); Kaiser (1980).

[45] Simon (1981: 54–80).

gen den immer noch überaus populären Malthusschen Annahmen ist die Bevölkerungszunahme in vielen (angeblich „überbevölkerten") Regionen ein Segen, weil nur bei einer gewissen Bevölkerungsdichte die notwendigen Infrastrukturmaßnahmen (Bewässerung, Transportsystem) geschaffen werden können.[46] Sicher entstehen durch eine schnelle Bevölkerungszunahme kurzfristig immer wieder ernsthafte Engpässe, doch die langfristige Wirkung ist in aller Regel positiv. Von einer ökologischen Krise im Sinne einer Strukturkrise wäre erst zu sprechen, wenn die Regenerationsfähigkeit von Boden, Wasser und Luft so sehr in Mitleidenschaft gezogen ist, daß das Leben oder die Gesundheit von Menschen bedroht ist und sie zum Verlassen dieses Gebietes veranlaßt werden.[47]

c) Die Koordinationskrise verschärft sich zur *Strukturkrise*, wenn einer oder mehrere der kritischen Parameterwerte überschritten sind und wenn die ganze Parameterordnung ins Rutschen kommt. Praktisch gesehen ist dies der Fall, wenn die Kontrolle der Leitungsorgane (sei es eine Regierung oder eine Unternehmensführung) versagt, d. h., wenn die gegebenen Kontrollmittel und Befehlslinien ins Leere greifen, wenn die falschen Parameterwerte kontrolliert und die inzwischen eingetretenen System- und Umweltveränderungen nicht mehr erfaßt werden. Von einer wirklichen Strukturkrise sollte jedoch erst die Rede sein, wenn tatsächlich die Makrostabilität des Systems bedroht ist; d. h., wenn die vielen „Strukturkrisen" im Bereich verschiedener Branchen oder staatlicher Leistungsprogramme, die jahrelang die Gemüter bewegt haben, bereits aus der Diskussion verschwunden sind. Die politische Problematik der allgemeinen Strukturkrise liegt gerade darin, daß sie nicht mehr diskutiert, sondern verdrängt wird – weil die Probleme zu „komplex" und zu undurchsichtig sind, weil man „sowieso nichts tun kann" bzw. weil es anderen „noch viel schlechter geht als uns" –, daß sie sich also schleichend nähert, um uns dann in einem sehr schnellen Gestaltumschlag vor „vollendete Tatsachen" zu stellen.

Wie schon dargestellt worden ist, ist das Legitimitätskriterium zur Feststellung dieser Krise zu schwammig. Die einen sehen die Legitimität bereits bedroht, wenn „logische Widersprüche" zwischen dem Staat und dem freien Markt (der „kapitalistischen" Wirtschaft) auftauchen oder wenn sich Unternehmen einen harten Konkurrenzkampf liefern; andere erwarten sich gerade aus der Steigerung der Krise einen Zuwachs an charismatischer Legitimität. Die einen sehen den Kapitalismus in den letzten Zuckungen,[48]

---

[46] Simon (1981: 235 ff.).

[47] Bühl (1981: 46 f.).

[48] Vgl. Schmidt (1956); Neelsen (1961); O'Connor (1974); Mandel und Wolf (1978).

während die anderen auf die große „Reinigungskrise" setzen, die eine neue Wirtschaftsepoche einleitet.[49] Härter sind Indikatoren, die sich auf das Organisationsgeschehen beziehen. Im Vordergrund des politischen Interesses stehen Wahlen und Parteien, Regierungsbildungen und Verbandskoalitionen. Die Polarisierung des Wählervolkes, das Nachlassen der Parteibindung und der Systemloyalität, die Spaltung der Interessenverbände in einen staatlichen und nichtstaatlichen Teil, das Auftauchen von Protest- und Alternativbewegungen sind möglicherweise Vorzeichen eines grundlegenden Strukturwandels. Entscheidend ist aber doch, daß sich eine Gegenkoalition formen kann, die nicht nur einen Mannschaftswechsel darstellt, sondern die tatsächlich (konzeptuell und machtmäßig) in der Lage ist, einen Strukturwandel einzuleiten und unter Kontrolle zu behalten. Ist dies nicht der Fall, so kommt es zu einer lang andauernden und chaotischen Strukturkrise, bei der von „Struktur" allerdings nur wenig zu spüren ist. Wenn nämlich die Führungsmannschaften – und dies oft in rascher Folge – nur ausgewechselt werden, sie aber nicht zu einer wirklichen Strukturveränderung fähig sind, sind sie um so mehr versucht, sich Massenzustimmung durch ideologische Kampagnen und dramatische symbolische politische Akte zu sichern. Damit aber ist die Lernunfähigkeit der Regierung (aber auch der Massen) programmiert, und zwar um so mehr, je schneller die Regierungen wechseln, d. h., je weniger sie aus ihren Erfahrungen lernen können, und um so kürzer – trotz großer, vielleicht weltrevolutionärer Phrasen – ihr Zeit- und Verantwortungshorizont ist.[50] Eine diktatorische Zentralisierung könnte das Risiko dieses Strukturwandels nur erhöhen, weil damit möglicherweise bessere Organisationsalternativen ausgeschlossen und nicht zunächst regional oder sektoral erprobt werden können.

Von einer *Organisationskrise* ist zu sprechen, wenn sehr viel mehr alte Organisationen (durch Konkurs, Geschäftsauflösung, Fusion oder Betriebsverkleinerung) untergehen als neue gegründet werden. Allerdings ist anzumerken, daß das Sterben von Organisationen – besonders in den frühen Entwicklungsstadien – etwas Normales ist. Zwischen 1950 und 1975, also einer relativ guten Zeit, stehen in den USA 2,2 Mill. Neugründungen nur 100 000 „Todesfälle", also kaum 5 Prozent, gegenüber;[51] in schlechten Zeiten ist der Populationsumsatz wesentlich größer. Das Ausscheiden von Organisationen – und sei es durch Konkurs – ist durchaus erwünscht; denn

[49] Wannemacher (1983: 143).

[50] Vgl. Petrick (1981: 101–122). Die hier gemachten Ausführungen gelten aber auch für viele andere Länder, so z. B. für lateinamerikanische Länder (vgl. Adelman und Hihn [1982: 592–620]) und zum großen Teil wohl auch für Italien (vgl. Michael Ledeen [1977: 30–37]); Wieser u. Spotts (1983); Willi (1983).

[51] Whetten (1980: 344).

nur in einem dauernden Siebungsprozeß kann garantiert werden, daß neue, den veränderten Bedingungen besser angepaßte Organisationen entstehen und daß ungeeignete wieder ausgeschieden werden. Es ist geradezu als eine Organisationspathologie anzusehen, wenn Organisationen – wie z. B. öffentliche Verwaltungen und auch Forschungsinstitute – nicht „sterben" können;[52] d. h., daß sie auch weiter existieren, wenn sie ihre ursprüngliche Funktion erfüllt haben oder sie neue Funktionen mit einem ungeeigneten Apparat übernehmen.

Dieser Populationsaustausch wäre nicht erforderlich, wenn sich Organisationen aus sich selbst ständig wandeln würden. Doch dies ist erfahrungsgemäß nur selten der Fall; Organisationen wachsen, differenzieren sich, routinisieren und spezialisieren ihre Arbeit – und sind bald nicht mehr fähig, sich auf veränderte Umstände einzustellen, Innovationen zu machen und sich mehr auf ihre generellen Fähigkeiten zu verlassen.[53] Von neuen Organisationen ist dagegen anzunehmen, daß sie neuen Bedürfnissen entsprechen, daß sie neue Produkte hervorbringen und mit besseren Verfahren produzieren. Wenn gewiß auch nicht jede neue Organisation eine revolutionäre Organisationsstruktur mit sich bringt, so ist doch zu erwarten, daß der Betrag an strukturellen Neuerungen wesentlich höher ist als bei alten Organisationen. Wenn es zu einer Strukturkrise gekommen ist, dann war dieser Populationsaustausch in den vergangenen Jahren offenbar zu gering. In einer Periode der Strukturkrise ist der Austausch dann um so heftiger. Bitter daran ist, daß viele Firmen und Organisationen dann durch Insolvenz oder durch eine Schließungsverordnung enden (und nicht durch freiwillige und rechtzeitige Produktions- und Betriebsänderungen). So ist in der Bundesrepublik die Anzahl der Insolvenzen 1974 auf 8000 und 1981 auf 11 000 gestiegen (in den 60er Jahren lag sie bei etwa 3000).[54]

Die Strukturkrise ist überwunden, wenn sozusagen eine neue Generation von Organisationen erscheint, die nunmehr die Führungsrolle und damit auch die Koordination der übrigen Organisationen übernimmt. Solche Organisationen der letzten industriellen Entwicklungsphase seit 1948 waren z. B. die Vereinten Nationen und ihre Unterorganisationen, der Marshallplan und der Weltwährungsfonds, die atomare Abschreckung und die globale Radarüberwachung, die multinationale Firma und die Flexibilisierung der Großfirmen durch Matrixorganisation und Pilotunternehmen, das Großforschungsinstitut und das technische Entwicklungslabor.[55] Mit

---

[52] Miles (1980: 443).
[53] Vgl. Kimberly (1980: 18–43).
[54] Wannemacher (1983: 155).
[55] Modelski (1978: 225f.).

der Überwindung der Strukturkrise kann ein neues Wachstum einsetzen;
allerdings beginnt damit auch der Lebenszyklus der Organisationen, die
sich entwickeln, aber auch wieder altern, von neuem. Die Strukturkrise
wird zunächst jedoch nicht als Organisationskrise wahrgenommen; vorerst
beeindruckt die Unübersichtlichkeit und die Verflechtung der Funktionen,
die nach dem alten Organisationsschema oder Organisationsverständnis
nicht mehr zu begreifen ist. Die Angstgespenster heißen „Komplexität"
und „Interdependenz".

Die Krise der *Komplexität* besteht angeblich darin, daß die Zahl der sozialen Beziehungen und Kommunikationen, der Organisationen und Spe-
zialisten explosionsartig zugenommen hat, daß demgegenüber aber die
soziale Kontrolle zurückgeblieben ist.[56] Bedenklich sollte stimmen, daß die
Klagen über die Komplexität von zwei extremen politischen Lagern kommen: zum einen von den radikalen Gesellschaftsveränderern, die den
totalitären Durchgriff suchen und denen alle Eigengesetzlichkeiten eines
komplexen Systems ein Greuel sind; zum anderen von den restaurativen
(freilich sich progressiv gebärdenden) Wiedererweckern der primitiven
Stammesgesellschaft, die am liebsten in zehntausend Dörfern leben und die
Funktionsdifferenzierung der modernen Gesellschaft abschaffen möchten.

Wenn man nicht der Mystifikation der Komplexität erliegen will, muß
man zur Kenntnis nehmen, erstens daß die Komplexität ein *strukturelles*
(und nicht ein zahlenmäßiges) Problem ist, und zweitens, daß sie ein
interaktives Erkenntnisproblem ist. Nur auf den ersten Anhieb kann man
definieren, daß die Komplexität eine Funktion ist a) der Anzahl der
Systemkomponenten, b) der relativen Differenzierung oder Varietät dieser
Komponenten und c) dem Grad der Interdependenz zwischen diesen
Komponenten.[57] Nachdem jedoch die Varietät in einer in der Evolution
entstandenen Welt nicht beliebig und die Interdependenz immer ökonomisch strukturiert ist, kann auch die Zahl der Komponenten (oder gar der
mathematisch möglichen Beziehungen zueinander) nicht erschrecken.
Worauf es im politischen Leben ankommt, das ist, die *dynamische* (nicht
die statische) Komplexität der Systeme zu erfassen;[58] die dynamische
Komplexität aber wird sich durch die Beteiligung großer statistischer Massen und durch die Erhöhung der Interdependenz eher vereinfachen. Ohnehin sind alle natürlichen Systeme deskriptiv unausschöpfbar: Wir können
immer nur so viel erfassen, als uns Instrumente zu Verfügung stehen, mit
denen wir ein System zu einer kontrollierbaren Interaktion mit uns veran-

[56] Crozier (1982: 9).
[57] La Porte (1975: 6).
[58] Casti (1979: 105).

lassen können.[59] Wir können nicht sinnvoll von einer Komplexität reden, die höher ist als unsere Verarbeitungskapazität; oder umgekehrt: Noch der tote und scheinbar simple Kieselstein, der uns einfach erscheint, weil wir wenig mit ihm anfangen können, ist unendlich komplex, wenn er auf seine chemische Zusammensetzung, seine kristalline Struktur, seine physikalische Dichte, seine tektonischen Spannungen, seine elektrische Leitfähigkeit oder seine Entstehungsgeschichte hin untersucht wird.[60]

Es gibt keine Krise der Komplexität in dem Sinn, daß unsere Gesellschaft so komplex wäre, daß sie aus organisatorischen oder systemtechnischen Bedingungen auseinanderbrechen müßte. Wo zu Recht von „Hyperkomplexität" die Rede ist (z. B. bei der Organisation unseres Gehirns), dort ist diese gerade durch Redundanz und Polyzentrismus, durch Entdifferenzierung oder Generalisierung bzw. durch Multifunktionalität und funktionale Überschneidung gekennzeichnet[61] – was also auf eine Vereinfachung der Organisationsstruktur hinausläuft. Die Krise liegt vielmehr darin, daß die Differenz zwischen *Design*komplexität und *Kontroll*komplexität zu groß wird.[62] Designkomplexität ist diejenige organisatorische Komplexität, die ein System hat, wenn seine volle Kapazität aktualisiert wird. Die Kontrollkapazität liegt aber in aller Regel weit darunter und bezieht sich nur auf wenige, meist nach recht konkreten und praktischen Überlegungen ausgewählte Kontrollparameter. Mit zunehmender Komplexität – oder genauer: mit zunehmender Differenz zwischen dem notwendigerweise beschränkten Kontrollmodell und der tatsächlich verhaltensrelevanten Designkomplexität – wächst die Ungenauigkeit und Unsicherheit, ja die Willkürlichkeit der Kontrolle.[63] Das Dilemma besteht jedoch darin, daß der Kontrollanspruch und die Kontrollillusion dadurch nicht abnehmen: Anstatt mit allen Mitteln zu suchen, die Kontrollkapazität zu erhöhen, wird die Kontrollfrage vielfach „politisch" gelöst, d. h., wir suchen politische Führer, die den Mut haben, auf der Basis von unsicheren Modellen Zukunftsentscheidungen zu wagen – und die damit auch Erfolg haben. „Erfolg" haben sie allerdings um so leichter, je mehr sie komplexe und längerfristige Systemfolgen ausblenden und je mehr sie dann gerade im Falle der Krise durch Hyperaktivismus beeindrucken. Die primitivste Lösung des Komplexitätsproblems liegt in der Zentralisierung und in der Befehlswirtschaft; wie inzwischen hinreichend bekannt, wird damit aber die Differenz zwischen Design- und Kontrollkomplexität nur weiter vergrößert, nicht jedoch die Kontrollkapazität er-

[59] Rosen (1977: 229).
[60] Wimsatt (1976: 178).
[61] Vgl. Morin (1974: 569).
[62] Casti (1979: 115).
[63] Uribe (1977: 287f.).

höht. Besser wäre, den Kontrollanspruch zu ermäßigen und sich mehr auf die sozusagen natürlichen (d. h. von den politischen Führern nicht geplanten und nicht kontrollierten oder nicht kontrollierbaren) Kräfte der Selbstorganisation zu verlassen.

Das *inter*systemische Pendant zur *intra*systemischen Komplexitätskrise ist die Interdependenzkrise. Eine *Krise der Interdependenz* ist zu verzeichnen, wenn mehrere Systeme innerhalb einer gemeinsamen Umwelt (oder mehrere Subsysteme innerhalb eines gemeinsamen Systemverbandes) funktional so miteinander verflochten sind, daß sie ihre Existenz nur noch kollektiv sichern können, die Kapazität der formalen und informalen Regulationsmechanismen der Produktion und der Wertallokation jedoch nicht mehr ausreicht.[64] Die Interdependenz ist ein funktionales Problem, das darauf beruht, daß die funktionale Spezialisation global geworden ist und nicht mehr lokal oder regional begrenzt werden kann. Von der Seite der Ereignisse führt dies dazu, daß herkömmliche Ereignisse (wie militärische Übergriffe, Inflationen, technische Innovationen) nicht mehr funktional und national isolierbar sind, sondern daß sie sofort auf andere Funktionen und Regionen übergreifen oder an mehreren Stellen gleichzeitig in Erscheinung treten. Interdependenz in diesem Sinn meint nicht einfach die direkte und wechselseitig frei gewählte Verbindung mehrerer Systeme durch häufige Transaktionen, sondern die indirekte und meist völlig ungeplante Verkopplung der Systeme dank einer gemeinsamen und begrenzten Umwelt. Diese Umwelt kann bestimmt werden durch die nur gemeinsam zu erschließenden Energiereserven oder Rohstoffe, durch die begrenzte ökologische Tragfähigkeit[65], aber auch durch die Bereitstellung eines notwendigerweise globalen kollektiven Sicherheitssystems oder durch die faktische Nichtbegrenzbarkeit des globalen Kommunikationsnetzes und eines mehr oder weniger frei fließenden Wissenschaftsaustausches und Technologietransfers.[66]

Diese Interdependenz hat – wenn man sich nicht auf ein nationalistisches oder regionalistisches Politikverständnis versteift – viele positive Züge; dennoch kann gerade die willentliche Förderung der Interdependenz zu einer nationalen wie internationalen Kontrollkrise führen. Erstens nehmen mit der Interdependenz nicht nur die Anlässe zur Kooperation, sondern auch die zum Konflikt zu – und sei es ein Konflikt um die optimalen Bedingungen der Kooperation; die Kooperation aber erfordert auf jeden Fall mehr Kontrollkapazität als die Austragung von Konflikten, die meist doch

---

[64] Vgl. Bühl (1978: 14).
[65] Gerlach und Radcliffe (1979: 188).
[66] Keohane und Nye (1977: 9f.).

nur in Rückzug, Verweigerung und Koalitionsbildung enden.[67] Zweitens wird es im Interdependenzsystem schwierig, „interne" und „externe" Angelegenheiten auseinanderzuhalten: Außenpolitische Akte haben Rückwirkungen auf die Innenpolitik, ja, die politische Gemeinschaft entwickelt sozusagen auswärtige Loyalitäten; umgekehrt aber läßt sich die Außenpolitik nicht mehr so ungeniert von innenpolitischen Rücksichten bestimmen.[68] Das größte Dilemma liegt jedoch drittens in der Logik der *kollektiven* Güter: Die Produktivität wächst mit der Interdependenz, doch die Kontrolle des *einzelnen* Akteurs an dieser Produktion nimmt ab. Dieses Dilemma ist am größten für diejenigen Staaten, die zwar einen hohen Grad an nationaler Autonomie beanspruchen, jedoch – und das geht oft zusammen – nur eine ärmliche Organisationsstruktur aufzuweisen haben. Wenn die funktionale Spezialisation der interdependenten Teile nicht gut aufeinander abgestimmt ist, oder auch: wenn sie zu starr ist und den technologischen Wandlungen und Umweltveränderungen zu sehr nachhinkt, wenn bestimmte Akteure eine Schwarzfahrermentalität entwickeln, dann steigen die Kontrollkosten im Vergleich zum erzielten kollektiven Ergebnis überproportional, und die Tendenzen des Verfalls oder der Desorganisation nehmen schnell überhand. Dies gilt auch innerhalb einer Gesellschaft für die Beziehungen der einzelnen Subsysteme zueinander.[69] Ebenso wie bei der Komplexitätskrise wird die Lösung der Interdependenzkrise vielfach in der Vereinfachung der Kontrollstruktur – nämlich durch regionale Integration (wie z. B. die EG), durch Blockbildung oder durch die Errichtung einer Hegemonialherrschaft – gesucht; damit wird aber meist gleichzeitig die organisatorische Vielfalt und die Adaptationsfähigkeit des Interdependenzsystems zerstört.

Als höchste Steigerung der Strukturkrise, sozusagen als eine Kombination von Komplexitäts- und Interdependenzkrise, gilt die *Turbulenz,* die so wenig kontrollierbar ist, daß sie bereits ganz in die Umwelt oder wenigstens in die interorganisatorischen Beziehungen verlegt wird. Von einer turbulenten Umwelt ist zu sprechen, wenn die ökologische Tragfähigkeit der Umwelt immer mehr beansprucht wird und die organisatorisch-funktionalen Interdependenzen immer stärker werden, gleichzeitig aber die Selbstregulationskräfte (z. B. durch eine übermäßige Verschmutzung oder durch den Einsatz biologisch nicht mehr verarbeitungsfähiger Stoffe) überfordert und blockiert werden.[70] Die Reaktionen der Umwelt sind turbulent inso-

---

[67] Nye (1974: 996).
[68] Young (1969: 738).
[69] Boudon (1981: 281).
[70] Bühl (1981: 89).

fern, als sie nicht nur überraschend sind (dem bisherigen Erwartungsmuster nicht entsprechen), sondern vor allem insofern, als sie schnell über lokale oder regionale Gleichgewichtsstörungen oder Zusammenbrüche hinausgehen oder sprunghaft in andere Funktionen übergreifen.[71] Turbulenzen werden aber auch in den internationalen Beziehungen festgestellt, wenn die Vielzahl der Akteure nicht mehr mit bestimmten Zielen oder Interessen identifizierbar ist und man schon gar nicht mehr weiß, mit wem man worüber verhandeln soll.[72]

Noch stärker als bei der Komplexitäts- und Interdependenzkrise unterliegt man hier jedoch leicht einer *Projektion* der eigenen Angst oder Desorientierung in die Umwelt. Nirgends findet sich eine operational haltbare Definition der Turbulenz; die Einzelphänomene, die angeführt werden, reichen dafür nicht aus und lassen meist nur auf einen unrealistischen Kontrollanspruch schließen.[73] Die Begriffe „Komplexität", „Interdependenz" oder „Turbulenz" sind, so wie sie in der politischen Rhetorik gebraucht werden, nur negativ definierte Begriffe, die den Strukturwandel denunzieren oder jedenfalls ihn begrifflich noch nicht zu fassen vermögen. Die Gründung neuer Organisationen, die wieder Ordnung in diese Verwirrung bringen könnten, ist dagegen ein relativ rationaler Akt; auch wenn zunächst weitgehend nach dem Prinzip von Versuch und Irrtum vorgegangen werden muß und es viele vergebliche (und ruinöse) Anläufe und nur wenige Erfolge geben wird, so muß es doch klare Produktvorstellungen, Verkaufserwartungen und Organisationspläne geben, sobald die Gründungsphase überwunden ist. Bevor sich jedoch eine neue Generation von Organisationen durchsetzen kann, d. h., bevor die allgemeine Bereitschaft besteht, seine Konsummuster und Lebensgewohnheiten zu ändern, ein anderes Verhältnis zu Arbeit und Karriere, eine neue Wertschätzung der technologischen und wirtschaftlichen Entwicklung zu finden, muß erst ein qualvoller und langwieriger kultureller bzw. psychischer Umstellungsprozeß vollzogen werden. Von diesem Prozeß wird nach und nach die Gesamtheit erfaßt, wenngleich diejenigen, die nicht mehr von den alten Organisationen absorbiert werden oder deren Zukunftsaussichten durch den einsetzenden Wandel besonders unsicher geworden sind – also Jugendliche, Arbeitslose, funktional nicht gebundene Intellektuelle, vorzeitig am Ende ihrer Karriere angekommene Industriemanager und Techniker –, natürlich besonders betroffen sind.

Die intellektuellen Zeitkritiker, insoweit sie „humanistisch" gebildet

---

[71] Vgl. Trist (1980: 113–127).
[72] Haas (1976: 179).
[73] Woodward (1982: 210ff.).

sind und Wirtschaft und Technik fernstehen, konstatieren gern eine *Kulturkrise* und machen z. B. „kulturelle Widersprüche im Kapitalismus"[74] ausfindig, die für die eigentliche Ursache der Krise gehalten werden. Dies ist jedoch weitgehend eine Projektion, die in erster Linie der Rechtfertigung der eigenen – angeblich mißachteten – Position zu dienen hat: So wird die Kulturkrise auch nur bei den anderen gesehen, nicht bei sich selbst. Bei den Jugendlichen jedoch, die von den hehren Beschwörungsformeln des Bildungsbürgertums weniger gefangen sind, zeigt sich die Kulturkrise zunächst in der Rebellion gegen überkommene Autoritäten und im (wenigstens symbolischen) Einsatz für die Opfer dieses nun ins Wanken gekommenen und zu stürzenden „Systems";[75] später, wenn sich das System doch als zu stabil oder jedenfalls zu „komplex" erweist, bleibt immer noch der Rückzug in ein alternatives, (wiederum wenigstens symbolisch) betont „primitives" Leben.[76] Wenn zunächst nur die Jugendlichen sich in Subkulturen zu isolieren scheinen, so wird doch bald deutlich, daß auch die Gesamtbevölkerung – selbst die funktional bestens Integrierten – von einer allgemeinen Unruhe, einer unbestimmten Unzufriedenheit und Unsicherheit erfaßt wird,[77] in der die Grenzen der bisherigen Lebensform deutlich empfunden werden, wenngleich die Zukunftsalternative noch unklar ist und die jugendliche Alternativkultur kaum zum Gesamtmodell erhoben werden kann. Wie tief diese Unruhe sitzt, das zeigen grassierende psychische und psychosomatische Krankheiten, die – behandelt oder nicht – mehr oder weniger zu einem Massenproblem werden.[78] Nachdem die Gesamtgesellschaft mit ihren industriellen und politischen Großorganisationen trotz ihres bürokratischen Zuteilungsapparates keinen Halt, keine wohlfundierten Zukunftsaussichten mehr zu bieten hat, sucht man Sicherheit in der Gruppe, in der kleinen Gemeinschaft – wenn es die geschrumpfte Familie nicht mehr sein kann, dann die Gemeinschaft der Gleichaltrigen, der Clique oder des Klubs.[79] Am Ende dieses krisenhaften Zustandes steht ein *Wertwandel,* der besonders wiederum die Jugendlichen und funktional Ungebundenen, in abgemilderter Form aber auch die Allgemeinheit erfaßt.

Die Grundzüge dieses Wertwandels, die heute noch etwas kurzschlüssig unter dem Terminus des „Postmaterialismus" zusammengefaßt werden,[80] scheinen immerhin auf eine Wertordnung hinzuweisen, in der der Aus-

---

[74] Exemplarisch: Bell (1979).
[75] Vgl. Scheuch (1968).
[76] Vgl. z. B. Roszak (1971).
[77] Klages (1975).
[78] Vgl. Totman (1982); Cockerham (1981).
[79] Stoken (1980: 19).
[80] Inglehart (1977: 46 ff.).

tausch von Ideen und die soziale Kommunikation, die Schaffung einer
schönen und gesunden Umwelt und die politische Partizipation stärker betont werden als wirtschaftliches Wachstum, sozialer Prestigekonsum und
politische Kontrolle. Dies aber könnte durchaus im Einklang stehen mit der
modernen Technologie, die vom Mikroprozessor und der Gentechnologie
bestimmt wird, und mit neuen Organisationsformen, die mit Hilfe der
modernen Kommunikationsmittel die nationalen politischen Grenzen überwinden. Offenbar erst, wenn die „Kulturkrise" als unabwendbar gilt, wird
die Dringlichkeit von neuen Produkten und technischen Verfahren empfunden: Die Kulturkrise wird zur *Innovationskrise*. Innovationen sind der
Beginn eines neuen langfristigen Entwicklungszyklus. Aber erst, wenn
diese Innovationen voll zur Verfügung stehen und wenn sich ein positives
Rückkopplungsverhältnis zwischen technischen Innovationen, neuen
wirtschaftlichen und politischen Sozialorganisationen und den veränderten
– zunächst noch vagen – Wertsetzungen eingestellt hat, gewinnt der
Strukturwandel wieder Halt und Gestalt.

IV. DIE STRUKTURKRISE DER INDUSTRIEGESELLSCHAFT

1. Industrielle und postindustrielle Gesellschaft

Nachdem zunächst eine relativ abstrakte Typologie der Krisen entworfen und der zugrundeliegende Krisenmechanismus systemtheoretisch dargestellt worden ist, muß der nächste Schritt in der Konkretisierung realer Krisenzusammenhänge bestehen. Dabei beschränken wir uns ganz auf die gegenwärtige Situation der entwickelten Industriegesellschaften im Rahmen der OECD, natürlich unter besonderer Berücksichtigung der Bundesrepublik Deutschland. Entgegen der bisherigen Darstellung wird dabei deutlich werden, daß die Beobachtungswirklichkeit sozusagen vermischt oder verworren ist, d. h. daß sich viele Formen der Krise nebeneinander oder ineinander verwoben finden werden, daß die Lage sektoral und regional recht unterschiedlich sein kann bzw. daß die Übergänge meist ziemlich fließend sind. Die Indikatoren, die auf diese oder jene Krisensituation hinweisen, sind nie ganz eindeutig: Die Zeichen häufen sich oder vermindern sich, sie werden redundant oder sie divergieren; es gehört aber gerade zur Krise, daß hier das subjektive Moment stark und daß die Indikation niemals problemlos ist. Es hängt eben doch sehr von den politischen Zielen und Werthaltungen (aber auch vom Stand der eigenen Informations- und Entscheidungskompetenz) ab, ob ein bestimmter Krisenzustand als Übergang zum Positiven oder zum Negativen, als Zeichen der Heilung oder des nahen Untergangs gesehen wird.

Ganz allgemein läßt sich jedoch sagen, daß wir heute vor einer Vielzahl von Krisenerscheinungen stehen, deren Anhäufung nicht mehr als mehr oder weniger zufällige Überlagerungen von konjunkturellen Bewegungen, sondern nur noch als tiefgreifende Strukturkrise erklärt werden kann. Diese Krise läßt sich – darin stimmen Marxisten wie Liberale und Konservative überein – schlagwortartig als „Krise der Industriegesellschaft"[1] oder als „Krise der Modernität"[2] bezeichnen. Es ist klar, daß diese Strukturkrise nur durch den Übergang in eine andere, in sich wieder stimmige, die kreativen Kräfte der Menschen mobilisierende und ihre Anstrengungen integrierende Struktur gelöst werden kann. Diese neue Struktur ist – ebenso

---

[1] Birnbaum (1969).
[2] Etzioni (1975: 1–18); Zapf (1977: 3–16); d'Iribarne (1983: 61–72).

schlagwortartig – als „postindustrielle" oder als „postmoderne" Gesellschaft zu bezeichnen, wenngleich die industrielle Entwicklung und die mit
ihr verbundene theoretische Diskussion in den letzten zehn Jahren gezeigt
hat, daß man sich diesen Strukturwandel nicht einfach dichotomisch wird
vorstellen können, daß hier vielmehr Kontinuitäten und Diskontinuitäten
miteinander verbunden sind bzw. daß gerade das „postindustrielle"
Stadium eine höhere technische und industrielle Entwicklung als bisher
voraussetzt. Überhaupt ist eine Strukturkrise nur durch Entwicklung und
Restrukturierung, nicht durch Regression und Strukturauflösung zu lösen.
Die Strukturkrise selbst besteht ja in einem nicht rechtzeitig antizipierten,
in einem verzögerten und deshalb nun komplizierten und krisenhaften
Strukturwandel.

Während die Vorstellungen von der „postindustriellen Gesellschaft" vor
zehn Jahren, nämlich bei Alain Touraine oder Daniel Bell,[3] noch weitgehend utopisch gewesen sind, d. h. daß sie einen idealen Zustand oder
jedenfalls einen unbedingten Fortschritt ankündigten, der in einer linearen
Entwicklung zu erreichen sei, sind inzwischen die dunklen Seiten dieses
Zustandes sehr viel deutlicher geworden,[4] und der Weg dorthin scheint nun –
nachdem wir tatsächlich dem „Nullwachstum", dem fast perfekten „Sozialstaat", der „direkten Demokratie" und der Automation der Arbeit ein gutes
Stück nähergekommen sind – gar nicht mehr so verlockend zu sein. Bereits
aus der Perspektive von heute betrachtet, erscheinen die Vorstellungen von
Bell u. a. viel zu einfach und naiv – und in weiteren zehn Jahren sind die
jetzt einzuführenden Revisionen sicher wieder neu zu überdenken. Nach
Bell sollte die postindustrielle Gesellschaft vor allem durch vier Charakteri-
stika bestimmt sein: erstens durch den Wandel von einer vornehmlich
güterproduzierenden Industrie zu einer Dienstleistungswirtschaft; zweitens
durch die funktionale Zentralität des theoretischen Wissens; drittens durch
die Professionalisierung der Berufe und die Übernahme auch der politischen Herrschaft durch eine professionelle Klasse; viertens durch die
Dominanz von Großorganisationen, die mit Hilfe der modernen Mittel der
Informatik zusammengehalten und kontrolliert werden. Aber keines dieser
vier Konstruktionsprinzipien (oder keine dieser Entwicklungstendenzen)
ist ohne Widerspruch und Gegentendenz.

Erstens ist es zwar richtig, daß der *Dienstleistungssektor* nach der Zahl
der Beschäftigten zunimmt;[5] keineswegs aber nimmt damit unbedingt auch

---

[3] Touraine (1972); Bell (1973).
[4] Boulding (1973: 89–101); Huntington (1974: 163–191).
[5] So hat in den USA die Anzahl der in der industriellen Herstellung Beschäftigten
von 1973 auf 1983 von 20 auf 18 Millionen abgenommen, während die der im Dienst-

die Produktivität des Dienstleistungssektors zu: Die postindustrielle Gesellschaft wird vielleicht durch einen großen Dienstleistungssektor gekennzeichnet sein, doch wird dies kaum der tragende Sektor sein; vielmehr droht er – besonders im Bereich der öffentlichen Dienstleistungen – relativ unproduktiv oder sogar kontraproduktiv zu sein oder – bei den privaten Dienstleistungen – in den Bereich der persönlichen und hauswirtschaftlichen Dienstleistungen (Sekretärinnen, Kindermädchen, Dienstmädchen, Butler, Gärtner, Krankenpfleger, Raumpfleger(innen), Köchinnen und Küchenhilfen) abzugleiten oder im Do-it-yourself zu enden.[6] Insofern stellt die Verlagerung des Arbeitskräftepotentials in den Dienstleistungssektor an sich noch keinen industriellen Fortschritt dar, sondern freigesetzte Arbeitskräfte finden eben eine Ersatzbeschäftigung in jenem Bereich, der noch am ehesten expansionfähig ist, weil soziale Statuswünsche so ziemlich unbegrenzt und gerade in einer arbeitsteiligen und in der Produktion hochrationalisierten Wirtschaft am schwersten zu erfüllen sind. Aber diese Dienstleistungen müssen schließlich mit Einkommen aus dem güterproduzierenden industriellen Sektor bezahlt werden. Das gilt auch für die Angebote der Unterhaltungsindustrie, des Tourismus, der exklusiven Erziehungsanstalten oder der therapeutischen Unternehmen aller Art,[7] selbstverständlich auch für die Wohlfahrts- und Versicherungsleistungen des Staates selbst. In Erkenntnis dieses Dilemmas gibt es heute in den USA wieder starke Bestrebungen der „Reindustrialisierung", d. h. der Erneuerung der industriellen Infrastruktur und des Maschinenparkes, der Umschulung und Verbesserung der Arbeitsqualifikation.[8] Die Alternative ist nicht mehr eine Industrie- oder eine Dienstleistungsgesellschaft, sondern eine produktive oder eine unproduktive Dienstleistungsgesellschaft. Letztere aber ist nur über die Höherentwicklung der Industrie zu erreichen. Die Entwicklung der postindustriellen Gesellschaft läßt sich also nicht als bloße Negation der Industriegesellschaft konstruieren; sie ist vielmehr in einem viel längeren Zeithorizont der Entwicklung zu sehen, der verschiedene Stadien der Industrialisierung einschließt.

Zweitens unterscheiden sich industrielle und postindustrielle Gesellschaft hinsichtlich der Rolle des *theoretischen Wissens* nicht so grundsätzlich voneinander, daß man die letztere pauschal eine „Wissensgesellschaft",

leistungssektor Beschäftigten im gleichen Zeitraum von 13 auf 19 Millionen zugenommen hat. Für das Jahr 1995 werden 28,5 Millionen Beschäftigte im Dienstleistungssektor und 22 Millionen im industriellen Produktionssektor vorausgesagt. Vgl. Alexander (1983: 50–58).

[6] Vgl. Gershuny (1978: 71 ff.).

[7] Kumar (1976: 446).

[8] Etzioni (1983: 211 ff.).

die erstere eine „Maschinen-Gesellschaft" nennen könnte.[9] Unbestritten ist das quantitative Wachstum der für wissenschaftliche Bildung, für Forschung und Entwicklung ausgegebenen Mittel, wie auch das Wachstum des aktiven wissenschaftlichen Personals; aber über die Qualität oder die funktionalen Konsequenzen dieses Wachstums für die Gesellschaft ist damit wiederum nur wenig gesagt. Daß z. B. drastisch erhöhte Studentenzahlen oder Promotionsabschlüsse ein Mehr an Wissen für die Gesellschaft bedeuten, ist keineswegs ausgemacht. Ganz sicher bedeutet die Ausdehnung des Studentenanteils an der Alterspopulation auf 20–25 % eine überproportionale Zunahme des bloßen Bildungskonsums, der entweder die Langeweile vertreiben oder (was wahrscheinlicher ist, mit zunehmenden Studentenzahlen aber ebenfalls eine Enttäuschung sein wird) das eigene Sozialprestige heben soll. Mit zunehmender Spezialisierung, aber auch Abstraktion des Wissens, werden Lerntransfer und praktische Anwendung des Wissens immer schwieriger. Wissen, das nicht verbunden werden kann, ist jedoch nutzlos und verwirrend. Es ist gar nicht verwunderlich, daß sich gerade unter der akademischen Jugend, die nicht tief genug in das wissenschaftliche Studium eindringt oder auch gar keine Chance hat, tatsächlich einmal wissenschaftliche Arbeit leisten zu können, eine gewisse Wissenschaftsfeindlichkeit ausbreitet.[10] Ähnliches gilt für die wissenschaftliche Forschung und technische Entwicklung selbst, die keineswegs nur auf die interne Wissensentwicklung ausgerichtet ist, sondern vielfach externen Zwecken dient, deren gesellschaftlicher Nutzen dennoch fraglich ist. Das gilt einerseits für die Waffenentwicklung, andererseits aber auch für die Produktion von Konsumgütern (wie Autos, Unterhaltungselektronik, aber auch Arzneimitteln und Kosmetika, usw.), die oft nur wenig gesellschaftlichen Nutzen und kaum einen Wissenschaftsfortschritt bringen.

Die funktionale Bedeutung des Wissens für die Gesellschaft ist nicht schon aus den aufgewendeten Mitteln zu erschließen. Der „Wissensfaktor" oder der „technische Fortschritt" stellt einen Residualfaktor dar.[11] Wenn dieser Residualfaktor zunimmt, ist dies noch kein Beweis, daß die funktionale Bedeutung des theoretischen Wissens zugenommen hat, sondern nur ein Beleg dafür, daß mehr „Wissensgüter" (Bücher, Schreibmaschinen, Computer, Rechenprogramme, Büroeinrichtungen) benutzt werden; ob ihr Einsatz sinnvoll ist, darüber ist aber nichts gesagt. Der weitere Wissensfortschritt ist schon dadurch begrenzt, daß die intellektuellen Schwierigkeiten umso größer werden, je weiter die Wissenschaft vordringt (die leichte-

[9] Bell (1973: 50).
[10] Vgl. Nowotny und Rose (1979); Holton und Morison (1979).
[11] Vgl. Machlup (1962: 361 f.).

ren Probleme sind schon gelöst, die „unlösbaren" Probleme haben sich aufgehäuft).[12] Die zunehmende intellektuelle Schwierigkeit, die durch noch mehr Arbeitsteilung und noch größere Forschungsinstitute so leicht nicht mehr zu bewältigen ist, erfordert ganz gewiß einen größeren Einsatz von mehr Wissenschaftlern; trotzdem wird es immer nur eine Minderheit sein, die diesen Anstrengungen gewachsen ist. Und es ist keineswegs sicher, daß dieser Minderheit auch in politischer und planerischer Hinsicht ein großes Gewicht zukommt – schließlich können sich die Politiker je nach Bedarf mit der erforderlichen wissenschaftlichen Expertise versorgen. Der Strukturbruch von der industriellen zur postindustriellen Gesellschaft liegt nicht in einem Mehr an Wissen, sondern in einer veränderten Form des Wissens, das zunehmend „Systemwissen" sein muß und sich nicht mehr allein mit der Zuordnung und Manipulation von Einzelfaktoren begnügen kann, ohne die Rückwirkungen auf die Systemeinbettung des Problems zu sehen.[13]

Nach Bell sind die zentrale Personengruppe der postindustriellen Gesellschaft die *"professionals"*, d. h. die akademisch gebildeten Experten und Intellektuellen, deren Expertise und Kontrolle für die Funktionsfähigkeit und Weiterentwicklung der Gesellschaft unerläßlich ist und die insofern eine eigene „Klasse" bilden, als sie ihr Expertentum vor dem Laienpublikum (und auch vor politischen Ansprüchen) abschirmen und schützen können.[14] Aber auch hier kommt es nicht auf die quantitative Größe dieser „Klasse" an (die von Bell gewaltig überschätzt wird, indem er praktisch alle "white-collar workers" dazurechnet), sondern auf die funktionale Qualität ihrer Mitwirkung. Hierzu ist jedoch erstens zu bemerken, daß sich hinter dieser Professionalisierung oft wenig Wissen und eine Menge Pseudo-Professionalisierung verbirgt, d. h. daß bei oft geringer wissenschaftlicher Qualifikation die Profession vor allem der kollektiven Verteidigung eines angemaßten sozialen Status zu dienen hat.[15] Zweitens ist auch die Arbeit der professionellen Klasse dem Prozeß der Arbeitsteilung, der Taylorisierung und Routinisierung nicht entgangen; d. h. ein großer Teil dieser Klasse ist ein Anhängsel der großen Verwaltungs- und Verteilungsbürokratien, er kann weitgehend „wegrationalisiert" werden und er ist jedenfalls ohne politische Kontrolle der Bürokratie und der Politik.[16] Ein anderer Teil dieser "professionals" ist dem Konsumsektor der „menschlichen Dienstleistungen" im

---

[12] Rescher (1978: 104 ff.).
[13] Vgl. Hine (1982: 43–53).
[14] Vgl. Bruce-Briggs (1979: 1–18).
[15] Kumar (1976: 451).
[16] Vgl. Oppenheimer (1973: 213–228).

Gesundheitswesen, in Kinderpflege und -erziehung, in Freizeit und Erholung zuzurechnen und damit – funktional gesehen – ebenfalls ohne großen politischen Einfluß.[17] Zwar kann es sehr wohl zu Konflikten zwischen dem Produktions- und dem Konsumsektor bzw. den produzierenden und den konsumierenden Klassen kommen, doch bringt dieser Konflikt den "professionals" keinen Gewinn; eher werden sie darin gespalten und zerrieben.

Bei einer genaueren funktionalen Betrachtung der professionellen Klasse zeigt sich sehr schnell, daß auch in einer postindustriellen Gesellschaft – oder gerade hier – die eigentliche technokratische und intellektuelle Elite vermutlich nur eine relativ kleine Minderheit darstellen wird, die sich durch Ausbildung, Selbstrekrutierung, Arbeitsdisziplin und Lebensstil scharf von der Mehrheit der "professionals" abhebt.[18] Aber selbst bei dieser einflußreichen Minorität ist nicht zu erwarten, daß sich Wissen und Können direkt in politische Entscheidung und politische Macht umsetzen.[19] Zum einen ist nicht zu vergessen, daß in einer Massendemokratie eben die Massenpolitik – die Gestaltung der Politik durch populäre Führerpersönlichkeiten, durch ideologischen Massenappell und durch massenmediale Schaukämpfe – eine große Rolle spielt; zum anderen gibt es viele mächtige Interessengruppen mit eigenen Organisationsmitteln, die im politischen Aushandlungsprozeß berücksichtigt werden müssen. Diese Interessengruppen – und generell die miteinander konkurrierenden politischen Lager – haben jedoch die Möglichkeit, sich ihre eigene professionelle und politische Kompetenz zu beschaffen, so daß die professionelle „Klasse" in Wirklichkeit keine Klasse, sondern vielfach gespalten ist, weit davon entfernt, eine geschlossene Machtelite zu bilden.[20] Die These von der Verwissenschaftlichung (oder Versachlichung) der Politik und der Abschaffung (oder Zurückdrängung) der Herrschaftsdifferenzen dank einer breiten professionellen Klasse erweist sich somit als eine weitere postindustrielle Utopie. Auch hier ist eher ein Kontinuum zur industriellen oder sogar zur vorindustriellen Gesellschaft festzustellen, und die Konstruktion einer bloßen Dichotomie versagt.

Nach John K. Galbraith ist die zentrale Organisation der modernen Industriegesellschaft die *transnationale Großfirma* mit einer breiten Produktpalette und mit einer übermächtigen Tendenz zur Monopol- oder Oligopolbildung;[21] nach Daniel Bell ist die postindustrielle Gesellschaft durch

---

[17] Vgl. Gartner und Riessman (1974).
[18] Geiger (1973: 247 ff.).
[19] Huntington (1974: 190).
[20] Weingart (1982: 71–87).
[21] Galbraith (1968: 89–104).

die Übertragung dieser Organisationsform auf den Dienstleistungssektor charakterisiert, wobei jedoch an die Stelle ökonomischer Leitprinzipien soziologische und sozialpolitische treten.[22] Obwohl der Trend zur Großorganisation unbestritten ist, ist jedoch auch diese Generalisierung wiederum überzogen und zu undifferenziert. Erstens ermöglichen die modernen, sich über die ganze Welt ziehenden Kommunikationsmittel eine Organisationsform, die überaus variabel ist; d. h. die Organisation kann sich – je nach dem Funktionszweck – dezentralisieren und spezialisieren oder zentralisieren und generalisieren, bzw. die verschiedenen Funktionseinheiten der Organisation können standortmäßig weit verstreut sein und können in relativer Autonomie verwaltet werden, so daß einerseits die Großorganisation als Wirtschaftseinheit gar nicht in Erscheinung treten muß, andererseits aber auch die kleinen und mittleren Firmen die Möglichkeit haben, sich der weltweiten Computernetze und des Informationsaustausches zu bedienen.[23] Die postindustrielle Gesellschaft ist sowohl als ein total zentralisierter Überwachungsstaat wie auch als eine total dezentralisierte Pseudo-Stammesgesellschaft vorzustellen: Beide Utopien sind bis zum Überdruß ausgesponnen worden, aber beide sind gleich unwahrscheinlich.[24] Obwohl es zweifellos schon heute so ist, daß das oberste Dutzend dieser Großfirmen sektoral wie national den größten Teil des gesamten Umsatzes auf sich vereinigt, so heißt das zweitens nicht, daß sie auch in funktionaler Hinsicht beherrschend sind. Vielmehr ist – gerade in Zeiten des technologischen und wirtschaftlichen Strukturwandels – immer wieder festzustellen, daß Innovationen vor allem von einer Vielzahl von kleineren Firmen vorangetrieben werden (Firmen allerdings, die sich vielfach von der großen und sterilen Mutterfirma abgespalten haben).[25] Drittens ist es sicher eine Übertreibung, daß an die Stelle ökonomischer Zielsetzungen einfach soziale treten könnten. Gewiß wird die Großfirma – im politischen System des Korporatismus – gerne auf die vom Staat gebotenen Absatzchancen und Verdienstgarantien eingehen; jedoch tut sie dies auch aus wirtschaftlichen und nicht nur aus sozialpolitischen Überlegungen; umgekehrt wird auch der postindustrielle Staat dafür sorgen müssen, daß das Geld für die von ihm zu leistenden Wohlfahrtsausgaben erst einmal verdient wird, und das geschieht nur durch Produktivitätssteigerungen in der Industrie, durch die Verbesserung von Ausbildung und Arbeitsmotivation, nicht jedoch durch eine Kurzschlußschaltung von Konsum- und Wohlfahrtsausgaben. Wirt-

[22] Bell (1973: 276ff.).
[23] Vgl. Stanton (1979: 217–240).
[24] Marien (1977: 415–431).
[25] Vgl. Bühl (1983: 163–180).

schaftliche und soziologische Zielsetzungen müssen sich eben stets miteinander verbinden. Auch in diesem Punkt ist also keine schlichte Dichotomie zwischen Industriegesellschaft und postindustrieller Gesellschaft festzustellen: Beide sind auf eine vielfältige Mixtur [26] von Organisationen angewiesen, die nur durch die Vielfalt und Flexibilität ihrer Interaktionen den sozialen Wandel bewältigen können.

Wenn man wirklich Einblick in die Strukturkrise erhalten will, die zwischen Industriegesellschaft und postindustrieller Gesellschaft liegt, dann genügt weder eine bloß dichotomische Konstruktion, noch kann die postindustrielle Gesellschaft nur als eine logische Weiterentwicklung des Wohlfahrtsstaates dargestellt werden. In diesem Ja-Nein-Vergleich bleibt der Strukturwandel gerade ausgeblendet. Ein Strukturwandel kann nur sichtbar gemacht werden, wenn erstens die postindustrielle Gesellschaft als eine Phase in einem langfristigen Entwicklungsprozeß angesehen wird und wenn zweitens auch der zugrundeliegende Wandlungsmechanismus wenigstens in groben Zügen angegeben werden kann. Dies geschieht aber praktisch nur in der sog. 'Theorie der Langen Wellen' oder der *Kondratieffschen Zyklen*, wenngleich dieser Theorieansatz bis jetzt noch nicht zureichend wissenschaftlich erhärtet worden ist. [27]

In Fortführung der Darstellung von Kondratieff befinden wir uns gegenwärtig am Ende der vierten oder schon im Aufschwung der fünften Kondratieffschen Welle. [28] Jede dieser Wellen beruht auf einer bestimmten Basistechnologie, die ihrerseits mit einer bestimmten (dominierenden) Energieform und einer entsprechenden Rohstoffbasis verbunden ist; jede Basistechnologie erfordert wiederum bestimmte gesellschaftliche Organisationsformen, insbesondere der Arbeitsorganisation, schließlich auch Infrastrukturvoraussetzungen wie Verkehrsnetze, Energieversorgung, Industrieansiedlung und Stadtplanung, nicht zuletzt aber auch bestimmte Lebensformen und Konsummuster, und damit im Zusammenhang: eine bestimmte Sozial- und Steuerpolitik, überhaupt eine bestimmte Form der Politik und der politischen Problemlösungsmethoden. Jede dieser Wellen stößt nach einigen Jahrzehnten auf Grenzen entweder in der Energie- und Rohstoffversorgung oder in der Anhäufung ökologischer Mängel oder Schäden, aber auch in der Erschöpfung der psychischen Motivation, weil die inzwischen produktionstechnisch verbesserten und verbilligten Güter dieser Welle niemand mehr zu besonderen Anstrengungen veranlassen und somit (außer für den Ersatzbedarf) auf keine neuen Investitionen mehr

---

[26] Anderson (1976: 208).
[27] van der Zwan (1980: 183–237).
[28] Wallerstein (1979: 663–673); Rostow (1975: 111–124).

hervorlocken können. Jede Welle geht so in etwa 50 Jahren nacheinander durch die Phasen des Aufschwungs, der Prosperität, der Rezession und Depression; allerdings können die Phasenabstände durch endogene Faktoren der Technologieentwicklung oder des politischen Widerstandes, jedoch auch durch externe Faktoren wie Kriege und Rohstoffkartelle usw. erheblich verzögert oder auch verkürzt werden. Eine *Strukturkrise* ist festzustellen, wenn auf der Basis der alten Technologie bzw. der alten Organisationsformen und Lebensgewohnheiten keine weiteren Produktivitätssteigerungen mehr möglich und neue Märkte nicht mehr zu erschließen sind, eine neue Basistechnologie mit neuen Organisationsformen und Lebensgewohnheiten sich aber noch nicht herausbilden konnte bzw. ihre Herausbildung gerade durch das Festklammern an der alten Industrie- und Organisationsstruktur behindert wird. Die Überwindung dieser Strukturkrise reicht sozusagen von der Oberflächenstruktur der Kapitalfestlegungen bis zur Tiefenstruktur der psychischen Antriebskräfte und der Sinndeutung des menschlichen Daseins.

Nach dieser Rekonstruktion der industriellen Entwicklung[29] reicht die erste Kondratieffsche Welle etwa von 1792 bis 1845; sie beruht – vereinfacht gesehen – auf der Basis von Kohle und Eisen und ermöglicht mit der stationären Dampfmaschine und dem mechanischen Webstuhl den Beginn der Industrialisierung und der fabrikmäßigen Arbeitsorganisation. Die industrielle Pioniernation zu dieser Zeit ist England. Als Ergebnis dieser Entwicklung hat sich die industrielle Produktion erheblich verbilligt, die englische Schafwolle wird durch amerikanische Baumwolle abgelöst; jedoch haben die Bevölkerungszahlen wie auch die landwirtschaftlichen Erzeugerpreise derart zugenommen, daß am Ende dieser Welle die irische Hungerkrise von 1845–47 und eine allgemeine Nahrungsmittelknappheit (oder -verteuerung) im übrigen Europa steht.

Die zweite Welle von 1848 bis etwa 1896 ermöglicht durch die technische Verbesserung der Stahlproduktion und die Erfindung der fahrbaren Dampfmaschine (Lokomobile) die Erschließung des Hinterlandes durch die Eisenbahn und die Verbesserung der Seeschiffahrt durch das Dampfschiff, aber auch die Steigerung der Urbanisierung durch Hochhausbau und die Verbesserung der landwirtschaftlichen Produktionsmethoden durch Maschinisierung und Kunstdünger. Die landwirtschaftliche Produktionsfläche wird erheblich erweitert auf Neubaugebiete wie im amerikanischen Mittelwesten, in Kanada, Australien, Rußland, Indien und Argentinien; die Immigration und Urbanisierung in den Vereinigten Staaten beschleunigt sich. Um 1870 kommt es zu einer kurzen „Energiekrise",

---

[29] Rostow (1980: 86–98); van Duijn (1981: 264–275).

doch die Kohleförderung kann schnell durch die Erschließung neuer Abbaugebiete wieder vermehrt werden.

Der dritte Kondratieffsche Zyklus ist zwischen 1896 und 1933 anzusetzen, für viele europäische Länder wurde er kriegsbedingt jedoch bis 1948 verschleppt. Technologisch gesehen beruht dieser Zyklus vor allem auf der Einführung der Elektrizität und dem Elektromotor bzw. auf der Verbrennung von Erdöl- und Kohlederivaten im Verbrennungsmotor. Erst damit wird eine breite Industrialisierung und Technisierung erreicht, die nun auch den Kleinbetrieb erfaßt. Die wirtschaftliche Entwicklung wird vor allem von der Massenproduktion in maschinisierten und rationalisierten Großbetrieben getragen. Dies gilt nicht nur für Textilien, Schuhe, Fahrräder oder Schreibmaschinen, sondern auch für das Automobil, das in Europa allerdings erst nach dem Zweiten Weltkrieg zur Massenauflage kommt. Beide Weltkriege haben zu einer außerordentlichen Steigerung der Stahlproduktion und der Schwerindustrie geführt, obwohl die technische Entwicklung schon zu anderen Werkstoffen wie Aluminium und verschiedenen Metallegierungen übergegangen ist und die erstehende Großchemie eine viel größere Breite von Rohstofftransformationen ermöglicht hat. Die Rezessionsphase von 1920 bis 1929 war durch Arbeitslosigkeit und Inflation gekennzeichnet, und die Depressionsphase von 1929 bis 1937 führte zu einer Reihe von diktatorischen politischen Systemen und zur Wiederaufrüstung, welche wiederum eine Menge technischer Innovationen auslöste. Am Ende des Zweiten Weltkrieges waren die USA die führende Wirtschaftsmacht, während die europäischen Mächte – ob als Sieger oder Verlierer – in wirtschaftlicher, technologischer und politischer Hinsicht ihre Rolle mehr oder weniger ausgespielt hatten.

Die vierte Kondratieffsche Welle, die von 1933 (bzw. in Europa von 1948) bis 1972 reicht, beruht mit chemischen Großanlagen und der Kunststoffindustrie, mit Elektronik und Steuerungstechnik, dem Flugzeugbau und der Raketenentwicklung, schließlich dem Computer und der Unterhaltungselektronik auf Erfindungen, die weitgehend noch aus dem Zweiten Weltkrieg oder sogar der Vorkriegszeit stammen. Die Ausdehnung der Autoproduktion, der Bau von Straßen und Autobahnen, aber auch von Trabanten- und Vorstädten führte zu einer noch nie dagewesenen Prosperität, die jedoch spätestens ihr Ende fand mit der Anhebung des Erdölpreises durch ein Welterdölkartell um 1973; in einigen Ländern aber, die nicht mit dem Wiederaufbau beschäftigt waren, hatte die Rezession schon um 1966 eingesetzt. Die Expansion des Welthandels kam zum Stehen und wurde für ein paar Jahre (1974–77) nur noch durch eine Steigerung der Exporte in die OPEC-Länder kompensiert; in den ölverbrauchenden Ländern aber verminderten sich die Wachstumsraten bis zum „Nullwachstum", die Außenhandelsdefizite nahmen dramatisch zu, vor allem aber verschuldeten sich die fortgeschritteneren Entwicklungsländer und die osteuropäischen Länder, während die hochentwickelten Industrieländer von Inflation und/oder Arbeitslosigkeit (Stagflation) geplagt sind.

Die neuen Basistechnologien sind heute wenigstens zum Teil schon erkennbar: Mikroprozessor, Roboter, Satelliten- und Glasfaserkommunikation, Lasertechnologie, Naßchemie und Biotechnologie, Aquakultur, Kernenergie oder/und Solarenergie, Wasserstoffkreislauf. Diese Erfindungen werden zunehmend in wirtschaftlich nutzbare Basistechnologien umgesetzt, um 1993 soll bereits die Hälfte der zu erwartenden neuen Basisinnovationen realisiert sein.[30] Damit entstehen auch neue Industriebetriebe, wenn zunächst auch sozusagen in den Hinterhöfen oder in der Form von versuchsweisen Pilotunternehmen. Obwohl diese Elemente einer neuen technologischen und energetischen Basis schon sichtbar sind, wird einem Strukturwandel auf der organisatorischen und infrastrukturellen Ebene im Moment noch heftiger Widerstand entgegengesetzt: Man klammert sich – durch die Ausdehnung des öffentlichen Dienstleistungssektors, durch die Verstärkung von Wohlfahrtsleistungen und durch sog. arbeitssichernde Maßnahmen, die gegen den technischen Wandel gerichtet sind – noch an die alte Struktur. Die Strukturkrise besteht gerade im vergeblichen Festhalten an dieser alten Organisationsstruktur.[31] Am Ende dieser Strukturkrise aber steht der Aufschwung zur fünften Kondratieffschen Welle, ob man diese nun als „postindustrielle" Gesellschaft oder als „dritte industrielle Revolution" (nämlich nach der ersten Industrialisierung auf der Kohle-Stahl-Basis und der zweiten Industrialisierung auf der Basis von Erdöl und organischer Chemie) bezeichnen will.[32]

---

[30] Marchetti (1982: 115–128).

[31] Das Ausmaß dieses Strukturwandels wird deutlich, wenn man sich vergegenwärtigt, daß in den USA 1982 25346 Firmen Konkurs gemacht haben, gleichzeitig aber 566942 neu gegründet worden sind (Alexander (1983: 50–58)). Natürlich befinden sich diese neuen Firmen noch im Anfangsstadium, und viele werden sozusagen noch im zarten Kindesalter wieder untergehen; andere aber werden innerhalb weniger Jahre zu Mittel- und Großfirmen heranwachsen und werden damit neue Arbeitsplätze zur Verfügung stellen. Zur gleichen Zeit wird allerdings der Einsatz von Mikroelektronik und Robotern in der herkömmlichen Industrie (wie in der Stahl- und Aluminiumerzeugung oder der Autoindustrie) etwa die Hälfte der bisherigen Arbeitskräfte freisetzen. Zu generellen Strukturwandlungen kommt es erst, wenn die Pionierindustrien nicht mehr regional ausgesiedelt werden, sondern wenn sie in die alte Industriestruktur zurückkehren, um sie von Grund auf zu reorganisieren.

[32] Piatier (1981: 373f.).

Der für die fünfte Kondratieffsche Welle zu erwartende Strukturwandel ist jedoch nicht beliebig; er folgt vielmehr einem durchaus logischen Trend und einer erkennbaren empirischen Entwicklungsgesetzlichkeit.[33] Erstens nimmt von Zyklus zu Zyklus die Bedeutung der *geistigen Ressourcen*, d. h. von Technologie und Sozialorganisation, zu. Während früher immer noch geopolitische Ausweichmöglichkeiten durch die Erschließung zusätzlicher Rohstoffvorkommen oder Anbaugebiete gegeben waren, zeigen nun gerade die Erfahrungen mit dem Erdölkartell, daß am Ende nicht die Erschließung neuer Erdölvorkommen (England, Mexico), sondern nur die technologische Weiterentwicklung zählt, die es einerseits ermöglicht, das teurer gewordene Erdöl durch hochwertige industrielle Güter und Dienstleistungen zu bezahlen, andererseits es aber auch durch neue Rohstoffe und Energieformen zu ersetzen. Die Grenzen der weiteren Entwicklung liegen weniger bei den Rohstoffen und landwirtschaftlichen Nutzflächen als vielmehr bei den ökologischen Grenzen und der (politischen) Organisationsfähigkeit der Menschen.

Zweitens zeigt sich, daß von Welle zu Welle *mehr Kapital* und *größere Infrastrukturmaßnahmen* erforderlich sind. Der Übergang von einer Kondratieffschen Welle zur nächsten ist stets durch Preiserhöhungen auf einem Mangelsektor, durch Inflation und Arbeitslosigkeit, zeitweise auch durch Energieknappheit gekennzeichnet. Über diese Preiserhöhungen erfolgt jedoch auch die schnellste Regulation der Kapitalbewegungen, indem veraltete Kapitalfestlegungen radikal abgeschrieben und die Investitionen in zukunftsträchtige industrielle Entwicklungen gelenkt werden. Obwohl hier der einzelne Staat diesen Regulationsprozeß nicht direkt beeinflussen kann, sind von Mal zu Mal größere Infrastrukturleistungen erforderlich, die vom Staat gesetzliche Vorsorgemaßnahmen und eine Erhöhung seiner Planungskompetenz verlangen.

Drittens setzt die Erschließung der Energie von Stufe zu Stufe *mehr Technologie* voraus, während die Bedeutung von Rohstoffvorkommen und Standortvorteilen abnimmt. Der Aufschwung der fünften Kondratieffschen Welle ist abhängig von der Erschließung einer relativ unbegrenzten, standortunabhängigen und umweltunschädlichen Energiequelle. Wenn im Moment noch nicht zu entscheiden ist, ob die dominante Energieform die Kernenergie (mit dem Brutreaktor oder in Zukunft sogar mit dem Fusionsreaktor) oder die Sonnenenergie oder eine Mischung aus beiden sein wird, verbunden mit neuen chemischen und energetischen Transformationen, so ist doch sicher zu sagen, daß die Basis der fossilen Brennstoffe dafür – schon aus ökologischen Gründen – nicht ausreicht. Diese Energie

---

[33] Vgl. als Zusammenfassung: Bühl (1983: 214–217).

wird nicht nur für die Industrie und für die Erschließung von Bodenschät-
zen geringerer Konzentration, sondern vor allem auch für die Intensivierung der Landwirtschaft, für Wasserentsalzung und Wasserversorgung
sowie für den Ausbau neuer Großstädte gebraucht. Der Energieanteil der
Industrie aber kann zum erstenmal in der industriellen Entwicklung abnehmen, nachdem sich durch Kybernetisierung und Miniaturisierung der
industriellen Prozesse noch beträchtliche Effizienzsteigerungen erreichen
lassen werden.

Viertens bringt jede neue Kondratieffsche Welle einen Fortschritt an
Zeit- oder *Arbeitsersparnis,* d. h. für vergleichbare Produktionsleistungen
kann in einem späteren Zyklus der Arbeitsvorgang verkürzt und er kann
zunehmend automatisiert und auf Roboter verlagert werden, während die
Kosten für die verbleibende menschliche Arbeit erhöht werden. Die die
nächste Welle bestimmende Mikroelektronik wird zu einer weiteren Ersetzung der menschlichen Arbeit im Industrie- und Bürobereich führen, sie
wird aber auch Material und Energie einsparen. Man kann auch sagen, daß
von Stufe zu Stufe der Anteil an *Information, Wissen* oder *"software"* erhöht wird, während der Energie-, Material- und Arbeitsaufwand für
"hardware" oder die physischen Komponenten zurücktritt. So gesehen
kann man durchaus die Information als das wichtigste Vehikel der fünften
Kondratieffschen Welle ansehen.[34] Zum Informationssektor gehören nicht
nur alle Unternehmen und Organisationen, die Ausrüstungen und Instrumente für den Informationsempfang und die Informationsverarbeitung
herstellen, sondern auch alle Aktivitäten und Organisationen, die der
Sammlung, Programmierung und Verbreitung von Informationen dienen.
Mehr Information bedeutet zunehmende *Komplexität,* aber auch gestei-
gerte *Effizienz* der technischen oder industriellen Produkte und Prozesse.
Effizienz ist leider nicht ohne Komplexität zu haben – wenn auch diese
Komplexität nicht immer am Endprodukt auftreten muß, sondern schon in
die vorgelagerten Prozesse der Planung und Konstruktion verlegt werden
kann.

Während diese vier deskriptiven Trends, denen auch der fünfte Kondratieffsche Zyklus folgen wird, allgemein anerkannt werden, ist eine Erklärung der relativ konstanten Zyklizität, die trotz aller technologischen
Wandlungen und trotz aller politischen Störungen durch Kriege und Will-
kürakte zu beobachten ist, noch schwierig und ungesichert. Im großen und
ganzen wird man jedoch nicht fehlgehen, wenn man die Zyklizität dieser
Bewegungen auf die sozialorganisatorische Ausreifezeit neuer technischer
Möglichkeiten zurückführt. Ob man nun von der Festlegung des Kapitals,

---

[34] Voge (1979: 1–14).

seiner Ausreifung, Überkapazität und schließlich Abschreibung, ob man
von den Konsumgewohnheiten der Verbraucher, ihren sozialen Ansprüchen und Karriereplanungen, oder ob man von den sozialgeographischen
und politischen Infrastrukturfestlegungen des Staates ausgeht, letztlich liegen die Grenzen doch in der aktiven Lebensspanne der Menschen, in ihrer
Lernbereitschaft bzw. in der Dauer ihrer Krisenerinnerungen.[35]

Im deskriptiven Bezugsrahmen der Kondratieffschen Wellen und in bezug auf die Strukturkrise und den Übergang zwischen dem vierten und
fünften Zyklus sind nun im folgenden fünf typische Krisen näher auszufüh-
ren:

1. die Krise des Wohlfahrtsstaates bzw. der durch einen Überhang an Kol-
   lektivgütern erstarrten Wohlstandsgesellschaft;
2. die wirtschaftliche Strukturkrise mit dem Hauptproblem der
   Stagflation;
3. die Krise der Demokratie mit dem Auseinanderklaffen von Partizipation und Kontrolle;
4. die technologisch-ökologische Krise, die der wirtschaftlichen und politischen Strukturkrise zugrunde liegt;
5. schließlich die Krise der internationalen Beziehungen, die einen geordneten weltwirtschaftlichen Übergang zur fünften Kondratieffschen
   Welle so sehr erschwert.

Es handelt sich hier jedenfalls um diejenigen Krisen, die im politischen
Bewußtsein allmählich aufgedämmert sind und für die sich nicht nur eine
Menge Literatur, sondern auch eine zureichende Daten- und Beobach-
tungsbasis aufweisen läßt. Dabei ist jedoch zu bedenken, daß die Hervor-
hebung dieser fünf Krisen mehr pragmatischen als theoretischen Gesichts-
punkten folgt. Der Übergang zwischen industrieller und postindustrieller
Gesellschaft stellt vorerst ein historisch erstmaliges und einmaliges Ereignis
dar, für das es keine Vorbilder und Vergleichsmaßstäbe gibt. Nachdem sich
die spekulativen Theorien über die postindustrielle Gesellschaft schon nach
kurzer Zeit als utopisch, impressionistisch und theoretisch unzureichend
begründet erwiesen haben, nachdem wir bisher aber auch so sehr von den
einzelnen Phasen der industriellen Entwicklung fasziniert gewesen sind, so
daß es keine wirklich umfassende und stichhaltige Theorie der industriellen
Gesellschaft gibt, so gibt es auch keine zureichenden theoretischen Leitlinien für die Erklärung und Vorhersage des neuen Übergangs.[36]

---

[35] Vgl. Forrester (1981: 327); Marchetti (1982: 128).

[36] Am ehesten noch wird diesen Ansprüchen Aron (1964) gerecht, während Galbraith (1959) oder Galbraith (1968) nur bestimmte Phasen herausgreift, Friedmann
(1955) nur den industriellen Arbeitsaspekt beachtet oder Freyer (1955) oder Freyer

Die folgende Darstellung muß demnach weitgehend deskriptiv bleiben und kann bestenfalls zur typologischen Charakterisierung von Zusammenhängen vorstoßen. Aber vielleicht gelingt es, diese Zusammenhänge prozessual aufzugliedern. Diese Prozeßzusammenhänge sind nicht als (lineare) Kausalzusammenhänge, sondern nur als komplexe Systemzusammenhänge aufzufassen, aus denen bestimmte – in der öffentlichen Diskussion stehende und auch empirisch nachweisbare – Elemente herausgehoben und zueinander in Beziehung gesetzt werden. Im Grunde aber stellen alle fünf Krisen den gleichen System- bzw. Krisenzusammenhang dar, wenn auch jeweils aus einer anderen Perspektive. Im Mittelpunkt werden – gemäß dem hier gewählten soziologischen Ansatz – stets Veränderungen in der sozialen Organisationsstruktur stehen, während sowohl die materiellen Faktoren (wie Kapitalinvestitionen, Industrieanlagen, Energiebedarf oder Umweltschäden) als auch die geistigen Faktoren (Wertsetzungen, psychische Haltungen) eher am Rande, nämlich als Manifestationen dieser Organisationsstruktur, erscheinen werden. Diese Vorgehensweise schließt jedoch keine Mißachtung oder Abwertung dieser Faktoren ein; vielmehr ist sie allein darauf ausgerichtet, diese Krise wenigstens in organisatorischer und sozialstruktureller Hinsicht zu erfassen; Krisenuntersuchungen aus psychologischer oder kultureller, aber auch aus finanzwissenschaftlicher oder öffentlich-rechtlicher Perspektive müßten hier sicher die Akzente anders setzen.

2. Die Krise des Wohlfahrtsstaates

Am ehesten oder am deutlichsten wird dieser zwischen industrieller und postindustrieller Gesellschaft liegende Strukturbruch in der Krise des Wohlfahrtsstaates oder in der Wohlstandsgesellschaft erfahren. Die *Wohlstandsgesellschaft* ist eine Massenkonsumgesellschaft, in der der Wirtschaftskreislauf insbesondere über die Ausweitung der Konsumgüterindustrie einerseits bzw. über die Steigerung der individuellen Bedürfnisse und die Erhöhung der individuellen Lohneinkommen andererseits gefördert werden soll. Während die Massenerzeugung den Einsatz einer ausgebauten Technostruktur erfordert und zu einer zunehmenden Wirtschaftskonzentration führt, werden auf der anderen Seite die Konsumenten aus ihren traditionalen Gemeinschaften herausgelöst und immer stärker in ihren (vermeintlich) individuellen Bedürfnissen angesprochen. Diese aber verlagern

(1970) vor allem eine kulturkritische oder pessimistische Botschaft mitzuteilen hat. Zur Theorie der Industriegesellschaft und Darstellung des Übergangs vgl. Kahn (1982), Crozier (1982) und Etzioni (1983).

sich zunehmend von der Deckung von Grundbedürfnissen zu sublimeren
Genüssen und mehr oder weniger unbegrenzten sozialen Status- und
Sicherheitsbedürfnissen oder schließlich dem kaum noch definierbaren
Bedürfnis nach „Selbstverwirklichung".[37]

Die Wohlstandsgesellschaft wird gesichert vom *Wohlfahrtsstaat*, insofern
der Staat die Garantie für ein bestimmtes Mindesteinkommen bzw. für die
Daseinsvorsorge im Falle von Krankheit und Unfall, von schulischer und
beruflicher Ausbildung oder Altersrente, von Arbeitslosigkeit oder Woh-
nungsmangel übernimmt und schließlich auch noch in die Angleichung und
Umverteilung des Arbeitseinkommens einzugreifen versucht.[38] Wohlstandsgesellschaft und Wohlfahrtsstaat geraten in ein Dilemma, insofern
die Wohlstandsgesellschaft auf einer Steigerung der *individuellen* Bedürfnisse beruht, während der Wohlfahrtsstaat eine *kollektive* Daseinsvorsorge
betreibt. Der Wohlfahrtsstaat könnte nur auf der Basis eines kollektiven
Wohlfahrtsethos bestehen;[39] wenn jedoch die Leistungen des Wohlfahrtsstaates genutzt werden, ohne daß dieser Nutznießung vergleichbare eigene
Anstrengungen gegenüberstehen (bzw. wenn der Staat diejenigen, die zusätzliche produktive Leistungen hervorbringen, überproportional zu Steuern und Abgaben heranzieht, während er seine sozialen Leistungen groß-
zügig und ohne zureichende Prüfung der individuellen Not- oder Bedürf-
nislage verteilt[40]), dann gerät der Wohlfahrtsstaat in das Dilemma der massenhaften Ausbeutung kollektiver Güter;[41] d. h. die vom Staat bereitge-
stellten kollektiven Güter dienen nur noch zum Teil der kollektiven Da-

[37] Binswanger, Geissberger und Ginsburg (1978: 27–39).

[38] Nach Jungblut (1983 a: 19) waren „die im Sozialbudget zusammengefaßten
Leistungen des Staates und der (meist gesetzlich vorgeschriebene) Sozialaufwand der
Unternehmen" zwischen 1960 und 1970 bzw. 1980 von 63 auf 175 Milliarden bzw.
460 Milliarden im Jahr gestiegen. „Einschließlich der Steuervergünstigungen be-
wegte die staatliche Umverteilungsmaschine im vergangenen Jahr sogar 500 Milliarden Mark. Der Anteil der sozialen Aufwendungen an der gesamten wirtschaftlichen
Leistung stieg dementsprechend innerhalb von nur zwei Jahrzehnten von knapp 21
auf fast 33 Prozent."

[39] Vgl. Robson (1976: 174 ff.); Bergsten und Klein (1983: 27 f.).

[40] So stieg nach Jungblut (1983 a: 23) die Belastung des durchschnittlichen
Arbeitnehmereinkommens mit Steuern und Sozialabgaben zwischen 1960 und 1981
von 16,3 auf 31 Prozent (ohne Arbeitgeberanteil), und die Personalzusatzkosten der
Unternehmen erhöhten sich von 43 auf 77 Prozent, während andererseits 18 von 22
Millionen Haushalten in der Bundesrepublik im Jahre 1978 Geld aus öffentlichen
Kassen erhielten, oft aus mehreren gleichzeitig. Die Zahl der „Schwerbehinderten"
stieg absurderweise von einer Million 1950 (worin 650 000 Kriegsbeschädigte ent-
halten waren) auf 7,3 Millionen Ende 1982.

[41] Benjamin (1980: 15 f.).

seinsvorsorge, während sie zu einem beträchtlichen Teil durch (individuelle und organisierte) Schwarz- und Trittbrettfahrer genutzt werden, die selbst gerade durch Leistungsrückhalt (durch Absentismus, planmäßiges „Krankmachen", Drückebergerei, Do-it-yourself, Schwarzarbeit, Steuervermeidung und Steuerhinterziehung, Umschulungs- und Fortbildungsverweigerung) glänzen. Die Kombination von Wohlfahrtsstaat und Konsumgesellschaft trägt so ein Moment der Selbstzerstörung in sich.

Der unbestrittene Sinn des Wohlfahrtsstaates – und auch der Ausgangspunkt seiner Krise – liegt im *Versicherungsprinzip* und im Schutze des Bürgers vor nichtverschuldeten Unglücksfällen und Belastungen durch die Versicherungsgemeinschaft aller Staatsbürger. Wenn dieses Versicherungsprinzip auch ganz besonders wegen der Eigentums- und Rechtsverluste nach dem Zweiten Weltkrieg verstärkt wurde, so hat diese Ausweitung auch in Zukunft ihre Berechtigung für einen Staat, der keine große Prämie auf Eigentumsrechte und Privilegien setzen kann, vielmehr auf einen kontinuierlichen technologischen und damit auch sozialen Wandel angewiesen ist, der angesichts dieses Wandels den sozialen Frieden erhalten und soziale Gerechtigkeit gewährleisten, der einerseits viele Begabungen mobilisieren, andererseits aber auch den vom Wandel Bedrohten den Übergang erleichtern will. Jede Ausweitung über ein vernünftiges Maß jedoch zerstört diese Versicherungsgemeinschaft und behindert den sozialen Wandel. Unvernünftig (und illusionär) wird dieser Versicherungsschutz, wenn erstens der Staat Versicherungsleistungen übernimmt, die besser privat (und in der Konkurrenz verschiedener Versicherungsgesellschaften) aufgebracht würden, und zweitens, wenn de facto unversicherbare Risiken übernommen werden.[42] Private (bzw. öffentlich-rechtliche) Versicherungsgesellschaften staffeln ihre Leistungen und Beiträge nach versicherungsmathematischen Prinzipien, eine staatliche Zwangsversicherung aber hat die Tendenz, die Versicherten ohne Ansehen der Risiken und der zu erwartenden Beitragsleistungen zu versichern und den Kreis der Mitglieder (oder/und ihre Beitragszahlungen) laufend zu erhöhen. Dazu kommt, daß der Staat vorgibt, dauerhaft gegen Arbeitslosigkeit und Arbeitsplatzwechsel, gegen Währungsverluste und Inflation, ja sogar gegen Kriegseinwirkungen und soziale Statuseinbußen versichern zu können. Dies ist aber nicht nur eine Illusion, vielmehr erzeugt jede Überversicherung (die beispielsweise im Falle der Alters- wie der Krankenversicherung[43] oft ganz wörtlich zu nehmen ist) Widerstand gegen den sozialen Wandel, damit aber verstärkt sich die Strukturkrise. Charakteristisch für den Wohlfahrtsstaat aber ist, daß die Auswei-

[42] Molitor und Watrin (1977: 11 ff., 27 f.).
[43] Vgl. Piel (1983: 162–179).

tung der Wohlfahrtsleistungen mit dem Niveau der ökonomischen Entwicklung zunimmt, und zwar um so mehr, je mehr die einheitsstaatliche Ordnung über das föderative Gegenprinzip dominiert und je stärker der politische Einfluß der sozialistischen oder sozialdemokratischen Parteien ist.[44] Doch mit zunehmender wirtschaftlicher Höhe verschwinden selbst die Unterschiede zwischen verschiedenen politischen Systemen und Regierungskoalitionen: Das Versicherungs-Wandlungs-Dilemma ist für alle Wohlfahrtsstaaten schließlich das gleiche.[45]

Die übermäßige Ausweitung des Versicherungsangebots führt einerseits zu einer dauerhaften und für das Staatsganze schädlichen Verhaltensänderung bei den Staatsbürgern, komplementär dazu (als Ursache wie als Folge) führt es aber auch zu einer überproportionalen Vergrößerung des öffentlichen Sektors und zu einer Schwächung der Marktkräfte. Die nächste Konsequenz auf seiten der Verhaltensänderung ist die Förderung des *Anspruchsdenkens* und – in der weiteren Folge – dann auch der Unselbständigkeit und psychischen *Abhängigkeit* von den Wohlfahrtsleistungen und -einrichtungen des Staates. Zunächst, d. h. in Zeiten der wirtschaftlichen Expansion, erfolgt eine exzessive Steigerung der Erwartungen: Je besser es geht, desto höher steigen die Erwartungen und desto größer wird seltsamerweise die Differenz zwischen dem tatsächlich schon erreichten und dem für erreichbar gehaltenen Stand.[46] Den Politikern wie den Wählern aber ist in der Zeit der Expansion entgangen, daß die Ausweitung der Wohlfahrtsleistungen nicht umsonst zu haben war, sondern durch (relativ gleichbleibende, aber absolut gestiegene) Steuereinnahmen finanziert worden ist. Erst in einer Zeit der Rezession wird ihnen wieder klar, daß der Staat nicht mehr geben kann, als er einnimmt – und sogar einiges weniger, wenn die nicht geringen Verwaltungskosten des Staates in Abzug gebracht werden. Umgekehrt glauben die Politiker an den Erfolg ihrer bisherigen Wohlfahrts- und Umverteilungspolitik, oder sie glauben jedenfalls, daß die Höhe ihrer Wahlstimmen (sie sprechen dann allerdings gleich von der „Legitimität der Demokratie") von der Höhe der Wohlfahrtszahlungen bzw. der Aufrechterhaltung der falschen Hoffnungen abhängig ist. Die Erwartungen aber werden nun einmal mit Sicherheit in der Rezession und Depression enttäuscht, und es scheinen die Wähler zu sein, die schneller zu einem realistischen Bewußtsein zurückfinden.[47] Ein Teil der Wohlfahrtsempfänger jedoch (in den USA schätzt man bis zu 40 Prozent) hat sich in-

---

[44] Castles und McKinlay (1979: 173 f.).
[45] Schmidt (1983: 6 f.); Boskin (1978).
[46] Brittan (1977: 257); Mishra (1983).
[47] Self (1980: 10).

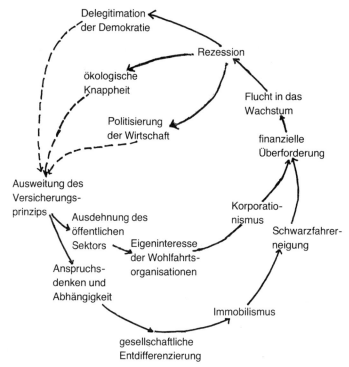

Fig. 10: Die Krise des Wohlfahrtsstaates.

zwischen schon an die Wohlfahrtszahlungen gewöhnt, hat aufgegeben und die Selbstachtung verloren, hat sich dem Alkohol und dem Drogenkonsum hingegeben oder ist auf Gelegenheitsarbeiten oder auch kriminelle Betrügereien gegenüber dem Wohlfahrtsstaat ausgewichen.[48] Dieser Anteil wird von Rezession zu Rezession und von Generation zu Generation größer. Diese zunehmende Belastung und die geringe Aussicht auf eine Resozialisation dieser Wohlfahrtsempfänger aber demoralisiert entweder die Steuer- und Beitragszahler, die durch ihre Leistungen schließlich die Wohlfahrtszahlungen ermöglichen, oder es kommt eben zu radikalen Kürzungen, die das Prinzip des Wohlfahrtsstaates in Frage stellen.

Vielleicht noch destruktiver sind die indirekten Wirkungen der übermäßigen Ausweitung des Versicherungsprinzips. Indem nämlich Leistungen durch ein staatliches Versorgungsmonopol bereitgestellt werden, wird das Prinzip der Subsidiarität zerstört und werden Organisationsalternativen

[48] Glicken (1981: 32f.).

ausgeschaltet. An die Stelle der Hilfe zur Selbsthilfe und der differenzierten Angleichung der Versorgungsleistung an die spezifischen Risiken und Bedürfnisse tritt ein staatlicher Zwangseingriff, der einerseits die Eigeninitiative erstickt, andererseits aber auch den Wettbewerb und damit schon die Wirtschaftlichkeitsrechnung selbst untergräbt. Darüber hinaus resultiert aus der Nichtinanspruchnahme oder sogar gezielten Auflösung verwandtschaftlicher, lokaler und beruflicher Gruppenbezüge, insbesondere im Schul- wie im Pensionsalter, ein Trend zur *gesellschaftlichen Entdifferenzierung*.[49] Praktisch heißt das, daß schon die Kinder während ihrer Oberschulzeit aus der Familie herausgelöst werden, daß sie bald schon eine eigene Wohnung beanspruchen, umgekehrt trennen sich die Pensionäre häufig von ihren Kindern (oder sie werden abgeschoben). Die Sozialstruktur des Wohlfahrtsstaates wird von Wohlfahrtsverbänden und -einrichtungen, von Leistungsklassen und Leistungsansprüchen bestimmt, während die intermediären und sozusagen naturwüchsigen Sozialbeziehungen an Bedeutung verlieren oder auf den bloßen Freizeitwert absinken. Damit geht einerseits aber nicht nur die informelle soziale Kontrolle verloren, die die Bürger auf den Geleisen von Sitte und Anstand hält, sondern es verflüchtigt sich auch das Gefühl von Zugehörigkeit und Gemeinschaft. Dieses Verhältnis ist schon derart ambivalent geworden, daß die Bürger zwar nach immer mehr Wohlfahrtsleistungen und sozialen Sicherungen verlangen, daß sie sich aber gleichzeitig schon gegen die zunehmende staatliche Einmischung wehren.[50] Besonders gefährlich ist diese Entdifferenzierung in einer Gesellschaft wie der Bundesrepublik, die ohnehin schon dadurch aus dem Rahmen der westlichen Demokratien herausfällt, daß die Bürger zwar vom Staat alles und auch das Unmögliche erwarten, während sie ihm jedoch gleichzeitig mit Mißtrauen gegenüberstehen: Das mangelnde Bewußtsein, daß es schließlich allein ihre eigenen Leistungen sind, die den Staat zahlungs- und handlungsfähig machen, läßt sie allzuleicht in die Utopie einer „besseren" Gesellschaft ausweichen, die jedoch nur in einer noch größeren Frustration enden kann.[51]

Leider sind Utopismus und *Immobilismus* nur allzu gut miteinander vereinbar. In gewisser Weise ist der Wohlfahrtsstaat ein Opfer seines Erfolges geworden: Indem er nämlich die an ihn gestellten Erwartungen zunächst voll erfüllt hat, hat er neue und schwerer zu erfüllende Bedürfnisse geweckt, die selbst in einer Wachstumsphase kaum und in einer Rezessionsphase schon gar nicht mehr zu erfüllen sind. Allerdings sind diese Bedürf-

[49] Janowitz (1976: 114 ff.).
[50] Kerrine und Neuhaus (1979: 10–18).
[51] Vgl. Klages (1975: 153 ff.); Klipstein und Strümpel (1984: 95–129).

nisse nicht ganz so neu und nicht ganz so edel, wie sie ausgegeben werden: Oft stehen hinter dem Wunsch nach einer schönen „Umwelt", nach mehr „Selbstverwirklichung" in der Arbeit oder in der Gemeinschaft und der angeblichen Verachtung materieller Werte[52] (die so lange billig ist, solange sie für gesichert gelten) doch nur prestigeträchtige Konsumstandards aus vorindustrieller Zeit: das Ideal des zu keiner systematischen Berufsarbeit gezwungenen "gentleman", ein feudaler Wohnstandard möglichst mit Einzellage und großen Grünflächen, die Hochstilisierung und Abgrenzung einer selbsterwählten Gemeinschaft. Nur ist das Ideal oft nicht mehr zu erkennen, wenn das Verhalten sich in demonstrativer Abweichung und Verweigerung erschöpft.

Weniger idealistisch gesehen zeigt die „postmaterialistische" Wertethik jedenfalls einen Abfall von der die Industrialisierung tragenden „protestantischen" Leistungsethik und – in dieser Perspektive gesehen – eine gewisse „Verwöhnung".[53] Diese ist vor allem durch „Außenleitung" und Gruppenorientierung, durch Lässigkeit und Anti-Autoritarismus, durch Risikovermeidung und Sicherheitsstreben charakterisiert, während die seelische Haltung, die die Wohlfahrtsleistungen hervorbringt, durch „Innenleitung" und individuelles Leistungsstreben, durch Disziplin und eine gewisse Askese, durch Verantwortungs- und Risikobereitschaft gekennzeichnet gewesen ist.[54] Während sich diese „postmaterialistische" Wertethik in der Expansionsphase noch glaubhaft als Rebellion und Protest äußern konnte, ausgestattet mit einem hohen moralischen Anspruch, gleitet sie in der Rezessions- und Depressionsphase leicht ab zu einem anomischen Verhalten, zu einer parasitären Nutzung der Wohlfahrtsvorteile und dennoch einer negativistischen Haltung gegenüber eben diesem Wohlfahrtsstaat,[55] der die hohen eigenen Ideale nicht erfüllen könne. Der Utopismus fördert hier nur Immobilität: Statt daß neue Bildungs- und Berufsmöglichkeiten ergriffen, Studienaufenthalte im Ausland wahrgenommen oder tatsächlich alternative Lebensformen erprobt würden, denunziert man die technologische Entwicklung und das „kapitalistische" Wirtschaftsleben, verbringt man lange Jahre auf der Universität, und zwar in vermeintlich prestigeträchtigen Fächern, beschränkt sich die „Alternative" auf die jugendliche Subkultur der Städte.

Dieser individuelle Immobilismus hat aber auch sein organisatorisches

[52] Vgl. Inglehart (1977: 46). Zum Wiedererstarken der „materialistischen" und zum Rückgang der „postmaterialistischen" Haltung seit 1979 vgl. Böltken und Jagodzinski (1983: 14).

[53] Hoffmann (1979: 9).

[54] Vgl. Stocken (1980: 14–19).

[55] Janowitz (1976: 106 ff.).

Pendant. Denn gleichzeitig haben sich im Wohlfahrtsstaat mächtige und festgefügte *Verteilungskoalitionen* (von Parteien oder Parteiflügeln, Gewerkschaftsgruppen und sonstigen Berufsverbänden, Wohlfahrtsorganisationen und Interessenverbänden) herausgebildet, denen es vor allem um die einvernehmliche Verteilung der bisher erarbeiteten kollektiven Güter geht, die aber an keinem Wandel interessiert sind, der – durch die Erzeugung neuer privater und kollektiver Güter – diesen Verteilungsschlüssel verändern könnte.[56] Diese Verteilungskoalitionen beherrschen das Arbeitsleben, aber sie erreichen auch den Raum davor und daneben, also schon Ausbildung, Schule, Umschulung und Fortbildung, wie auch noch Krankenversorgung und Pensionierung. Soweit jedoch diese Verteilungskoalitionen reichen, gilt meist nur das Gießkannenprinzip, oder es gibt generelle Regeln ohne Berücksichtigung der individuellen oder sektoralen und regionalen Umstände; doch damit wird Immobilität und nicht Flexibilität gefördert. Genau diese Generalisierung aber verschärft die Krise: Die Unmöglichkeit individueller Arbeitsverträge und Pensionsregelungen veranlaßt die Betriebe, überhaupt auf Neueinstellungen zu verzichten; ein immer größerer Teil eines Geburtsjahrganges realisiert zwar sein „Recht auf Bildung", aber das Diplom führt nur in die Arbeitslosigkeit; der Staat subventioniert veraltete und unproduktiv gewordene Großunternehmen, aber ihm verbleiben keine Mittel, um kleine Pionierfirmen mit neuen Produkten und Verfahren zu fördern;[57] der Staat monopolisiert die Arbeitsvermittlung, aber er erstickt damit private Initiativen, fördert die Schwarzarbeit und hat selbst keinen zuverlässigen Überblick mehr über die Arbeitsmarktlage.[58]

Moralisch noch deprimierender ist das um sich greifende *Schwarzfahrer*- und *Aussteigertum*. Verständlicherweise ist die Ausnützung des Wohlfahrtsstaates am stärksten dort, wo Leistungen in Anspruch genommen werden können, ohne daß damit auch Verpflichtungen verbunden wären. Wenn man gerade auf dem Gipfel der Arbeitslosigkeit mit 20 bis 30 Prozent Schein-Arbeitslosen rechnen muß, nämlich mit Personen, die sich zwar beim Arbeitsamt melden, jedoch gar keine Arbeit suchen, sondern vielmehr einen Rentenanspruch geltend machen, ungestört ihrer Schwarzarbeit oder ihrer Freizeitbeschäftigung nachgehen wollen – und dies gerade deshalb risikolos tun können, weil das Arbeitsamt ihnen keine ihren (sehr oft überzogenen) Ansprüchen entsprechende Arbeit zuweisen kann–, dann führt dies zweifellos zur Perversion der Arbeitslosenversicherung.[59] Im-

---

[56] Olson (1982: 75f.).
[57] von Einem (1983: 142–147).
[58] Selter (1983: 166–173).
[59] Vgl. Jungblut (1983b: 66–74).

merhin ist dies nicht allein Schuld der Trittbrettfahrer, sondern auch Schuld des Gesetzgebers, der (indem er keine Gegenleistung verlangt) falsch konstruierte und zur Ausbeutung einladende Gesetze und Vorschriften erlassen hat. Dazu kommt noch das Parkinsonsche Gesetz und das Bestreben der Arbeitsämter, ihren Erfolg (und damit die Karriere ihrer Leiter und sonstigen Angestellten) durch möglichst hohe Ausgaben zu belegen. Weniger offensichtlich, aber nicht weniger kontraproduktiv ist das vergebliche Bestreben des Staates, die (nur oberflächlich definierte) soziale Gerechtigkeit über alles zu setzen und damit aber Eigeninitiative und Eigeninvestitionen, Mobilität und zusätzliche Leistungsanreize zu verhindern.[60]

Fehlerhaft ist aber nicht die Höhe der Wohlfahrtsausgaben, sondern ihre Un- oder Kontraproduktivität: Wenn der Staat immer mehr Studienplätze zur Verfügung stellt, die Inhaber dieser Studienplätze sich jedoch darauf ausruhen, wenn der Staat Arbeitsplätze subventioniert, die obsolet sind oder von vornherein nur als vorübergehende oder Schein-Arbeitsplätze gedacht sind (solange eben die Arbeitsbeschaffungsgelder fließen), wenn die Wohlfahrtsleistungen nicht dem Ausgleich von sozialen Härten, sondern vielmehr der Schaffung einer neuen Klasse von gewissermaßen privilegierten Nutznießern dienen und diejenigen für dumm gehalten werden, die für ein geringfügig höheres Einkommen eine schwere oder unangenehme Arbeit verrichten, dann zerstört der Wohlfahrtsstaat sein eigenes Fundament. Auch Wohlfahrtsleistungen sind – ebenso wie Arbeitsleistungen – auf ihre Effektivität hin zu überprüfen: Wenn damit die Produktivität des Gesamtsystems vermindert statt verbessert, wenn die Arbeitsmoral verschlechtert und der notwendige Strukturwandel hintertrieben wird, dann schaden sie insgesamt mehr als sie nützen. Wenn – wie vielfach in der Kranken- und in der Arbeitslosenversicherung – die Selbstbeteiligung oder der durch individuelle Anstrengungen zu erreichende Differenzbetrag zu gering ist, als daß eigene Anstrengungen noch lohnend erscheinen würden, dann liegt ein Fall von *Überversicherung* vor.[61] Die Überversicherung verführt zu Mitnahmeeffekten und zum Leistungsrückhalt, so daß ein Mehr an Versicherung tatsächlich ein Weniger an Leistung und damit auch an Sicherung bedeutet. Dem kann auch eine auf die Spitze getriebene Umverteilung nicht abhelfen; denn wo insgesamt weniger geleistet wird, ist auch weniger zu verteilen; vielmehr verstärkt die Umverteilung nur noch den Teufelskreis.

Die Überversicherung führt zu einer Überforderung des Staates in finanzieller wie auch in politischer Hinsicht; diese Überforderung wird jedoch

[60] Klein (1980: 29).
[61] von Hayek (1971: 382ff.).

vom Staat selbst unterstützt und gefördert – auch wenn dies zunächst nicht seine Absicht ist und ihn vielmehr die organisatorische Eigendynamik dazu verführt. Das erste Glied in diesem Bedingungszusammenhang ist die *Ausdehnung des öffentlichen Sektors*. Der Wohlfahrtsstaat war im wesentlichen der Nutznießer des wirtschaftlichen Wachstums – oder umgekehrt: Über das wirtschaftliche Wachstum konnte er seinen Einfluß in Wirtschaft, Politik und Kultur ausdehnen, insofern er sich der wohlfahrtsstaatlichen Mittel bediente.[62] Der Wohlfahrtsstaat war insbesondere das genuine Mittel und zugleich Ziel einer sozialdemokratischen Politik, die damit den Widerstand der Wirtschaft wie des stark am Eigentum orientierten Bürgertums zu überwinden suchte; zugleich kam der Wohlfahrtsstaat der historisch nun einmal fixierten Mentalität der Sozialdemokratie entgegen, mehr „in der Kategorie der Verteilung und weniger in der Kategorie der Produktion zu denken"[63]. Die sozial-liberale, sozialdemokratische oder sozialistische Regierungskoalition hat nur häufig (wie auch in der Bundesrepublik) übersehen, daß mit der einigermaßen erfolgreichen Durchsetzung ihrer Politik die öffentliche Hand mittlerweile etwa die Hälfte des Sozialprodukts mit Beschlag belegt hatte und daß damit die Notwendigkeit entstand, für die Produktivität auch dieses öffentlichen Anteils zu sorgen, der eben nicht mehr nur ein Ausgleichsfonds, sondern ein wesentlicher Antrieb der Wirtschaft geworden war.

Dies aber mußte schon deshalb mißlingen, weil dem die *organisatorischen Eigeninteressen* der „Wohlfahrtskoalition" entgegenstanden, d. h. jener Koalition von Parteien, Gewerkschaften, Berufsverbänden und Interessengruppen – und hier insbesondere der Gesundheitsdienste, Wohlfahrtsverbände und Sozialarbeiter selbst –, die durch die Erfüllung der Wohlfahrtsaufgaben gleichzeitig ihre eigene Macht zu sichern hoffte. Gemäß dem bekannten Organisationsvorteil der Minderheit können sich diejenigen, die für den Wohlfahrtsstaat arbeiten oder die seine Gelder verwalten, stets besser durchsetzen, als dies die Mehrheit der nominellen Nutznießer kann; und die politischen Interessen der Machterhaltung und -erweiterung mit den Mitteln des Wohlfahrtsstaates sind wohl allemal stärker als der nominelle Zweck dieses Wohlfahrtsstaates.[64] Diese Tendenz wird noch dadurch verstärkt, daß die sog. gesellschaftlichen Interessen zunehmend durch Funktionäre in unkündbaren Stellungen mit starken bürokratischen Apparaten verfochten werden: von Funktionären also, die ihre politischen Interessen auf Biegen und Brechen verfolgen können, da sie

---

[62] Klein (1980: 29); Schmölders (1983: 59–115).
[63] Lohmar (1983: 32).
[64] Klein (1980: 28).

selbst ja von den negativen Konsequenzen ihres Handelns für ihre Klientel nicht direkt betroffen sind.[65] Ein großer Teil der „wohlfahrtsstaatlich" legitimierten politischen Kämpfe dient der Verbesserung des Ansehens und der Sicherung der Position in der eigenen Organisation. Die Allgemeinheit trägt nicht nur das Risiko falscher Entscheidungen, sondern auch noch diese Konfliktkosten.

Diese „Wohlfahrtskoalition" ist jedoch nicht nur ein parteipolitisches und ein *intra*nationales, sondern ein *inter*nationales Phänomen, das am besten als *Korporatismus* bezeichnet werden kann. Intranational kann der Korporatismus als ein System der Interessenvertretung definiert werden, in dem die wichtigsten Interessen durch ein Oligopol von Organisationen repräsentiert werden, die wiederum sich im wesentlichen aus Zwangsmitgliedern rekrutieren.[66] Vom Staat wird diesen Organisationen ein Vertretungsmonopol zugestanden, insofern sie eine hinreichende Kontrolle in der Auswahl ihrer Führer wie auch in der Aufstellung von Forderungen gewährleisten. Der Sinn des korporativen Systems liegt in der wechselseitigen Abstimmung der Vertreter des Staates (oder der öffentlichen Hand bei den Ländern und Gemeinden), der Gewerkschaften und des Managements der Großindustrie zur Sicherung des wirtschaftlichen Wachstums und zur Entschärfung der politischen Konflikte. Dieses Ziel wurde – jedenfalls in den wirtschaftlichen Expansionsphasen – auch im großen und ganzen erreicht. Der Preis, der dafür bezahlt werden mußte, war allerdings die Oligopolisierung; das aber heißt auf längere Sicht: die Gefahr der organisatorischen Überdimensionierung und Unbeweglichkeit. Mit der politischen Bevorzugung der Großbetriebe und Gewerkschaften und mit der Zurücksetzung der Kleinbetriebe und kleineren Interessenverbände beraubt man sich aber weitgehend auch der organisatorischen Alternativen und des Wettbewerbs, d. h. des Wandlungspotentials für Strukturkrisen. Das korporative System leistet sein Bestes in der Diffusion von Neuerungen, in der Rationalisierung und in der industriellen Weiterentwicklung von bereits bekannten Produkten und Prozessen; seine Schwäche aber sind diese Innovationen selbst, ist die Erprobung neuer Produkte und Organisationsformen. Genau diese Fähigkeiten aber wären in einer Phase der Rezession oder Depression, in einer Situation schwerwiegender Umwelt- und Verhaltensänderungen erforderlich. Die Oligopolisierung der Industriestruktur verbindet sich aufs beste mit monopolistisch arbeitenden Behörden, die keine Konkurrenz zu fürchten haben. Das Zusammenspiel beider führt zu einer „Dinosaurierstrategie", die Veränderungen in der Umwelt nur noch durch Größenwachstum,

[65] van Doorn (1978: 9 ff.).
[66] Schmitter (1974: 93 f.).

jedoch durch die Verminderung der strukturellen Anpassungsfähigkeit zu begegnen sucht.[67]

Der größte Nachteil der korporativen Politik- und Wirtschaftsverflechtung aber liegt darin, daß ein *Überhang an öffentlichen Gütern* erzeugt wird bzw. daß diese unzureichend oder sogar kontraproduktiv genutzt werden.[68] Wenn die Finanzverfassung z. B. vorsieht, daß Bund und Länder Zuschüsse für die Investitionen der Gemeinden in der Höhe von 70 Prozent geben, dann lohnt es sich für die Gemeinderäte allemal, noch eine Straße, ein Schwimmbad, ein Jugendheim für den Restpreis von 30 Prozent zu bauen, auch wenn nach ihrer eigenen Überzeugung das Projekt nicht die Hälfte der Gesamtkosten wert ist. Das gleiche gilt für Länderausgaben, die durch Bundeszuschüsse ermuntert werden. Dazu kommt, daß viele Politiker – gemäß dem durch den Wahlzyklus vorgegebenen Zeithorizont – nur an die Gestehungs-, nicht aber an die Erhaltungskosten der zu erstellenden Projekte denken. Das führt dazu, daß die Kosten in Richtung der Erhaltungskosten verschoben werden, was jedoch die Haushalte langfristig belastet oder blockiert. Eine solche Finanzverflechtung führt – im Gegensatz etwa zum Trennsystem der Schweiz, in der jede Gebietskörperschaft für ihre Ausgaben voll und ganz selbst aufkommen muß – geradezu mit Notwendigkeit zur Ausbeutung des Staatsganzen durch seine Teile. Ähnlich aber ist es auf dem Gebiet der Kranken-, Arbeitslosen- und Rentenversicherung oder im Bildungswesen, im staatlich geförderten Wohnungsbau, bei den Theatern und Museen, wo nicht der Gestehungspreis, sondern ein öffentlich subventionierter Vorzugspreis bezahlt wird, der tatsächlich teure Güter als billig oder sogar kostenlos erscheinen läßt. Wo aber Güter kostenlos zu sein scheinen, dort werden sie besonders beansprucht und an die Stelle sonst privater Güter gesetzt, so daß bald ein „Mangel an öffentlichen Gütern" eintritt, während bei einer realistischen Finanzierung dieser Güter gar kein Mangel gegeben wäre, vielmehr die Nutznießer ihren Bedarf einschränken und ihre Prioritäten ändern würden.

International gesehen besteht der Korporatismus in der Abstimmung der nationalen und transnationalen Großbetriebe mit den Staatsinteressen (vor allem auf dem Rüstungssektor, in der Technologieentwicklung, aber auch in Rohstofferschließung und landwirtschaftlicher Produktion) der mächtigsten Staaten der Erde. Diese internationale Politik- und Wirtschaftsverflechtung greift über den nationalen Korporatismus hinaus, der ohnehin nur im Schutze des internationalen Korporatismus gedeihen kann.[69] Aller-

---

[67] Olson (1979).
[68] Vgl. im folgenden: Engels (1983: 108 ff.).
[69] Peterson (1974: 493).

dings ist dieser internationale Korporatismus dadurch charakterisiert, daß er sich über die nationalen Wohlfahrtsinteressen – wenigstens teil- und zeitweise – hinwegsetzen, daß er die nur auf ihre interne Politikabstimmung bedachten Nationalstaaten durch den Rückhalt oder den Entzug moderner Spitzentechnologie und entsprechender Produktionskapazitäten sozusagen bestrafen kann. Auf diese Weise bleibt der Wohlfahrtsstaat abhängig von der weltwirtschaftlichen Verflechtung und in gewisser Weise auch von der Treue zur internationalen politischen Allianz: Ein nationalistischer oder neutralistischer und jedenfalls protektionistischer Wohlfahrtsstaat erweist sich zunehmend als Illusion.[70] Obwohl so dem internationalen Korporatismus ein mächtiger Entwicklungsimpuls nicht abzusprechen ist, so bringt er doch eine Verzerrung in Richtung der Großtechnologie und der Rüstungsindustrie, der Großorganisation und kapitalintensiver Produktentwicklungen, die in einer Rezessions- oder Depressionsphase die prekäre Situation des Wohlfahrtsstaates nur verschärfen.

Wenn der oberste Zweck des Wohlfahrtsstaates im sozialen Ausgleich und in der Versicherung seiner Bürger gegen unverschuldete Risiken liegt, dann kann er diesen Zweck nur unvollkommen erreichen; denn in einer Phase des wirtschaftlichen Wachstums sind die wohlfahrtsstaatlichen Maßnahmen und Einrichtungen nicht vordringlich oder fast entbehrlich, in der Phase der Rezession und Depression aber sind sie zum Teil kontraproduktiv. Was bleibt, ist eine gewisse Umverteilung der Arbeitseinkommen; nachdem aber dadurch kaum neue Investitionen in Gang gesetzt werden – wenn auch durch Entlassungen und Automation die Produktivität erhöht wird –, geht es letztlich mehr um eine Verteilung des Mangels als um eine Förderung des strukturellen Wandels.

Die Hauptgefahr für den sozialen Wandel – und damit aber auch für die Solvenz des Wohlfahrtsstaates selbst – ist die *Überforderung des Staates* sowohl in finanzieller wie vor allem auch in organisatorischer und politisch-legitimatorischer Hinsicht. Die finanzielle Überforderung kann nur zu einer zunehmenden öffentlichen Verschuldung, zu Steuererhöhung und Inflation führen; damit werden jedoch die Voraussetzungen für einen wirtschaftlichen Strukturwandel, für Neuinvestitionen und Neugründungen von Betrieben nur verschlechtert. Nicht weniger aber ist die politische

---

[70] Beispiele dafür sind Schweden und Frankreich, deren wirtschaftliche Entwicklung durch große Zahlungsdefizite, durch ein Zurückbleiben des industriellen Sektors und eine ungünstige Position in der internationalen Arbeitsteilung, durch Investitionsschwäche bzw. die Abwanderung der Investititionen ins Ausland – damit aber eben auch durch Arbeitslosigkeit und Inflation – bestimmt ist. Vgl. Delors (1981: 102 f.); Godet (1980); Lundberg (1981: 263 f.).

Überforderung zu fürchten, die letztlich zum autoritäten Wohlfahrtsstaat[71] führt, dessen Zwangsmittel und Planungskompetenzen dennoch
nicht ausreichen, einen wirtschaftlichen Wandel im Sinne der internationalen Konkurrenzfähigkeit einzuleiten. Was der autoritäre Wohlfahrtsstaat
allerdings erreichen kann, das ist eine Problem- und Mittelverschiebung
zugunsten des Staates. Am Ende steht dann typischerweise der Vorschlag,
daß der Staat – durch eine Erweiterung der öffentlichen Dienste und seines
Personalbestandes – als „Arbeitsbeschaffer" auftreten müsse. Damit aber
wird das Problem völlig verkehrt: Nicht der Staat ernährt die Wirtschaft,
sondern die Wirtschaft den Staat.[72] Das gilt selbstverständlich auch im Falle
einer Staatswirtschaft, wenngleich hier die Verantwortlichkeiten bis zur
Unkenntlichkeit verwischt werden. Aber auch in politischer Hinsicht kann
der autoritäre Wohlfahrtsstaat keine Lösung bringen: Die „Überbürdung"
des Staates[73] mit Aufgaben, zu deren Erfüllung ihm sowohl die finanziellen
wie die organisatorischen Mittel fehlen, kann zum einen nur dazu führen,
daß diesem Wohlfahrtsstaat seine Legitimität entzogen wird: daß gerade die
Wohlfahrtsempfänger es sind, die die Politiker dann schnell für unfähig erklären; zum anderen werden die Standards der öffentlichen Dienstleistungen (so z. B. im Gesundheits- und Krankenhauswesen, im öffentlichen
Verkehrswesen) derart ermäßigt, daß ihre Inanspruchnahme geradezu zur
sozialen Deklassierung führt.[74] Der Wohlfahrtsstaat verkehrt sich damit
gerade in sein Gegenteil, und der ausbezahlte Soziallohn wird grundlegend
entwertet. Das aber dürfte eine Form der Selbstregulation sein, die von den
Befürwortern des Wohlfahrtsstaates nicht gesucht worden ist.

Die Selbstentwertung des Wohlfahrtsstaates wird in der Strukturkrise
der Depression überdeutlich; solange man sich aber nur von einem konjunkturellen Rückschlag bedroht glaubt, sucht man die Rettung im *Wachstum*: Der Wohlfahrtsstaat flüchtet sich geradezu in das Wachstum, um damit der Konfrontation mit seinen Strukturproblemen zu entgehen. Der
Wohlfahrtsstaat hat im wesentlichen von der Dividende des Wachstums gelebt und sich mit dieser ausgedehnt, und umgekehrt hat der Wohlfahrtsstaat
das Wachstum gefördert, indem er die Konsumeinkommen breit gestreut
und stabilisiert und indem er den sozialen Frieden sichern geholfen hat.[75]
So glauben viele Politiker auch noch in der Depression, daß der Wohlfahrtsstaat nur durch ein forciertes Wachstum um jeden Preis aufrechter-

---

[71] Zapf (1979: 239f.).
[72] Lohmar (1983: 34).
[73] Self (1980: 13).
[74] Abel-Smith (1980:22).
[75] Klein (1980: 29, 32); Jungblut (1983f: 102–282).

halten werden könne. Doch das Wachstum ist nicht alles, und der soziale Wohlfahrtsstaat ist nicht notwendigerweise mit einer Fortsetzung des Wachstums gemäß der bisherigen Höhe und Struktur verbunden. Erstens ist das Ziel eines fortgesetzten Wachstums nach dem bisherigen Modus utopisch und sinnlos in einer Zeit, da einerseits gerade durch den technischen Fortschritt erhebliche Produktivitätssteigerungen und die Entlastung von langweiligen oder gesundheitsschädlichen Arbeiten möglich geworden sind [76] und andererseits sich im Laufe der letzten beiden Jahrzehnte ein ansehnlicher Vermögenssockel aufbauen konnte. [77] Zweitens hat auch früher nicht jedes Wachstum in der marktfähigen Güterproduktion die Wohlfahrt des einzelnen oder des Gemeinwesens gefördert: darunter war viel Wachstum, das dem demonstrativen Konsum diente oder das sogar umwelt- und gesundheitsschädlich gewesen ist, das also dem Gemeinwesen verborgene Kosten auferlegt oder nur wenig zur Entwicklung seines geistigen Potentials beigetragen hat. Drittens ist Wachstum nicht nur zu messen am Güterverbrauch und am Geldeinkommen, sondern eben auch an Arbeitslust, Freizeit, positiven sozialen Beziehungen, Lebensfreude. Ein solcher Gewinn ist aber auch bei einem geringeren Anteil der Güterproduktion denkbar. Am Ende entscheidet nicht die nur quantitative Höhe der Wohlfahrtsausgaben, sondern das Verhaltensmuster und die Sozialorganisation, die Wertethik und die Leistungsmotivation, die mit diesen Ausgaben gefördert (oder auch zerstört) werden.

Wie wir inzwischen wissen, kann die Flucht in das Wachstum die organisatorischen und strukturellen Probleme des Wohlfahrtsstaates nicht lösen: im Gegenteil, sie kann sie nur verschärfen, weil der Desorganisation und Selbstentwertung des Wohlfahrtsstaates eben nur durch Systemänderungen, nicht jedoch durch die Erhöhung der Wachstumsdividende – oder schließlich durch öffentliche Verschuldung – zu begegnen ist. Die Ausrichtung auf die Wachstumspolitik, d. h. auf die Konfliktvermeidung und die möglichst gleichmäßige Befriedigung aller organisationsfähigen Interessengruppen (die nicht organisationsfähigen und für die Wahlentscheidung

---

[76] Jungblut (1983 c: 122 f.).

[77] Nach Miegel (1983: 76 ff.) verfügt der Durchschnittshaushalt 1983 in der Bundesrepublik über ein monatliches Nettoeinkommen von 3400 DM (das sind 1400 DM pro Kopf), wovon nur etwa die Hälfte aus dem Arbeitseinkommen, die andere Hälfte dagegen aus Unternehmerlohn, Zinsen und Dividenden oder andererseits aus Transfereinkommen wie Kinder- und Wohngeld, Arbeitslosenunterstützung, Renten und anderen sozialen Leistungen stammt. Das Vermögen des Durchschnittshaushaltes beträgt 1983 230000 DM, das sind 95000 DM pro Kopf. Dazu kommen künftig zu realisierende Renten- und Versicherungsansprüche, die nochmals einem Vermögenswert von 130000 DM pro Haushalt entsprechen.

unwichtigen Gruppen fallen unter den Tisch), hat den Strukturwandel nur hinausgeschoben – um so heftiger mußte der Einbruch in die Rezession und Depression sein. Mit der Depression aber steht plötzlich sehr viel mehr auf dem Spiel als die Höhe der Wohlfahrtsleistungen und die Solvenz des Wohlfahrtsstaates, nämlich die Innovationsfähigkeit der Gesellschaft. Die größte Gefahr, die nun auftaucht, ist der *circulus vitiosus* einer weiteren, unrealistischen Ausdehnung des Versicherungsprinzips und der Kollektivierung des politisch-wirtschaftlich-technischen Systems. So ist man (trotz fortgesetzt schlechter Erfahrungen in der ganzen Welt) in der Krise immer wieder versucht, nach dem Staat zu rufen, die Wirtschaft zu sozialisieren, staatliche „Arbeitsbeschaffungsprogramme" aufzulegen, noch mehr Steuern zu erheben und die Wirtschaft protektionistisch abzuschließen. Bei den Politikern besteht die Versuchung, in eine populistische Massenpolitik mit viel Propaganda und ideologischer Mobilisierung, politischen Schaukämpfen und wenig Organisationsleistung auszuweichen. Statt einer Weiterentwicklung der industriellen Technik, die gerade jetzt sowohl in wissenschaftlich-technologischer wie auch in wirtschaftlicher und auch ökologischer Hinsicht vielversprechend ist, droht eine rückwärtsgewandte polit-ökologische Bewegung den erforderlichen Strukturwandel zu einem komplexen ökologisch-technologischen System eher zu hemmen oder zu unterbinden.

Solche „Lösungen" aber können die Situation nur verschlimmern. Am Ende gibt es – schon rein organisationstechnisch und systemtheoretisch gesehen – keine andere Lösung als die Förderung von *Eigeninitiative* und *organisatorischer Vielfalt* unter den Prinzipien der *Subsidiarität* und der *Konkurrenz*. Nur im Wettbewerb der Organisationen ist es möglich, alternative Lösungen miteinander zu vergleichen und die unter bestimmten Bedingungen jeweils beste Lösung überhaupt erst einmal zu erkennen und auszuwählen. Nur das Prinzip der Subsidiarität, d. h. der Überschaubarkeit und der Eigenverantwortung der Gemeinschaft, kann verhindern, daß die Versicherungsgemeinschaft durch einen Teil der Versicherten ausgebeutet und das Gemeinwesen zum Opfer von unproduktiven Verteilungskoalitionen wird. Diese Prinzipien aber werden nur in einem multistabilen Mehrebenensystem erfüllt, in einem Gesamtsystem also, das über mehrere relativ autonome und miteinander konkurrierende Organisationszentren verfügt, von denen jeweils das der Situation am besten angepaßte die meisten Entwicklungsimpulse auslösen und in der kooperativen Führung hervortreten kann, ein System aber auch, das föderativ auf mehreren Ebenen aufgebaut ist, so daß nicht nur von oben verwaltet, sondern von unten initiiert werden kann (vgl. Kap. V. 3). Das Dilemma der Wohlfahrtskrise liegt jedoch darin, daß die Mitglieder dieser Wohlfahrtsgesellschaft, die nun plötzlich den Illusionismus des für universell und absolut sicher gehaltenen Versicherungsschutzes erkennen müssen, von einer unbestimmten *Angst* heimgesucht werden, die sie nach noch mehr Sicherheit rufen läßt. Die Angst aber macht mythologisch. In einer Art Umkehrschluß werden die Ursachen für die Wohlfahrtskrise nicht in der falschen Organisation des Wohlfahrtsstaates (und schon gar nicht im eigenen Verhalten), sondern gerade in jenen Wandlungsmechanismen gesucht, die allein die Entwicklung des Wohlfahrtsstaates ermöglicht haben. So wird die technologische und wissenschaftliche Entwicklung für die Arbeitslosigkeit, die Marktwirtschaft (der „Kapitalismus") für das Waldsterben und die internationale wirtschaftliche Konkurrenz für die Inflation verantwortlich gemacht. Gegen den sozialen Wandel aber gibt es keine Versicherung. Die einzige Sicherheit in einer sich wandelnden Welt liegt in der Anpassungs- und Entwicklungsfähigkeit der Gesellschaft.

3. Die Strukturkrise der Wirtschaft

Der nächstliegende Anpassungsmechanismus in einer Industriegesellschaft, die auf einen hohen Beschäftigungsgrad und auf Massenkonsum angelegt ist, ist die Wirtschaft. Gerade hier aber sind die Krisenerscheinungen überdeutlich. Die Wirtschaftskrise, die von manchen Politikern immer noch und immer wieder ausschließlich zu einer Konjunkturkrise erklärt wird, obwohl sie doch seit Jahren die schwersten Mittel zur Bewältigung einer Koordinationskrise einsetzen (nämlich Staatsverschuldung, Geldmengenpolitik, Steuererhöhung, Währungsabwertung), entpuppt sich immer mehr als eine grundlegende *Strukturkrise*. [78] Das Hauptcharakteristikum einer Strukturkrise ist, daß sich die ganze Parameterstruktur ändert, d. h. daß monokausale Erklärungen, die sich nur auf einen einzigen Kontrollparameter beziehen – und sei es welcher auch immer – fehl am Platze sind; gefordert ist nun die Darstellung eines mehrgliedrigen Bedingungszusammenhangs, aus dem Veränderungen in der Parameterstruktur zu erschließen oder wenigstens zu erahnen sind. Der Verdacht ist ja, daß für die neu sich herausbildende Struktur Parameter maßgebend sind, die bisher

---

[78] Dahrendorf (1983a: 28). Zum allgemeinen Problem der Strukturpolitik vgl. Hübl und Schepers (1983). Natürlich sind strukturelle und konjunkturelle Probleme nur schwer voneinander zu trennen, da ja die bisher schon eingeführten Produktzyklen weiterlaufen; nur wird eine noch so starke konjunkturelle Belebung auf der herkömmlichen Basis die im folgenden zu besprechenden strukturellen Probleme nicht lösen können.

noch unbekannt oder jedenfalls vernachlässigt worden sind. Die Beschreibung kann zunächst aber nur „phänomenologisch" sein, d. h. sie beschränkt sich auf die Darstellung des Erscheinungsbildes, ohne gleich zu theoretischen Abstraktionen oder Wertungen zu kommen. Obwohl die verschiedenen europäischen Länder von recht unterschiedlichen Ausgangsbedingungen ausgehen, scheinen sich die Krisenphänomene doch sehr zu ähneln, und die Unterschiede sind eher graduell.[79]

Als beunruhigendste Phänomene einer Strukturkrise treten vor allem die *strukturelle* (also: nicht-konjunkturbedingte) *Arbeitslosigkeit*[80] und/oder die *Inflation* ins öffentliche Bewußtsein. Beide Erscheinungen, verbunden natürlich mit einem langsamen oder stagnierenden wirtschaftlichen Wachstum, werden auch unter dem Terminus *Stagflation* zusammengefaßt, der (im Vergleich mit früheren Inflationsschüben) vor allem auf die paradoxe Verbindung von steigenden Preisen *und* zunehmender Arbeitslosigkeit hinweisen soll.[81] Diese „Oberflächenphänomene", obgleich sie sozial und politisch auf der Folie der bisherigen Lebensgewohnheiten besonders auffällig sind, müssen aber nicht die entscheidenden Phänomene sein: Diese liegen vermutlich etwas tiefer und haben wohl mit der Organisationsstruktur von Wirtschaft und Politik, mit der Allokation von finanziellen Mitteln wie Begabungen, mit den Motivationen und Lebensgewohnheiten der handelnden Menschen zu tun. Wenngleich sie in der Politik als unter allen Umständen zu bekämpfende Übel erscheinen, müssen sie auch nicht unbedingt negativ definiert werden: In der strukturellen „Arbeitslosigkeit" deutet sich ebenso ein durch die erhöhte Produktivität ermöglichter „Freisetzungsprozeß" an; die „Inflation" kann auch als Heilungsmechanismus verstanden werden, durch den sich der Kern der neuen Wirtschaftsstruktur aus den überlieferten Zwängen und Verzerrungen herauszuschälen beginnt; in der „Schattenwirtschaft" entsteht eine zweite Wirtschaftsstruktur, die die erste Wirtschaftsstruktur politisch entlasten oder auch ihren Wandel beschleunigen kann. Eine vorschnelle Wertung würde gerade die Einsicht in den sich anbahnenden Strukturwandel verbauen.

Für die Erklärung dieses paradoxen Erscheinungsbildes scheint im Stadium der Krise zunächst gerade typisch zu sein, daß es die unterschiedlichsten monofaktorellen Theorieansätze gibt, die alles aus einem Punkt zu erklären versuchen, ohne die Konkurrenzerklärungen auch nur zur Kenntnis

[79] Dahrendorf (1983 b: 335).

[80] „Strukturell" ist eine Arbeitslosigkeit, insofern sie über den normalen Ablauf des Konjunkturzyklus hinausgeht und bedingt ist a) durch technologischen Wandel, b) durch eine grundlegende Veränderung der Nachfragestruktur, c) durch regionale Schwerpunktverlagerungen im industriellen Wandel. Vgl. Gilpatrik (1966: 40).

[81] Weintraub (1978: 8).

zu nehmen. Erst mit der Zeit – nachdem sich die scheinbar allumfassenden Erklärungen als auch nur partiell gültig erwiesen haben oder die entscheidenden Politiker nicht bereit oder in der Lage sind, dem daraus abzuleitenden Rezept zu folgen – werden Erklärungen versucht, die mehrere Faktoren und Bedingungen einbeziehen. Diese Erklärungen leiden nun allerdings wieder daran, daß sie zunehmend „weichere" Faktoren (Organisationsstruktur der Wirtschaft, psychologische Faktoren wie Inflations- und Zinserwartungen) miteinbeziehen: Die mathematische Schönheit oder Einfachheit der „klassischen" monetaristischen oder marktmechanistischen Ansätze ist damit meist dahin;[82] trotzdem ist von einem „weicheren" Theorieansatz mehr Sensibilität für die Erkenntnis von Faktoren und Faktorenveränderungen zu erwarten, die es nach den „klassischen" Erklärungsmustern gar nicht geben dürfte. Vielleicht ist der schwerste Fehler vieler wirtschaftswissenschaftlicher Erklärungen überhaupt, daß sie rein „wirtschaftlich" argumentieren bzw. von einem sehr engen und materialistischen Begriff von Wirtschaft ausgehen. Strukturkrisen aber beginnen und enden gerade außerhalb des Bereichs der klassischen Wirtschaftstheorien.[83] Die klassischen Ansätze, die die Stagflation sozusagen nur aus der Zirkulation des Geldes bzw. aus der Mechanik der Kapital- und Preisbildung, also aus Überinvestment und Unterkonsumption, zu erklären suchen, scheinen jedenfalls nicht mehr auszureichen;[84] denn sie können ja nicht einmal erklären, warum es zu so langen Reaktionszeiten und so großen Rückständen gekommen ist. Dies kann offenbar nur ein Theorieansatz, der von den atomistischen Voraussetzungen der klassischen Ansätze (daß Angebot und Nachfrage sich Punkt für Punkt auf dem Markt aggregieren) absieht[85] und der sozusagen die Verklumpung oder organisatorische Bündelung sowohl der Produkte wie auch der Betriebe, der Arbeitnehmer wie der Nachfrage berücksichtigt.

Von entscheidender Bedeutung ist schon einmal, daß die Produkte nicht unabhängig voneinander sind, sondern daß sie zumindest in technologischer (wohl auch in psychologischer) Hinsicht in einer Art Familienverwandtschaft zusammenhängen. Produkte werden erfunden, entwickelt, vermarktet, verbessert und verbilligt, sie veralten und werden uninteressant, d. h. sie bilden einen *Produktzyklus*. [86] Wenn viele Produktzyklen ungefähr zur gleichen Zeit auslaufen, ohne daß eine Serie gleichwertiger Pro-

---

[82] Vgl. dafür den Sammelband Phelps et al. (1970).
[83] Giersch (1979: 630).
[84] Sherman (1976: 102).
[85] Brauchli (1975: 107ff.).
[86] Vernon (1966: 190–207).

duktzyklen neu begonnen worden ist, dann kommt es zu einer Produkt-
lücke. Es wäre aber sicher kurzschlüssig, diese Lücke nur technologisch zu
erklären; denn die Technik wartet praktisch ständig mit neuen Entwicklungen auf, die nur nicht abgerufen und genutzt werden in einer Zeit, da Produktion und Absatz ohnehin „laufen". So wird man technische mit sozialorganisatorischen Faktoren verbinden müssen. Rein technologisch gäbe es
auch keinen Grund, von so großen Rückständen auszugehen. Denn obwohl viele Produkte schon nach ihrer technologischen Systematik zusammenhängen, so daß die Entwicklung mehr oder weniger systematisch fortschreitet, wäre es doch denkbar, daß in Forschungs- und Entwicklungsla-
bors sowie in kleineren Pilotunternehmen ständig neue Produkte promo-
viert werden. Das Problem ist jedoch die effektive Vermarktung solcher
Produkte, die nur durch soziale Großorganisationen und durch eine bestimmte Infrastruktur (vom Transportwesen bis zur Unfall- und Krankenversicherung und von der Form der Energieversorgung bis zum Arbeits-
recht) gesichert werden kann. Diese sozialorganisatorischen Faktoren sind
jedoch viel weniger beweglich, und von interessierten gesellschaftlichen
Gruppen wird ihre Flexibilität gerade mit Absicht eingeschränkt.

So geht der Strukturkrise stets eine Zeit des Wohlstands voraus, in der die
Produktionsbetriebe, aber auch die Staatsbürokratien ihre Produktion
kontinuierlich verbessert und meist auch ausgedehnt, in der sie die Risiken
zurückgedrängt und die Gewinne (oder Leistungen) erhöht haben. Genau
dieser Erfolg oder dieses Wohlleben aber ließ sie in organisatorischer wie
oft auch in technologischer und innovativer Hinsicht erschlaffen. Technologisch bedeutete dies, daß man sich nur auf kleine Verbesserungsinnova-
tionen konzentrierte, um bestenfalls eine Rationalisierung des Produk-
tionsvorgangs und damit auch eine Kostenreduktion zu erreichen; vielleicht aber hat man sich auch mit bloßen Designverbesserungen und horizontalen Produktvariationen begnügt, die vorübergehend Marktchancen
eröffneten, jedoch zu keiner Produktverbesserung mehr führten. *Basisinnovationen* dagegen, d.h. Innovationen, die ganz neue Technologien und
Produktfamilien erschließen, die auf neuen Materialien und Energieformen
beruhen und zu einer grundlegenden Änderung der Produktionsmethoden
wie der Verbrauchergewohnheiten führen, wurden in dieser Zeit vernachlässigt. Erst in langen Depressionsphasen, wenn durch kleine Produkt- und
Prozeßinnovationen auf der bisherigen technologischen Basis auch bei
größter Anstrengung keine entscheidenden Gewinne mehr zu erzielen
sind, wird man wieder auf die Notwendigkeit von Basisinnovationen aufmerksam.[87] Eine Strukturkrise ist nun aber gerade dadurch charakterisiert,

---

[87] Kleinknecht (1981: 304).

daß solche Basisinnovationen fehlen. Das heißt genauer: wissenschaftlich und technologisch mögen solche Basisinnovationen bereits hinreichend entwickelt sein, aber auf der Grundlage der bisherigen Industrieanlagen und Maschinen sowie der ganzen Arbeitsorganisation und der Ausbildung des Arbeitskräftepotentials, aber auch der eingespielten Märkte und Konsumgewohnheiten, haben sie (zunächst) kaum eine Chance, wirtschaftlich-industriell genutzt und bis zur Produktreife weiterentwickelt zu werden.

Diese allgemeine Organisationserklärung ist nun allerdings auf mehreren Organisationsebenen zu konkretisieren, angefangen von der Betriebsebene über die politischen Regulationsmechanismen einer Volkswirtschaft bis zur internationalen oder weltwirtschaftlichen Ebene. Sicherlich gibt es für verschiedene Länder oder auch Produktionszweige unterschiedliche Gewichtungen für diese Ebenen; letztlich aber sind doch alle Organisationen eingebettet in den umfassenden Zusammenhang des internationalen Technologietransfers und der Weltwährungsordnung.

Auf der Betriebsebene ist festzustellen, daß eine Phase der großen Gewinnmargen in aller Regel zu einer Überinstitutionalisierung und Überspezialisierung führt, daß eine mehr oder weniger aristokratische Sozialhierarchie aufgerichtet wird und man sich mehr mit Sozial- und Prestige- als mit Sachproblemen beschäftigt. Hingegen werden Forschung und Entwicklung vernachlässigt. Statt die inneren Kräfte der Kreativität zu fördern, sucht man nach äußerem Wachstum durch Marktexpansion oder/und Betriebsfusion.[88] Das Management wendet sein Augenmerk nicht mehr den technischen und Produktionsproblemen, sondern den juristischen und finanziellen Problemen zu.[89] Insgesamt gibt es zu viele Groß- und Riesenbetriebe, oft mit staatlicher Subvention oder Beteiligung, als daß die Konkurrenz noch funktionieren könnte. Am Ende steht so der Konkurs – auch von staatlichen Großbetrieben –, sozusagen die einzige organisatorische Neuerung, die einem erstarrten Betrieb noch bleibt.

Die *organisatorische* Sklerose bleibt aber nicht auf die Industriebetriebe beschränkt, sie erfaßt auch alle anderen Organisationen und mehr oder weniger auch die politische Struktur der Gesellschaft. Eine der gängigsten Erklärungen der Stagflation auf gesamtgesellschaftlicher Ebene ist die durch den in der Rezession verhärteten *Verteilungskampf* zwischen Arbeitnehmern und Gewerkschaften auf der einen Seite und den Unternehmen und den regierungsamtlichen Wirtschaftsleitlinien auf der anderen Seite. Die Interessen beider Seiten sind zu einem Grad institutionalisiert, daß die Löhne

---

[88] Adizes (1979: 9 ff.).
[89] Forrester (1981: 330 f.).

niemals mehr sinken, sondern nur steigen können, indem sie zum einen am Produktivitätszuwachs, zum anderen aber auch an den Inflationserwartungen oder Preissteigerungen orientiert sind; d. h. daß durch die faktische Preisindexierung der Löhne die Inflation über die Preis-Lohn-Spirale angetrieben wird, auch wenn die Wirtschaftstätigkeit bereits abgesunken ist und wenn dadurch nur ein weiterer Beschäftigungsrückgang ausgelöst wird.[90] Schwächere Unternehmen, die wenig Marktmacht haben, versuchen, die steigenden Lohnkosten durch Rationalisierung und Entlassungen zu kompensieren; monopolartige Großunternehmen drücken mehr auf die Inflation, indem sie die Preise über dem Weltmarktniveau halten und staatliche Subventionen einstreichen oder sich durch Protektionsmaßnahmen sichern lassen.

Aber diese Erklärung kann nicht die einzige sein; denn wenn der Verteilungskampf zwischen Gewerkschaften und Unternehmern zurücktritt, kann die gleiche Wirkung auch auf eine mehr indirekte Weise erzielt werden. Zum einen hat natürlich jede Produktionsstruktur ihre mikro- und makropolitischen Auswirkungen: Die Erdöltechnologie z. B. mit Auto- und Kunststoffindustrie führt zu einer bestimmten Verkehrsstruktur, die Städte werden autogerecht gestaltet und ufern in riesige Vorstädte aus, der Hausbau ist auf dezentrale Wärmeversorgung eingestellt, auf Wärmedämmung wird wenig Wert gelegt. Der Staat unterstützt die entstehende Infrastruktur durch Steuerermäßigungen und Abschreibungen, Sozialprestige manifestiert sich in Auto- und Haustypen. Schließlich wird selbst der Handelsaustausch durch die Erfordernisse der Erdöleinfuhr bestimmt, und Militärallianzen haben die Lieferwege zu sichern. Zum anderen aber wird diese *Festlegung der Infrastruktur* auch noch dadurch vertieft, daß sich mit der Zeit in der politischen Gesellschaft *Verteilungskoalitionen* zwischen dem Management von Großbetrieben, den Gewerkschaften und anderen Berufsverbänden, den Parteien und Staatsbürokratien, den Versicherungsträgern und Wohlfahrtsempfängern herausbilden, die von der bisherigen Verteilungs- und damit auch Produktionsstruktur um kein Jota abrücken wollen.[91] Ein Musterbeispiel größten Ausmaßes bietet die Europäische Gemeinschaft, angefangen vom Agrarmarkt bis zum Montanbereich. Oft können solche Verteilungskoalitionen nur durch Wirtschaftszusammenbrüche auf breiter Basis – oder durch einen verlorenen Krieg wie in Deutschland oder Japan – gesprengt werden. Aber nur durch die Herausbildung neuer Typen von Organisationen und durch neue politische Koalitionen, denen es mehr um die Produktion von privaten und kollektiven

---

[90] Brauchli (1975: 116).
[91] Olson (1982: 75 ff.).

Gütern als um ihre Verteilung zu tun ist, kann auch neuen Techno- und Industriestrukturen zum Durchbruch verholfen werden.

Noch weiter greift die international-wirtschaftliche Erklärung, die die Stagflation allein durch die *Konzentration* der Wirtschaftsmacht auf wenige *multinationale Unternehmen* und durch die Angleichung der übrigen Wirtschaftsstruktur (und auch der staatlichen Finanzpolitik) auf diese wenigen Unternehmen erklärt. Auf marxistischer Seite nimmt diese Erklärung leicht verschwörerische Züge an, so als könnten sich diese Weltunternehmen (zusammen mit einigen Regierungen) ganz nach Belieben entweder für eine (dann allerdings gleich explosive) Expansion oder eine ebenso katastrophale Kontraktion der ganzen „kapitalistischen" Wirtschaft entscheiden, je nachdem, mit welcher imperialistischen Macht sie sich verbünden.[92] Realistischer ist es hier wohl, den zwar weltumspannenden, aber von keiner Supermacht voll zu kontrollierenden Mechanismus des Technologietransfers[93] und seiner kreativitäts- und entwicklungsfördernden oder -hemmenden Wirkungen zugrunde zu legen. Nur weil die Stagnation von Übel ist, muß sie nicht auch (von einer „bösen" Macht) „gemacht" oder verursacht sein; als echte Strukturkrise liegt sie gerade außerhalb des Kontroll- und Koordinationsbereiches der bisherigen Kontrollzentren.

Ganz gleich nun, von welchem Erklärungshorizont man ausgeht: Die Strukturkrise besteht darin, daß an einem Verhalten festgehalten wird, das die Wiedererneuerung der produktiven Kräfte verhindert. Das Abgleiten in Rezession und Depression ist unvermeidlich. Am Ende einer Drepressionsphase, wenn die alte Struktur der Großorganisationen keinen Halt mehr bietet, wenn die alte Koalition immer weniger zu verteilen hat, ziehen die Menschen sich in die Kleingruppe, in Familie oder 'Peer-group' zurück; sie ermäßigen ihren beruflichen Ehrgeiz und intensivieren ihre Freizeitbeschäftigung, manche suchen nach alternativen Berufs- und Gemeinschaftsformen außerhalb der bisherigen Arbeitswelt.[94] Dieser Rückzug bringt zwar keine Lösung des organisatorischen Problems, das letztlich doch auf großorganisatorischer Basis gelöst werden muß, er bringt aber – privat und kollektiv – vorübergehend doch eine gewisse Erleichterung.

Rein finanziell gesehen besteht die Strukturkrise darin, daß übermäßig viel *Kapital* in *Anlagen* und *Maschinen* festgelegt worden ist, das nunmehr nicht mehr in diesem Maße gebraucht wird, weil die Produktivität viel stärker gestiegen ist als der Ersatzbedarf.[95] Weltweit gibt es eine große Über-

[92] Sherman (1976: 215 ff.).
[93] Graham und Senge (1980: 283–311).
[94] Stoken (1980: 16).
[95] Forrester (1981: 326).

Fig. 11: Bedingungszusammenhang der Wirtschaftskrise.

kapazität vor allem auf den Gebieten der Stahlerzeugung, des Schiffbaus, dem Bau von Dieselmaschinen, der Herstellung von synthetischen Fasern und Chemikalien, der Autoproduktion und der Unterhaltungselektronik. Dieses Kapital ist im Grunde unwirtschaftlich, da es im Vergleich mit einer alternativen Festlegung in neuen Technologien und Produkten zu wenig bringt. Es geht aber nicht nur um die Kapitalausstattung – diese ist nur ein leicht meßbarer Index eines tieferreichenden Zusammenhangs –, sondern auch um die arbeitenden (und konsumierenden) Menschen, die sich zum großen Teil auf die alten Arbeitsbedingungen sozusagen auf Lebenszeit eingerichtet haben und die nicht bereit oder fähig sind, einen sich abzeichnenden Vorteil wahrzunehmen und den Arbeitsplatz zu wechseln; eher besteht eine Tendenz, sich in die (anscheinend) sichere Großfirma oder auf einen Posten im öffentlichen Dienst zu retten, als sich in eine der kleineren und wagemutigeren Firmen zu begeben[96] (oder eine solche zu gründen).

Zweifellos hat damit aber auch eine gewisse *Fehlallokation der Begabungen* und Leistungsbereitschaften stattgefunden bzw. diese – stets unvermeidliche – Fehlallokation hat sich verfestigt und damit gesteigert. Die Kosten pro Produkteinheit steigen natürlich, wenn die für sie aufgewandte

[96] Gilder (1981: 160 ff.).

durchschnittliche Intelligenz oder Leistungsbereitschaft sinkt.[97] Dies gilt besonders für die Ebene des Managements, das ja viele Arbeitsplätze nach sich zieht. Schließlich wurde aber auch eigentlich verfügbares Geld abgezogen: zum einen durch eine übermäßige Besteuerung, zum anderen durch eine übergroße öffentliche Verschuldung. Vor allem, wenn die Kapitalertragsteuer – zusammen mit der Inflationsrate – konfiskatorische Züge anzunehmen beginnt und wenn die Einkommensteuerprogression so stark ist, daß keine Investitionen mehr getätigt werden können oder daß sie geradezu zu einem Akt der Selbstbestrafung werden, wandert dieses Geld eben in (relativ unproduktive) Konsumausgaben oder in Schuldverschreibungen, die sich – nach Steuerabzug – besser verzinsen als Aktien, welche durch eben diese Schuldverschreibungen vom Markt verdrängt werden.[98] Vielleicht noch schlimmer ist, daß die Initiative der Unternehmer erlahmt und daß sich die Manager großer Firmen lieber bedeckt halten, anstatt durch Initiativen und Firmenneugründungen unternehmerisch hervorzutreten.[99] Das alles zusammen ergibt das, was man *Investitionsschwäche* nennen kann. Diese besteht nicht darin, daß es an verfügbarem Kapital fehlen würde, sondern allein darin, daß dieses Kapital unnötig festgelegt oder daß es auf unproduktive Bahnen gelenkt worden ist. Aber „Investitionsschwäche" ist in diesem Zusammenhang schon ein Euphemismus; denn Investitionen werden geradezu mit System – wenn in der Regel wohl auch unbeabsichtigt – verhindert. Diese Verhinderungsstrategie beginnt mit der Kartellierung der Arbeit, sie führt zur Etablierung einer Schattenwirtschaft und sie endet mit der sozialen Nutzung von Knappheitserscheinungen zu Prestigezwecken. Jede dieser Strategien wird von anderen gesellschaftlichen Gruppen getragen, und jede dieser Gruppen wird sich über die Zerstörung der Wirtschaft durch die jeweils andere Gruppe erregen; insgesamt passen diese Strategien jedoch bestens ineinander.

Am meisten Widerstand, vor allem von seiten der gewerkschaftlich organisierten Arbeitnehmer, wird die Erklärung der Stagflation durch die *Kartellierung der Arbeit* hervorrufen. Als Gesamterklärung ist dieser Erklärungsversuch auch sicher zu einseitig, als Teilerklärung ist er aber kaum zurückzuweisen. Nach Mancur Olson gibt es nur eine Gruppe, die ein Interesse daran haben kann, daß die unfreiwillig Arbeitslosen und die Unternehmensleitungen Beschäftigungsverhältnisse aushandeln, die beiden nützen – und das sind die beschäftigten Arbeiter und Angestellten mit den gleichen oder ähnlichen Arbeitsqualifikationen.[100] Diese Arbeiter und

---

[97] Cattell (1982: 45).

[98] Gilder (1981: 191 ff.).

[99] Schumpeter (1934: 74, 228).

[100] Olson (1982: 201).

Angestellten bilden – natürlich auf dem Weg über Gewerkschaften, Berufs-
verbände und entsprechende Parteipräferenzen – stillschweigend Kartelle
oder Lobbies oder jedenfalls informelle Kollusionen, mit deren Hilfe sie
ihre Löhne (zusammen natürlich mit den Personalzusatzkosten für Sozial-
versicherung, betriebliche Altersversorgung, Entgeltfortzahlung im
Krankheitsfall, Urlaubsgeld, usw.) *über* dem Niveau zu halten suchen, das
den Unternehmen Zusatzinvestitionen (unter Berücksichtigung der Besteuerung und alternativer Kapitalanlagen) lohnend erscheinen ließe. Diese
Kartellierung trifft vor allem jene Arbeitnehmer, die nicht einen sog. „primären Job" in den (vielfach staatlichen oder staatlich subventionierten)
Großunternehmen ergattern können und die deshalb auf „sekundäre Jobs"
in weniger gut gesicherten (aber auch dynamischeren) Kleinunternehmen
ausweichen müssen;[101] und sie trifft vor allem die weniger Qualifizierten,
neuerdings allerdings auch die Jungen mit einer nur allgemein-schulischen,
jedoch unspezifischen Arbeitsqualifikation. Die Kartellierung bleibt allerdings nicht auf den Arbeitsmarkt allein beschränkt: Mit der Zeit umfaßt sie
den ganzen Apparat von staatlichen Wohlfahrtsleistungen einerseits und
von Subventionen für notleidende Großunternehmen andererseits, die
ganze Verbands- und Parteipolitik.

Solange die Kartellierung nur in wenigen Sektoren ausgebildet ist und es
genug Umgehungsmöglichkeiten gibt, schaden sich die Kartelle im längeren Zeitverlauf selbst; sobald sich aber eine Wirtschaft in der Rezession
oder Depression befindet, in der Mengenproduktion und Rationalisierung
auf die Spitze getrieben und vor allem arbeitssparende technische Veränderungen eingeführt werden,[102] beginnt die Kartellierung die gesamte Wirtschaft zu blockieren. Insbesondere ginge es doch gerade darum, neue
Technologien mit neuen Arbeitsqualifikationen und Organisationsformen
einzuführen: Der Einstieg in solche (risikobehafteten) neuen Unternehmen
oder Produktionszweige ist aber um so schwieriger, je weiter die Kartellierung fortgeschritten ist – bzw. die Risiken werden eben um so mehr auf die
nicht kartellierten Sektoren, d. h. auf die mittleren und kleinen Betriebe
und auf die „sekundären Jobs", abgewälzt. Wenn diese Sektoren jedoch bereits zu sehr geschwächt worden sind, kann eine schwere Arbeitslosigkeit
nicht ausbleiben, die in der Folge dann allerdings auch auf die Großbetriebe
und die „primären Jobs" zurückschlägt.

Das unvermeidliche Pendant zur Kartellierung der Arbeit ist die Entstehung eines sozusagen *schwarzen Arbeitsmarktes* und einer sog. *Schattenwirtschaft.* Trotz der richtigen Feststellung, daß die offiziell vereinbarte

---

[101] Gilder (1981: 153 ff.).
[102] Freeman (1977: 188 ff.).

(und noch mehr die zusätzlich durch Krankheit, Absentismus und vorzeitige Pensionierung verminderte) Arbeitszeit erheblich verkürzt worden ist, ist die Behauptung, daß der Arbeitsgesellschaft „die Arbeit ausgeht", trugschlüssig: Vermutlich wird heute mindestens ebensoviel gearbeitet wie zur Zeit der Hochkonjunktur, nur ist eben der Arbeitsmarkt gespalten. Entgegen den Voraussagen von Jean Fourastié oder Daniel Bell, die die postindustrielle Gesellschaft zur „Dienstleistungsgesellschaft" erklärten,[103] ist die Arbeit zum guten Teil schon heute sozusagen vom tertiären zum *quartären* oder *quintären* Sektor abgewandert.[104]

Der vierte Sektor umfaßt einerseits die freiwillige und unbezahlte Arbeit für Vereine, Parteien, Kirchen und Wohlfahrtsorganisationen, andererseits die Schwarzarbeit von Handwerkern, Fach- und Hilfsarbeitern. Dieser vierte Sektor erfordert relativ wenig Kapital, jedoch einen großen Arbeitseinsatz und einiges Geschick. Die hier Beschäftigten beziehen ihre sozialen Sicherungsleistungen großenteils aus der regulären Wirtschaft, wenngleich ihre Arbeitszeit großenteils im vierten Sektor investiert ist. Zum fünften Sektor gehört die Wirtschaftstätigkeit im Rahmen des Haushaltes, also der Hausarbeit und der Kindererziehung oder Altenpflege, aber auch weitgehend die Freizeitbetätigung und das 'Do-it-yourself' von Reparatur- und Verbesserungsarbeiten bezüglich Wohnung, Garten, Auto, Hausgeräten. Auch hier werden die sozialen Sicherungsleistungen über die reguläre Berufstätigkeit wenigstens eines der Haushaltsmitglieder bezogen. Den vierten und fünften Sektor bilden die informale Ökonomie oder die „Schattenwirtschaft". Allgemein ist festzustellen, daß mit dem Rückgang der geleisteten Arbeitsstunden in der regulären Wirtschaft (des nahrungsmittelproduzierenden, primären Sektors; des güterproduzierenden, sekundären Sektors; des privaten und öffentlichen tertiären Dienstleistungssektors) die Arbeitszeit, aber auch der Kapitalverbrauch in der informalen Wirtschaft zugenommen hat.[105] So wird etwa in der Bundesrepublik geschätzt, daß 1980 ca. 40 Mrd. DM durch Schwarzarbeit umgesetzt wurden bzw. daß etwa 10 Millionen Arbeitnehmer verschiedener Qualifikationsstufen praktisch einen zweiten Beruf ausüben.[106] Auf der anderen Seite sinken in allen hochindustrialisierten Ländern die Ausgaben für (private und öffentliche)

---

[103] Bell (1973: 127); Fourastié (1967: 216 ff.). Was aus einer Wirtschaft wird, in der tatsächlich der Dienstleistungssektor den industriellen Sektor überrundet, das zeigen sehr deutlich: Bacon und Eltis (1976).

[104] Heinze und Olk (1982: 190).

[105] Gershuny (1982: 500).

[106] Gretschmann (1984); Schäfer (1984). In Italien umfaßt der schwarze Arbeitsmarkt schätzungsweise 20 % des gesamten Arbeitskräftepotentials. Vgl. Contini (1981: 79–89).

Dienstleistungen, die offenbar zu teuer geworden sind und die mit Hilfe von Kapitalgütern (Geräten wie Staubsauger, Waschmaschine, Stereoanlage, Fernseh- und Videogerät, Auto, Heimcomputer usw.) selbst besorgt werden.[107]

Mit weiteren Arbeitseinsparungen oder Freisetzungen in der güterproduzierenden Industrie, aber auch mit dem relativen Zurückbleiben des Dienstleistungssektors im Produktivitätszuwachs (und damit seiner relativen Verteuerung) wird diese Tendenz mit großer Wahrscheinlichkeit noch weiter zunehmen. Einerseits steigen mit zunehmender Automation (z. B. dem Einsatz von umprogrammierbaren Robotern) die durchschnittlichen Arbeitsanforderungen für die verbleibenden Arbeitnehmer, andererseits steigt aber auch das Anspruchsniveau der Arbeitnehmer selbst, die schmutzige oder montone Arbeiten nicht mehr übernehmen wollen.[108] Man kann jedoch kaum behaupten, daß die Verschiebung der Wirtschafts- und Arbeitstätigkeit in den Bereich der „Schattenwirtschaft" die „Ursache" der Arbeitslosigkeit ist: Eher ist es eine durchaus funktionale Ausgleichsreaktion, die einerseits die Wertschöpfung vermehrt, andererseits aber auch das soziale Sicherungssystem entlastet.[109] Voraussetzung wäre allerdings, daß dieses „zweite" Wirtschaftssystem nicht weiter in die Illegalität abgedrängt, sondern daß es vom Gesetzgeber integriert wird.[110] Zur Krisenerscheinung wird die Schattenwirtschaft erst in Verbindung mit der staatlich gestützten Kartellierung der Arbeit.

Die Krise wird verschärft, wenn eine *Ressourcenknappheit* hinzukommt, wenn z. B. industrielle Rohstoffe knapper und teurer werden, wenn die Energie auf der bisherigen technologischen Basis nicht mehr oder nur zu übermäßigen Kosten vermehrt werden kann oder wenn die Umweltbelastungen bedrohliche Formen annehmen. Diese Verschärfung hat zugleich exogene und endogene Ursachen, wenngleich diese zunächst meist nur exogen lokalisiert werden.[111] Die Rohstofferschließung auf einer bestimmten technologischen Basis (z. B. Kohle und Stahl oder Elektrizität und Aluminium) wird mit der Zeit teurer, weil zunächst die reichhaltigen und leicht zugänglichen Rohstoffvorkommen abgebaut werden, später aber ein größerer Arbeits-, Kapital- und Energieaufwand erforderlich ist, um Rohstoffe der gleichen Qualität zu gewinnen. Das gleiche gilt dann auch für die Energieerzeugung, insofern sie auf einem zu erschließenden Rohstoff (wie

---

[107] Gershuny (1982: 504).

[108] Gershuny (1978: 120 ff.).

[109] Hankel (1983: 44); Hankel (1984: 156–180).

[110] Das könnte z. B. durch eine Verlagerung der Gewerbesteuer auf eine erhöhte Mehrwertsteuer für zu verarbeitende Roh- und Fertigprodukte geschehen.

[111] Vgl. Gordon (1979: 107–142).

Kohle, Erdöl, Uran) beruht. Dazu kommt, daß die Anhäufung von bestimmten Schadstoffen durch eine bestimmte Technologie und Rohstoffverwendung im Laufe der Jahre oder Jahrzehnte die Schwelle der ökologischen Resorption überschreitet (wie dies gegenwärtig beim sauren Regen und dem Waldsterben zu verzeichnen ist), bzw. daß Umweltmaßnahmen immer teuerer werden. Natürlich zählen hier nicht nur die physikalischen, sondern auch die psychologischen Veränderungen: Die Menschen reagieren mit der Zeit sensibler auf Rohstoffverknappungen und Umweltschädigungen.

Diese Verknappung hat aber auch endogene Gründe, und die liegen darin, daß die verwendete technologische Ausrüstung zurückgeblieben ist, d. h. daß die vorhandene Generation von Maschinen zu ineffizient arbeitet, zu viele Schadstoffe ausstößt und zu wenig Energie nutzt oder daß eine rechtzeitige Entwicklung alternativer Formen der Energiegewinnung und -nutzung, damit auch der Substitution von Rohstoffen, unterblieben ist. Zu den endogenen Gründen ist aber auch die politische Unentschlossenheit oder Unfähigkeit zu zählen, solche Entwicklungen einzuleiten oder auf breiter Basis dann auch durchzusetzen. Jede Ressourcenknappheit, sei es die von Rohstoffen oder Energie, sei es umgekehrt die von Umweltkapazitäten, verschärft einerseits die inflationären Tendenzen, andererseits die Arbeitslosigkeit.[112] Dieser objektive Zusammenhang wird noch durch das subjektive Moment der Erwartung weiterer Energieknappheit oder -verteuerung und einer damit verbundenen Arbeitslosigkeit übersteigert.[113]

Ein Pendant der sozusagen physikalischen Verknappung von Rohstoffen, Energie und Umweltressourcen ist die Umsetzung dieser Knappheit in „*soziale Knappheit*".[114] Aus der Knappheit selbst resultiert – so paradox dies für den Wohlfahrtsbürger klingt – soziale Befriedigung: Ein knappes Gut zu besitzen, hebt einen über die Masse derer hinaus, für die dieses Gut tatsächlich knapp ist. So kann es einen Prestigegewinn bringen, in einer Zeit der Verteuerung von Erdöl und Benzin trotzdem einen überdimensionalen Wagen zu fahren, in großen und energieaufwendigen Häusern zu wohnen, der Enge und Verpestung der Großstadt sich durch einen Umzug in 'suburbia' oder auf das Land zu entziehen. Die *funktionale* Ökonomie wird dadurch allmählich in eine *positionale* Ökonomie umgewandelt, d. h. Güter werden verbraucht, Dienstleistungen in Anspruch genommen, Posten angestrebt vor allem wegen des zu erwartenden Gewinns an Sozialprestige, nicht wegen ihrer funktionalen Bedeutung für das Wohl

---

[112] Strümpel (1977: 34).
[113] Köhler (1982: 68).
[114] Hirsch (1976: 21).

von Wirtschaft und Gesellschaft. Solche positionalen Momente sind natürlich in jeder Wirtschaft enthalten, zur Perversion neigen sie jedoch erst unter der Bedingung einer unausweichlichen Ressourcenknappheit. Diese Perversion scheint aber unvermeidlich, da gerade die Massenproduktion auf einer bestimmten technologischen Basis (z. B. beim Auto) das soziale Differential vermindert. Niemand fühlt sich dann noch veranlaßt, sich besonders für diese massenhaft erzeugten Güter anzustrengen; im Gegenteil, man hält nun die Gesellschaft für verpflichtet, für das Nötigste – das ist das, was die anderen auch haben – zu sorgen und es jedem „kostenlos" zur Verfügung zu stellen. Mit anderen Worten: es kommt zu einer moralischen Entleerung oder Aushöhlung der Gesellschaft, und somit kostet es auch immer mehr, sich von anderen abzuheben und soziale Befriedigung zu gewinnen.[115] Der Massenanspruch auf positionale Güter – auf mehr Autos, größere Wohnungen, einen längeren und weiter entfernten (prestigeträchtigeren) Urlaub, größere Landschaftsschutzgebiete und Erholungsparks, sauberere Luft und weniger Lärm usw. – bringt eine inflationäre Wirkung hervor. Das funktionale Gewicht der Wirtschaft – in der Konkurrenz mit anderen Volkswirtschaften – wird damit aber nicht gestärkt, vielmehr geschwächt; denn die Mittel werden in aller Regel für Dinge ausgegeben, die technologisch obsolet und sozialorganisatorisch steril sind. Wenn es auch möglich wäre, noch mehr arbeitsintensive Arbeitsplätze für diesen Prestigekonsum zu schaffen (z. B. Kunsthandwerker und Künstler aller Art, Butler, Landschaftspfleger und Gärtner, Dienstmädchen, Chauffeure, Showgirls und Croupiers), so würde mit dieser Fehlleitung der Energie die Produktivität und Entwicklungsfähigkeit der eigenen Wirtschaft eher untergraben. Noch schlimmer wäre es allerdings, wenn sich die positionale Ökonomie mit der Kartellierung der Arbeitsplätze verbindet, d. h. wenn Arbeitsplätze nicht nach funktionalen, sondern nach sozialen Kriterien (Anciennität, Kinderzahl, Gewerkschaftszugehörigkeit, Zugehörigkeit zu einer Parentel, Schichtzugehörigkeit, Landsmannschaft) zugeteilt würden. Das Ende der positionalen Ökonomie ist die *soziale Stagnation.*

Während die Stagflation vor einigen Jahren noch als ein nur monetäres oder konjunkturelles Problem angesehen wurde, hat ihre unerwartete Dauer vor allem in Großbritannien und in den USA, inzwischen aber auch in den skandinavischen und den anderen westeuropäischen Ländern, allmählich das Verständnis dafür geweckt, daß es sich wohl um ein strukturelles und organisatorisches Problem handeln muß.[116] Die Regierungen aber haben bisher fast nur quasi-konjunkturell reagiert; d. h. sie versuchen,

---

[115] Rainwater (1974: 93).
[116] Vgl. Goldthorpe (1978: 186–216) oder Crouch (1978: 217–239).

durch die ihnen zur Verfügung stehenden Mittel der Finanzpolitik (mit Steuern wie mit Subventionen), durch Einflußnahme auf die Geldmengen- und Zinspolitik der Zentralbanken und durch Maßnahmen der Wechsel-kurspolitik das Beschäftigungsniveau zu halten, ohne gleichzeitig die Inflation anzuheizen.[117] Die Regierungen tun gut daran, sensibel auf Inflation und Arbeitslosigkeit zu reagieren; denn von der Lösung (oder je-denfalls von der „Bekämpfung") dieser Probleme hängt nachweislich ihre Chance des Überlebens ab.[118]

Das große Dilemma dieser Politik ist allerdings ihre Kurzfristigkeit, die – längerfristig gesehen – zu durchweg negativen Wirkungen geführt und die Krise in struktureller Hinsicht in aller Regel nur verschoben oder noch ver-schärft hat.[119] So wird immer, wenn Rezession und Arbeitslosigkeit um sich zu greifen drohen, kurzfristig auf Expansion geschaltet; wenn dann aber die Preise steigen und sich inflationäre Wirkungen zeigen, werden re-striktive Maßnahmen ergriffen. Damit aber werden nicht nur die selbstre-gulativen Kräfte der Wirtschaft generell gestört, sondern die ergriffenen Maßnahmen führen – da sie erst in einem längeren Zeitabstand wirksam werden können – oft gerade zum Gegenteil. Dazu kommt, daß in der Öffentlichkeit die Illusion erzeugt wird (auf welche hin die Interessengrup-pen wiederum sündigen können), daß der Staat tatsächlich die Mittel in der Hand halte, eine gewisse Stabilität (früher einmal: die Vollbeschäftigung) zu garantieren. Der Zeithorizont der Wahlen und der damit verbundenen Massenappelle ist aber viel kürzer (für die Durchsetzung „harter" Ent-scheidungen bleiben maximal zwei Jahre bei einem Vierjahresturnus), als auch nur eine ausgeglichene Konjunkturpolitik, geschweige denn eine län-gerfristige Strukturpolitik erfordern würde.[120] Schon gar nicht kann das Scheitern dieser vermeintlichen Konjunkturpolitik durch eine Erhöhung der Steuern geheilt werden: Soweit die Verbrauchssteuern erhöht werden, wird nur die bisherige Produktions- und Konsumstruktur aufge-schwemmt; soweit aber die Erhöhung die „Reichen" treffen soll, also die Kapitalertragsteuer konfiskatorische Züge annimmt, werden gerade die Einkommen, die für Investitionen auf neue Produkte und Produktionsan-

---

[117] Brauchli (1975: 303 f.).

[118] Robertson (1983: 435 ff.).

[119] Weintraub (1981: 78 f.); Jungblut (1983 f).

[120] Dabei unterliegen die regierenden Parteien allerdings insofern einer Täu-schung, als nachgewiesen ist, daß die Wähler weniger auf Wahlversprechen eingehen und sich auch durch inflationär überzeichnete Löhne und Wohlfahrtsleistungen nicht beeindrucken lassen und daß sie statt dessen den selbst erfahrenen realen Ein-kommenszuwachs und Beschäftigungsstand ihrem Votum zugrunde legen. Vgl. Hibbs (1982: 459).

lagen zur Verfügung stünden, abgeschreckt und auf teure Konsumgüter, Edelmetalle, Schmuck und Spekulationen auf den internationalen Geld- und Warenmärkten abgedrängt.[121] Ein Impuls zur Umstrukturierung der eigenen Volskwirtschaft entsteht damit jedenfalls nicht.

Sowenig bloß quantitative Veränderungen der Geldmengen schon eine Strukturveränderung herbeiführen, so wenig kann die *Arbeitszeitverkürzung* – die bessere Verteilung der „vorhandenen Arbeit", wie es im statischen Nullsummendenken formuliert wird[122] – einen Strukturwandel herbeiführen; im Gegenteil: Die Notwendigkeit eines Strukturwandels soll damit in der Regel ja umgangen oder ermäßigt werden. Die Politik der Arbeitszeitverkürzung ist nicht nur eine resignative Politik, sie birgt auch einige Illusionen. Vor allem besteht die Gefahr, daß damit nicht mehr Menschen eingestellt werden, sondern die statistische Arbeitslosigkeit noch erhöht wird.[123] Denn erstens werden die Betriebe, wo sie können, rationalisieren, um die entgangene Arbeitszeit zu kompensieren. Neueinstellungen sind die am wenigsten wahrscheinliche Alternative, wahrscheinlicher sind Überstunden einerseits oder Reduktionen im Produktionspotential andererseits. Zweitens wird durch die Reduzierung der Arbeitszeit auf vielleicht 35 Stunden die verbleibende reguläre Arbeitszeit vermutlich auf vier Wochentage zusammengedrängt, womit der Spielraum für die Schwarzarbeit oder für einen (fast) regulären zweiten Beruf oder jedenfalls für eine ausgedehnte Freizeitarbeit noch größer wird. Drittens sind Arbeitsstunden nicht so leicht durch andere Personen zu übernehmen, die die dafür notwendige Qualifikation nicht erworben haben. Die Verkürzung der Arbeitszeit und die Zunahme von Teilzeitarbeit würde mit großer Wahrscheinlichkeit nur zu einer noch weiteren Polarisierung des Arbeitsmarktes in einen primären und sekundären Sektor führen; d. h. aber, daß die Problemgruppen (wie z. B. verheiratete Frauen, die später wieder auf den Arbeitsmarkt drängen, und Jugendliche, die durch eine ausgedehnte Schulbildung unrealistische Arbeitsplatzwünsche entwickelt haben) noch stärker in den peripheren Arbeitsmarkt abgedrängt werden.[124] Die Einführung aber von staatlichen Beschäftigungsprogrammen für Problemgruppen (etwa für Jugendliche) kann keine produktive und als sinnvoll empfundene Arbeit hervorzuzaubern;[125] sinnlose Pseudoarbeiten aber verderben einerseits nur die Arbeitsmoral,

---

[121] Gilder (1981: 180ff.).

[122] So z. B. Brandt (1983: 151–165).

[123] Kaltefleiter (1983: 11); Klages (1983).

[124] Hardes (1981: 373).

[125] Es geht ja nicht um eine bloße Beschäftigung, sondern um den Sinn des Lebens, der bislang weitgehend durch die Arbeit definiert und strukturiert worden ist. Vgl. Beck (1982: 39–49).

andererseits verstärken sie die inflationäre Wirkung oder die Arbeitslosigkeit; denn entweder muß ein Arbeitsplatz bezahlt werden, der volkswirtschaftlich nichts bringt, oder der Arbeitsbeschaffungsjob vernichtet einen (oder mehr als einen) Arbeitsplatz im privaten Sektor.[126]

Das große Problem der Arbeitszeitverkürzung liegt nicht in der Arbeits*zeitverkürzung* an und für sich, sondern in der *Kartellierung* der Arbeitszeit und in der Aushandlung von Arbeitszeitbestimmungen und Löhnen, die für alle – ohne Ansehen der spezifischen Bedingungen des Erwerbszweigs und der Arbeitsqualifikation der Arbeitenden – gelten. Schließlich sind die ganzen Arbeitszeitverkürzungsmaßnahmen auf dem Hintergrund zu sehen, daß trotz der so sehr alarmierenden Arbeitslosigkeit in Wirklichkeit die Zahl der Erwerbstätigen in der Bundesrepublik heute fast ebensogroß ist (nämlich rund 26 Mill.) wie vor Beginn der Krise 1974 (nämlich 26,6 Mill.).[127] Das heißt einerseits, daß erhebliche Strukturwandlungen bisher ganz gut verkraftet worden sind, wenn auch der Zugang für Frauen und Jugendliche erheblich schwieriger geworden ist. Um 1990 aber wird es einen Mangel jedenfalls an Berufsanfängern geben, da die Geburtsjahrgänge im vergangenen Jahrzehnt erheblich geschrumpft sind.[128] Dank der Sozialgesetzgebung ist Arbeitslosigkeit auch nicht mit Verelendung gleichzusetzen. Ein erheblicher Teil der Arbeitslosigkeit beruht in „Sucharbeitslosigkeit", d. h. für die Suche eines ersten oder eines besseren Arbeitsplatzes wird mehr Zeit aufgewandt als früher, das Anspruchsniveau ist gestiegen, die Mobilität hat dagegen abgenommen.[129] Ein intensives Suchverhalten aber ist erwünscht in einer sich höher qualifizierenden Industrie, in der neue Produkte und Produktionszweige entstehen und in der veraltete Produktkapazitäten abgebaut werden sollen. Solange ohnehin ein Zustand der Desorientierung herrscht, mag die Verkürzung der Arbeitszeit nicht viel schaden; wenn jedoch eine neue Phase des Aufschwungs auf der Basis neuer Technologien und einer anderen industriellen Mixtur beginnt, dann bremst die Arbeitszeitverkürzung den Aufschwung und sie vermindert die

---

[126] Gilder (1981: 172).

[127] Heck und Pestel (1983: 134). Ein historischer Rückblick zeigt, daß trotz der kurzfristigen Arbeitseinsparungen bzw. Arbeitslosigkeit die weitere technische Entwicklung stets neue Arbeitsplätze geschaffen hat, und zwar nicht nur in den neu entstehenden Industriezweigen, sondern ebenso im Konsumgut- und Dienstleistungssektor, in Verwaltung und technischer wie wissenschaftlicher Ausbildung. Vgl. Musson (1982: 242).

[128] Heck und Pestel (1983: 136).

[129] Hardes (1981: 383); Kahn (1982: 52) rechnet in Zukunft mit einer „natürlichen", d. h. durch freiwilligen Arbeitsplatzwechsel und Stellensuche bedingten Arbeitslosenquote von 6–7 %.

internationale Konkurrenzfähigkeit im Vergleich mit Ländern, die diesem Drang weniger stark nachgegeben haben.

Natürlich gibt es in Krisenzeiten stets Programme, die sich nicht mit der Bewältigung der Krise beschäftigen, sondern die die Krise nur als Vehikel zu einer anderen Gesellschaftsform benützen wollen. Aus unerfindlichen Gründen glauben sie (oder machen sie glauben), daß es Gesellschaftsformen *ohne* Krisen gebe und daß gerade sie diese Gesellschaftsform gefunden hätten. Am wenigsten überzeugend ist es, die Monopolisierungstendenzen im „Kapitalismus" für die Krise verantwortlich zu machen, um sogleich zu ihrer „völligen Elimination" ein „sozialistisches" oder staatskapitalistisches Wirtschaftssystem vorzuschlagen, wobei die recht gut analysierbaren Systeme des „realen Sozialismus" natürlich nur als „sogenannter Sozialismus" figurieren können.[130] Auf dem anderen Extrem liegt die stationäre Wirtschaft[131] mit konstanter Bevölkerung und vermindertem Durchsatz an Material und Energie, in der die Großtechnologie zugunsten der mittleren und alternativen Technologie aufgegeben wird, während die Weltbevölkerung segmentiert ist in 2 Millionen Dörfer und 4000 Städte.[132] Aber das einzig *realistische* Konzept, das nicht vorgibt, die Krise zu „eliminieren", sondern das sie vielmehr als Motor der (materiellen und geistigen) Entwicklung nutzt, ist die Auflockerung der inflexibel gewordenen Wirtschaftsstruktur durch die Auflösung der übermäßigen Unternehmenskonzentration und der korporativen Verflechtung mit Staat und Gewerkschaften, ist der Abbau monopolähnlicher Positionen auf den Güter- und Arbeitsmärkten, ist die wieder stärkere Rückkoppelung von Löhnen und Preisen, so daß Nachfrageschwankungen über Lohn und Preis und nicht über den Verlust oder Gewinn von Arbeitsplätzen ausgeglichen werden müssen.[133] „Die wichtigste *makro*ökonomische Politik ist eine gute *mikro*ökonomische Politik"[134], d. h. eine Politik der vielen dezentralen Produkt- und Konsumentscheidungen, der differenzierten Organisationsvielfalt, der Offenheit des Marktes und der internationalen Konkurrenz.

---

[130] Sherman (1976: 235); vager, aber ähnlich: Heilbronner (1978); sehr viel präziser: Thurow (1980).
[131] Daly (1977).
[132] Schumacher (1977: 172 ff.).
[133] Brauchli (1975: 239 f.); Reich (1983: 251 ff.); Henkel (1984: 219 ff.).
[134] Olson (1982: 233).

4. Die Krise der Demokratie

Eng verbunden mit der Wirtschaftskrise ist eine *politische Organisationskrise*, die im Falle der westlichen Demokratien eine „Krise der Demokratie" genannt werden kann. Gemeint ist damit aber nicht etwa eine Krise, die durch die Abschaffung oder Reduzierung der Demokratie gelöst werden könnte, sondern vielmehr eine allgemeine Organisationskrise, die auch die „sozialistischen" oder „autoritären" Länder erfaßt hat, die bei uns jedoch auf demokratischem Weg gelöst werden soll. Im Gegensatz zur Wirtschaftskrise ist man in bezug auf die „Krise der Demokratie" eher bereit, von einer Strukturkrise zu sprechen, obwohl auch hier die sozusagen konjunkturellen oder zyklischen Momente keineswegs zu vernachlässigen sind. So sind beispielsweise im amerikanischen Wahlsystem etwa seit dem Jahre 1800 „kritische Wahlen" im Abstand von 28 bis 36 Jahren festzustellen, d. h. Wahlen, die nach einer langsam abnehmenden Parteibindung, nach einem Anstieg des Wechselwähleranteils und dem Ausweichen auf dritte Parteien eine neue Zuordnung von sozialen Gruppenbindungen und politischen Problemen und damit wieder eine Verstärkung der Parteibindung bringen.[135] Oder das britische Parlamentssystem zeigt bereits seit 1689 einen langen Zyklus der Problemlösungen, der durch die Lebensspanne der tragenden politischen Gemeinschaften bestimmt ist und sich jeweils von integrativen Themen ("Law and Order") über wirtschaftliche Produktionsprobleme zu politisch-expressiven Themen (Rechtfertigung der Macht, Partizipation) weiterbewegt, um sich schließlich in Problemen der Machterhaltung und der Externalisierung der Macht zu erschöpfen.[136] Wenn im folgenden von der „Krise der Demokratie" die Rede ist, dann nur in diesem Sinne einer zyklischen Umstrukturierung der politischen Gemeinschaft, nicht jedoch im Sinne eines säkularen „Untergangs der Demokratie". Das Hin- und Herschwanken zwischen den Bestrebungen nach staatlicher Machtexpansion einerseits und einer stärkeren Demokratisierung andererseits scheint völlig regulär zu sein, wenn auch die Mittel dieses Machterwerbs (in verschiedenen Perioden der technischen Entwicklung in militärischer und wirtschaftlicher Hinsicht) sich ebenso wandeln wie die Formen demokratischer Partizipation und Legitimation.[137]

Die *Struktur*krise der Demokratie ist allgemein zu definieren als ein Auseinanderbrechen von Partizipation und Kontrolle oder von Legitimität und

[135] Huntington (1975: 21).
[136] Weber (1982: 391 ff.).
[137] Vgl. Wolin (1981: 11), der den "body politic" und die "political economy" gegenüberstellt.

Effektivität oder, bezogen auf die Regierung, von Regierungstätigkeit und Regierungsautorität. [138] Die hier zu besprechende Strukturkrise der Demokratie ist auf staatlicher Seite im Zusammenhang mit dem Wohlfahrtsstaat, d. h. mit der Verschuldung des Staates und der technisch-industriellen Wirtschafts- und Organisationskrise zu sehen; von seiten des Wahlvolks gesehen besteht die Krise darin, daß die alten Formen der gemeindlichen Demokratie einerseits und der staatlichen Repräsentativdemokratie andererseits den (durch die Ausdehnung der Bildung) gestiegenen Partizipationswünschen und Kompetenzansprüchen eines größer werdenden Teils der Bevölkerung nicht mehr entsprechen. Gleichzeitig übersteigt jedoch die Komplexität der politischen Prozesse das Maß der tatsächlich verfügbaren Kontrollkompetenz bei weitem. Diese Krise soll im folgenden in einem Flußdiagramm dargestellt werden, wobei jedoch nur die wichtigsten und allgemeinsten (für jede der westlichen Demokratien mehr oder weniger kritischen) Punkte besprochen werden können (vgl. Fig. 12).

Der eine (nach wie vor wohl positiv zu bewertende) Ursprung der Krise der Demokratie ist die entscheidende *Wende zum Wohlfahrtsstaat*, die in den Aufbaujahren nach dem Zweiten Weltkrieg erfolgte, teils um die Legitimität der Demokratie und die Effektivität des marktwirtschaftlichen Industriesystems zu sichern, teils aber einfach auch, um Kriegsschäden (in Form von Renten, Ausgleichszahlungen für verlorenes Vermögen und Ausbildungsbeihilfen) abzumildern und die allgemein verminderten privaten Vorsorgemöglichkeiten durch öffentliche Vorsorge- und Sicherungsmaßnahmen auszugleichen. In den USA und in ähnlicher Form auch in den übrigen westeuropäischen Ländern setzte die „Wohlfahrtswende" erst ein, nachdem in den 50er Jahren das Großmachtstreben Englands und Frankreichs endgültig gescheitert war und die USA im Vietnamkrieg die Grenzen ihres weltpolitischen Ausgriffs erkennen mußten; in den skandinavischen Ländern allerdings, vor allem in Schweden, reichen diese Bestrebungen bis in die 40er Jahre zurück.

Wie immer diese Wendung motiviert sein mochte, die Zubilligung größerer Ansprüche gegenüber dem Staat entwickelte bald ihre eigene organisatorische und auch ideologische Dynamik: Schon die Verteilung von Mitteln ruft nämlich Gruppen auf den Plan oder erhöht das Eigeninteresse und den Organisationsgrad insbesondere gegenüber den nicht oder schlecht organisierten Interessen des bloßen Steuerzahlers. Der bereits bekannten Olson-These [139] entsprechend kommen diese speziellen *Organisationsinteressen* um so besser zur Geltung, je größer die Differenz zwischen den auf-

---

[138] Dahl (1982: 16 ff.); Huntington (1975: 11).
[139] Olson (1982: 41 f.).

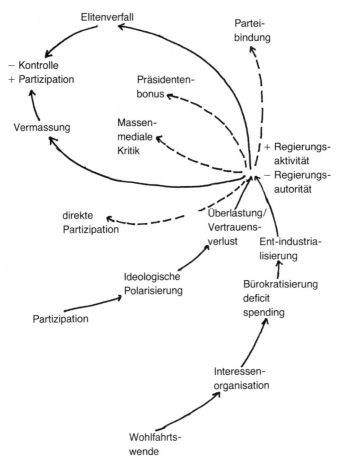

Fig. 12: Die Krise der Demokratie.

zubringenden Eigenmitteln (z. B. aus Mitgliedsbeiträgen oder eigenen Unternehmen) und den öffentlichen Subventionsmitteln ist. Die pluralistische Demokratie lebt von der Vielheit unabhängiger Gruppen, aber diese Gruppen müssen auch tatsächlich unabhängig und in ihren Interessen vielfältig bleiben, sie dürfen nicht zu eng im Sinne des Korporatismus[140] miteinander verschmolzen werden. Nur die Vielheit fördert die wechselseitige Kontrolle, nur die relative Unabhängigkeit ermöglicht die Entwicklung eigener Interessen. Dieser Vorteil der pluralistischen Demokratie ist jedoch dahin,

[140] Dahl (1982: 32 ff.).

wenn statt der wechselseitigen Kontrolle der Interessengruppenkonflikt hochgespielt wird und wenn diese Gruppen von Funktionären [141] geführt werden, die – unabhängig von den Interessen der Mitglieder – eine eigene Führungsklasse bilden: Die Mittel werden dann auf keinen Fall ausreichen, und die Interessen werden auf Kosten der Ergänzung und Erneuerung der Kollektivgüter befriedigt. Selbstverständlich werden auch die exzentrischsten Gruppeninteressen ideologisch stets mit dem Allgemeinwohl gerechtfertigt.

Wie schon bei der Wirtschaftskrise dargestellt wurde, ist diese durch eine Keynesianische Politik des *"deficit spending"* nicht auszugleichen; vielmehr wird genau dadurch die Demokratie sozusagen ökonomisiert. Der Wahlzyklus führt nämlich dazu, daß Keynes' Prinzipien niemals konsequent befolgt werden; d. h. daß zwar jederzeit (und nach wechselnden Begründungen) mehr Geld ausgegeben wird – insbesondere bei heranrückenden Wahlen –, daß aber in Zeiten des Aufschwungs so gut wie niemals Rücklagen gebildet werden. Das Prinzip der antizyklischen Steuerung wird so de facto zum Prinzip der niemals ausgeglichenen Haushalte. Die Politiker versuchen vielmehr, Wahlstimmen mit öffentlichen Geldern zu sichern, indem sie eine Politik versprechen und Programme aufstellen, die den Wählern auf kurze Frist nur Vorteile zu bringen scheinen: nämlich billige öffentliche Güter und Dienstleistungen, Lohn- und Einkommenssteigerungen und eine Sicherung oder Verbesserung der relativen ökonomischen und sozialen Position der einzelnen Sozialgruppen. Das Angebot billiger öffentlicher Güter (wie Schulbildung, Renten und Versicherungen) aber führt dazu, daß sich die einzelnen zuviel davon zulegen; die Lohn- und Einkommenssteigerungen verteuern die Arbeitsplätze; und die Sicherung der sozialen Position verleitet zur Immobilität. Die indirekten Folgen, nämlich erstens inflationäre Wirkungen und zweitens eine interventionistische Verzerrung der ganzen Wirtschaft, [142] sind viel weniger sichtbar; jeder kann sich damit trösten, daß er bis zu ihrem unvermeidlichen Eintritt sein Schäfchen ins Trockene gebracht hat bzw. daß er die Vorteile genießen muß, solange noch Zeit ist. Wer die Mittel hat, sich auf eine inflationäre Entwicklung einzustellen, mag sogar dadurch noch profitieren. Insgesamt aber wird die Wirtschaft immer mehr auf bequemen Konsum und eine vermeintliche Sicherheit abgelenkt, während Eigeninitiative und Wettbewerb scheinbar erübrigt werden.

Eine nicht zu unterschätzende Rolle spielt hier die mit dem Staatsinterventionismus notwendig verbundene *Bürokratisierung* – zunächst die Bürokratisierung der Staatstätigkeit über die Vervielfachung der Vorschriften,

---

[141] Vgl. Schelsky (1982: 12 f.).
[142] Buchanan und Wagner (1977: 93–105).

Subventionen und Lenkungsmaßnahmen, dann aber auch die Bürokratisierung der freien Wirtschaft. Die Bürokratie wird stets eingesetzt, um die Bereitstellung von privaten und öffentlichen Dienstleistungen und Gütern (wie z. B. Gesundheit und Umweltqualität) unter Wahrung des Gleichheitsgrundsatzes zu sichern; im Endeffekt läuft diese Regulationsabsicht aber immer auch auf eine Förderungs- und Lenkungspolitik hinaus.[143] Denn zum einen wird dadurch die Kostenstruktur der privaten Unternehmen verändert. Oft können nur die Großunternehmen mit eigenen Bürokratien allen Auflagen genügen, und nur sie finden den Weg zu staatlichen Subventionen und staatlichen Prämien. Darüber hinaus wird das ganze Preisgefüge verschoben, indem staatlich regulierte Sektoren bevorzugt oder verbilligt werden. Zum anderen bildet eine Bürokratie stets eine sich selbst erhaltende Klientel aus. Die Bürokratie ist schon zu ihrer eigenen Information auf diese Klientel angewiesen, sie ist aber auch durch diese Klientel legitimiert. Dazu kommt eine gewisse Eigendynamik von Bürokratie *und* Klientel: In die Welt gesetzt meist unter einem überhöhten moralischen Anspruch (den Bürger zu schützen, die Wettbewerbsfähigkeit des Staates zu gewährleisten, die Wohlfahrt des Landes zu fördern), sind sie kaum noch abzuschaffen, solange nur eine Interessengruppe dahintersteht, die die Öffentlichkeit mobilisieren kann. Dennoch ist nicht einfach die Bürokratie hier der Schuldige: Wenn der demokratische Konsens zusammenbricht, wenn eine Gesellschaft ohne klare Grundlinien der politischen Willensbildung dahintreibt, ist die Bürokratie eben oft noch die einzige, das Staatsganze vertretende Agentur, die fähig ist, die notwendigen Entscheidungen zu treffen.[144]

Die Verbindung von Wohlfahrtspolitik, Bürokratisierung und Interessenorganisation führt, wenn sich die darauf beruhende Verteilungskoalition einmal gefestigt hat, geradezu zu einer regelrechten *Entindustrialisierung* von Wirtschaft und Politik, d. h. zu einer relativen Verminderung der Produktionskapazität auf Kosten des allgemeinen Konsums und der privaten und öffentlichen Dienstleistungen.[145] Die Überbetonung der Konsuminteressen bedingt eine Politik des Abbaus der Infrastruktur und der Kapitalgüter, die nicht nur nicht mehr verbessert und weiterentwickelt werden, sondern deren bloße Erneuerung versäumt wird. Am Ende dieser Entwicklung steht ein veralteter Maschinenpark, ein reparaturbedürftiges Eisenbahn- und Straßensystem, eine nicht mehr zeitgemäße Energieversorgung.[146] Noch schlimmer ist das Absinken der Innovationen und die

---

[143] Wilson (1975: 95 f.).
[144] Crozier (1975: 11–57).
[145] Etzioni (1983: 211 f.).
[146] Choate und Walter (1981: XI).

Ausbreitung einer Haltung im Management, die nicht mehr auf Weiterent-wicklung und Investition, sondern nur noch auf kurzfristige Kosteneinspa-rung und Marktvorteile ausgerichtet ist.[147] Eine Begleitfolge ist die Ent-wertung des „menschlichen Kapitals": Teils erfolgt diese unplanmäßig, indem nämlich die Fähigkeiten des in Arbeit stehenden Arbeitskräftepoten-tials obsolet werden; zum Teil erfolgt sie geradezu planmäßig, indem ein übergroßer Teil des Arbeitskräftepotentials in Schulen und Hochschulen abgelenkt wird, die die Motivation zur Arbeit nicht gerade verbessern, sondern geradezu eine industrielle Antikultur großziehen.[148] Obwohl die seit 1980 in den USA einsetzende Bewegung zur „Reindustrialisierung" gerne als „antidemokratisch" verschrien wird,[149] würde eine Reindu-strialisierungspolitik keinen Abbau der Demokratie bedingen; sie würde nur die für fast 30 Jahre typische Output-Orientierung der Befürworter der Demokratie zurückdrängen und ihre echte Systemorientierung auf die Probe stellen.[150]

Der zweite Ursprung der Krise der Demokratie ist die im Vergleich zu früher übermäßige und in gesellschaftlicher Hinsicht völlig verschobene *Partizipation*. Die Höhe der Partizipation (der Anteilnahme an der politi-schen Willensbildung in Diskussionen, Wahlen und Organisationsaktivitä-ten) korreliert in der Regel mit dem Bildungsgrad (gemessen in Schuljah-ren), der Bildungsgrad aber wiederum mit dem sozioökonomischen Status und mit dem Organisationsgrad. Das ist lange so geblieben. Mit der im-mensen Ausdehnung des weiterführenden Schulwesens, mit der Verlänge-rung der Schulzeit und der Verzögerung des Berufseintritts bei einem er-heblichen Teil der jugendlichen Bevölkerung – vielfach verbunden mit verminderten Berufschancen und früher Arbeitslosigkeit schon zu Beginn der Karriere – hat sich die Verbindung von Partizipation und Organisation jedoch weitgehend aufgelöst: Ein hoher Grad der Partizipation impliziert keinen positiven Systemaffekt mehr, die organisatorische Einbindung ist oft gering, bzw. unkonventionellen und temporären Organisationsformen und Protestbewegungen wird häufig der Vorzug gegeben.[151] Die für sich in Anspruch genommene politische Kompetenz dieser Wähler ist hoch, ihr

---

[147] Hayes und Abernathy (1980: 68–72).
[148] Yankelovich (1978: 49).
[149] Vgl. Connolly (1981: 17).
[150] Vgl. Almond und Verba (1963). Die These, daß das demokratische Einver-ständnis weithin am Output, d. h. an Einkommen und materiellem Konsum orien-tiert ist, galt besonders für die Bundesrepublik Deutschland (vgl. S. 64), konnte aber schon damals nicht als „normal" angesehen werden.
[151] Huntington (1974: 172 ff.). Der Verfall der repräsentativen Demokratie wird jedoch schon von Laski (1933) beklagt.

wirtschaftliches und politisches Realitätsbewußtsein jedoch – das man nur in der funktionalen Eingliederung in eine arbeitsteilige Gesellschaft gewinnen kann – ist gering.

Das aber hat zur Folge, daß die „symbolische Politik" die „Realpolitik" überbordet,[152] daß an die Stelle konkreter politischer Änderungsvorschläge und konkreter Organisationsmaßnahmen vielfach hochabstrakte (und sozusagen „metaphysische") *ideologische* Programme treten. Wenn diese Programme sich auch vielfach als utopisch und undurchführbar erweisen – sehr oft stimmen auch die verkündeten Werte nicht mit dem tatsächlichen Verhalten ihrer Verkünder überein [153] –, so führen sie doch sehr leicht zu einer ideologischen Polarisierung der politischen Meinungsbildung.[154] Die Polarisierung ist die Sache der Intellektuellen, die über die Massenmedien einen direkten Zugang zur politischen Diskussion finden, ohne selbst verantwortlich an eine der geforderten Aufgaben gebunden zu sein. Diese Polarisierung aber schreckt den funktional eingebundenen „Normalbürger" eher ab und bewegt ihn zum Rückzug, so daß die politische Diskussion – jedenfalls soweit sie die massenmediale Öffentlichkeit beherrscht – noch mehr von diesen intellektuellen Gruppen usurpiert werden kann, die zahlenmäßig und funktional nur eine kleine Minderheit ausmachen. Die Ziele dieser Gruppen liegen jedoch häufig jenseits aller Realpolitik.[155] Die Politik wird so aber mit idealen Forderungen konfrontiert, die sie nicht erfüllen kann – erstens weil damit ihre Kontroll- und Planungsfähigkeit überfordert ist, zweitens weil die Haushaltsmittel für die Erfüllung unbegrenzter Forderungen (gleich, welcher Art) nicht ausreichen *können*. Das größte Dilemma einer ideologischen Politik ist jedoch ihre geringe Lernfähigkeit: Utopische Forderungen sind nur scheinbar erfüllbar; wenn nach einiger Zeit aber ihre Unerfüllbarkeit deutlich geworden ist oder negative Seiteneffekte überhandnehmen, dann gilt dies als „Betrug", und es werden neue, noch größere Forderungen erhoben.

Die Übernahme von im Prinzip unbegrenzten Aufgaben durch den Staat oder die Politik führt jedoch unweigerlich zur *Überlastung* der Regierung. Diese Überlastung (und nur davon ist zu sprechen, nicht von „Unregierbarkeit") läßt sich natürlich nur relativ definieren als ein Balanceproblem zwischen Einnahmen und Ausgaben, zwischen staatlichen Zielsetzungen und tatsächlicher Aufgabenerfüllung. Einmal, als die Einnahmen noch reichlich flossen, konnten die Aufgaben für den Staat gar nicht groß genug

---

[152] Vgl. Edelman (1976: 83 ff.).
[153] Crozier (1975: 39 f.).
[154] Huntington (1975: 18 f.).
[155] Crozier (1975: 47).

sein; denn die Überzeugung, daß der Staat die erwirtschafteten Mittel am
schnellsten und effektivsten (über die Förderung von Wissenschaft und
technischer Entwicklung, von Schulbildung und beruflicher Ausbildung
usw.) reinvestieren könne, war noch unerschüttert.[156] In den beiden Jahrzehnten zwischen 1951 und 1977 hat der Staat fast in allen westeuropäischen Ländern und in den USA sozusagen eine fiskalische Dividende über
seine wachsenden Steuereinnahmen einstreichen können, ohne darüber in
den politischen Interessenkampf zu geraten.[157] Gerade der Erfolg der staatlichen Wirtschaftstätigkeit in diesen Jahren aber ließ die Erwartungen noch
weiterwachsen, als diese Periode schon wieder zu Ende war: Obwohl der
Staat einen empfindlichen Rückgang in seinen Einnahmen hinnehmen
mußte, herrschte bei den politischen Führern wie auch beim Wahlvolk
noch die Überzeugung, daß er immer noch die notwendigen makroöko-
nomischen Steuerungsinstrumente in der Hand habe, um Wirtschaftskrise
und Arbeitslosigkeit verhindern zu können. Der Staat aber hat diese Mittel
nicht: In den achtziger Jahren öffnet sich bei allen Wohlfahrtsstaaten die
Schere zwischen den Einnahmen und Ausgaben.[158]
     Diese Überlastung hat mehrere, in sich zusammenhängende Gründe. Sie
liegt nicht einfach in einer willkürlichen Aufgabenausweitung des Staates
und in einem blinden bürokratischen Totalitätsstreben, möglichst das
ganze politische und wirtschaftliche Leben zu beherrschen.[159] Die inzwischen eingetretene Ressourcenknappheit des Staates ist umgekehrt kein Beleg dafür, daß Mittel früher wirtschaftlich ineffektiv oder sogar kontraproduktiv eingesetzt worden sind bzw. daß die Effizienz der Staatstätigkeit
selbst nachgelassen habe. Obwohl zum Teil auch die „Überinstitutionalisierung" und „Überdifferenzierung" oder das übermäßige Größenwachstum
der Bürokratie, ihr Perfektionismus und ihre Unbeweglichkeit eine Rolle
spielen mögen, so besteht die größere Schwierigkeit sicher in der zunehmenden Verflechtung mit gut organisierten *Interessen*.[160] Zum einen
nimmt die Interdependenz zwischen den verschiedenen Politikbereichen
zu; verschiedene politische und wirtschaftliche Problemlösungen lassen
sich nicht mehr voneinander trennen; die zu erbringenden Koordinations-
leistungen steigen unverhältnismäßig an. Zum andern erfolgt eine Internali-
sierung[161] der politischen Kosten; d.h. die Kosten und Lasten von politischen Entscheidungen lassen sich nicht mehr so leicht auf Wirtschaft und

---

[156] Stein (1969).
[157] Rose und Peters (1979: 42–64).
[158] Tarschys (1983: 205 ff.).
[159] Niskanen (1971); Downs (1966).
[160] King (1975: 288 ff.).
[161] Lehner (1979: 35).

Gesellschaft abladen, sondern sie müssen selbst politisch geregelt und gerechtfertigt werden. Ein dritter Grund ist die Steigerung der Erwartungen, die vor allem durch die geringe realpolitische und sozialstrukturelle Distanz der großen Massen- oder Volksparteien zueinander bedingt ist, die sich kaum durch konkurrierende Problemlösungen unterscheiden können und sich statt dessen durch (oft geradezu „metaphysische") Problemstellungen und großartige Zielsetzungen zu übertrumpfen suchen.[162] Der Erwartungsdruck wird um so größer, je mehr der Staat dem Bürger elementare Lebensrisiken abzunehmen sucht, je weniger dieser an seinen eigenen Fehlentscheidungen scheitern kann und je mehr er durch die Konsumleitbilder der Massenmedien angehalten wird, seine Position mit einem gehobenen Konsumstandard zu vergleichen.[163]

Es ist klar, daß der Staat oder die Regierung dieser Überlastung nicht einfach durch eine radikale Dämpfung der Erwartungen und durch eine Verminderung der staatlichen oder öffentlich-politischen Aufgabenbreite begegnen kann. Die Nicht-Erfüllung von Erwartungen und Forderungen, die in der Öffentlichkeit als „demokratisch", wenn auch als „ideal" (d. h. utopisch) anerkannt worden sind, führt zur Enttäuschung und zur *Krise des Vertrauens*.[164] Wenngleich nicht zu verkennen ist, daß diese doch ziemlich schwer zu fassende, aber vielfältig zu deutende Krise gerne von den Systemkritikern aller Schattierungen hochgespielt wird, so ist zumindest festzustellen, daß die Übernahme dieses „Überlastprogramms" den Politikern nichts gebracht hat, sondern daß sie damit nur zur Schwächung ihrer eigenen institutionellen Basis beigetragen haben.

Auf eine abstrakte Formel gebracht, läßt sich eine Divergenz zwischen *Regierungsaktivität* und *Regierungsautorität* feststellen. Etwas überspitzt kann man diese These vertreten, daß heute die demokratischen Regierungen selbst – in ihrer überzogenen Regierungsaktivität – die größte Bedrohung ihrer Autorität darstellen, während revolutionäre Bewegungen in komplexen Industriegesellschaften einer Regierung kaum etwas anhaben können.[165] Die erste große Welle der Autoritätszerstörung erreichte ihren Höhepunkt in den Pariser Maiunruhen von 1968, kleinere Wellen schwappen seitdem immer wieder hoch. Dieser Autoritätsverlust manifestierte sich nicht nur in politischen Unruhen, sondern – lange schon vorher, wenn auch diffuser – in der Familie und in Universität und Schule, in Betrieben und Verbänden, selbst bei Polizei und Militär. Ein größerer Anteil der Be-

---

[162] Brittan (1975: 129–159).
[163] Zahn (1964: 125 ff.); Schelsky (1978: 13–48).
[164] Lasch (1981: 25–40).
[165] Rose (1979: 353).

völkerung fühlte sich nicht mehr verpflichtet, denen zu gehorchen, die sie früher als überlegen in Leistung und Können, in sozialem Status, Alter und Erfahrung ansahen. Innerhalb der Organisationen hat die Disziplin nachgelassen, und Statusdifferenzen wurden verwischt.[166] Statt dessen wurde von allen der Anspruch auf gleiche Mitspracherechte erhoben, d. h. aber, daß diejenigen, deren funktionaler Stellenwert relativ gering war, überproportionale Mitspracherechte forderten und eingeräumt bekamen.

Die *politische Autorität* hat zwei Komponenten: Effektivität und Legitimität. Die *Effektivität* einer Regierung beruht darauf, daß sie über die erforderlichen Machtmittel und einen hinreichend kompetenten Verwaltungsapparat verfügt, um die für notwendig gehaltenen Entscheidungen auch in die Tat umzusetzen. Das Problem ist jedoch gewöhnlich nicht, *ob* die Regierung über ein Machtmonopol verfügt, sondern *wie groß* die verfügbaren Mittel sind. Sie sind um so größer, je mehr (materielle und geistige) Ressourcen mobilisiert werden können bzw. je spontaner dieser Prozeß abläuft.[167] Im Gegensatz zur landläufigen Meinung ist eine dirigistische und mit Gewaltmitteln arbeitende Regierung gerade *nicht* oder nur wenig effektiv. Das Effektivitätsproblem fortgeschrittener industrieller (und postindustrieller) Gesellschaften liegt darin, daß die Gesellschaft auf die Kreativität und Verantwortungsbereitschaft großer Bevölkerungskreise angewiesen ist, daß dieser Leistungszuwachs jedoch kaum von oben zu kontrollieren oder zu planen ist. Die *Legitimität* einer Regierung besteht in der prinzipiellen Zustimmung einer Mehrheit der funktional integrierten Bürger zu den Entscheidungen der Regierung. Diese Zustimmung besteht nicht in Lobsprüchen und Begeisterungsausbrüchen, sondern in der fortgesetzten Leistungsbereitschaft der Bevölkerung und in dem (eher stillschweigenden) Einverständnis, daß unter den gegebenen Umständen eine alternative (auch eine revolutionäre) Regierungskoalition zu keinen grundsätzlich besseren Enscheidungen kommen könnte. Das Hauptproblem entwickelter demokratischer Gesellschaften in bezug auf die Legitimität der Regierung scheint nicht der Verlust an Legitimität, sondern sozusagen die massenmediale Verzerrung des Legitimitätseinverständnisses, vielleicht auch die Unsichtbarkeit der Elite, zu sein.[168]

Als Repräsentanten dieser Legitimität gelten vor allem – jedenfalls nach dem eigenen Anspruch – der Präsident (Premierminister, Bundeskanzler) oder die (Regierungsverantwortung ausübenden oder mit Aussicht auf Er-

---

[166] Huntington (1975: 15).

[167] Etzioni (1968: 172 ff.).

[168] Rose (1979: 355). Demokratien mit monarchischen Überresten (wie Japan, England, Schweden, Spanien) scheinen hier – so „undemokratisch" es klingt – im Vorteil zu sein.

folg anstrebenden) Parteien. Beide jedoch bleiben dem täglichen Machtkampf ausgesetzt, so daß es zu einer Stabilisierung der Legitimitätserwartungen (und zu einer Beruhigung der politischen Ängste) kaum kommen kann. So sind denn auch der Präsident und die Parteien die ersten Opfer der Autoritätskrise.

Auf der Seite der *Parteien* zeigt sich dieser Autoritätsverlust einerseits in der Abnahme der Parteiidentifikation oder Parteibindung bei den Wählern, andererseits in einer organisatorischen Schwächung der Parteien selbst. Unter Partei*bindung* ist ein stabiles Zugehörigkeitsgefühl zu einer Partei zu verstehen, durch die man sich in seinen politischen Intentionen oder Sentiments verstanden und repräsentiert fühlt.[169] Dieses Zugehörigkeitsgefühl kann durch eine positive Identifikation begründet sein, so daß die Partei quasi als eine Erweiterung des eigenen Selbst verstanden wird; oft ist sie aber auch negativ begründet in dem Sinn, daß man die alternative Regierungskoalition auf jeden Fall ablehnt. Besonders bei (de facto) Zweiparteiensystemen scheint diese negative Begründung sehr hoch zu sein, mindestens ebenso hoch wie die positive.[170] Die Parteibindung zeigt seit 1964 praktisch bei allen westeuropäischen Parteien, ebenso in den USA, in Kanada und Australien eine absteigende Tendenz, jedenfalls was die positiven Identifikationen betrifft, nicht jedoch, was die negative Bindung angeht. Dies wird auch durch Parallelerscheinungen wie die Aufteilung der Stimmen ("ticket-splitting" von Erst- und Zweitstimme bei der gleichen Wahl oder in aufeinander folgenden Wahlen von Bundes-, Landes- und Kommunalparlament), durch die Zunahme der Wechselwähler bzw. der Wählerfluktuation oder durch das Auftreten von „unabhängigen" Kandidaten bestätigt, die sich vor allem mit modernen Techniken der direkten Werbung und der Showpolitik sogar gegen eine der großen Parteien behaupten können.[171]

Diese Abnahme der Parteibindung hat partei*interne* und partei*externe* Gründe. Einer der wichtigsten parteiinternen Gründe scheint zu sein, daß eine Partei, die an die Regierung kommen will, zwar sowohl in der Rekrutierung ihrer Kandidaten wie im Wahlprogramm eine Mehrheit ansprechen muß, daß die Regierungsgeschäfte aber dann doch nur von ziemlich anonymen Komitees aus den Reihen der Abgeordneten, untermischt mit Beratern und Beamten, deren Parteibindung gering ist, geführt werden.[172] Die Aufgaben einer Regierung sind eben zu komplex geworden und sie erfordern mehr Kompetenz, als von einem vor kurzem gewählten Abgeord-

[169] Miller (1976: 22).
[170] Wattenberg (1982: 23).
[171] Everson (1982: 56 ff.).
[172] Sartori (1975: 143 f.).

neten – und wenn er noch so tüchtig und fleißig ist – zu erwarten ist. Das interne Erfordernis der politischen Kompetenz kollidiert zudem häufig mit dem externen Erfordernis, daß der zu Wählende – vor allem über die Massenmedien, aber auch über die Mobilisierung von Interessengruppen und Finanzmitteln – möglichst viele Wahlstimmen sammeln muß. Der massenmediale Wahlkampf tendiert zur *Personalisierung;* implizit wird damit aber die Partei diskreditiert.

Die Folgen für die Partei – auch und gerade für die gewinnende Partei – bestehen in einem *Verlust an Kohärenz,* sowohl was den eigenen Mitgliederbestand und was die Führungsmannschaft, als auch was die Wählerschaft und die an die Partei gebundenen Interessen betrifft.[173] Dies gilt ebenso für den organisatorischen Zusammenhalt wie für die ideologische Eindeutigkeit und Einheitlichkeit der Partei. Die „Öffnung" der Parteien hat sie in gewisser Weise auch „zerstört"; d. h. sie haben sich vielfach mit Mitgliedern ergänzt, die die Parteiraison hinter ihre persönlichen Karriereabsichten stellen, die sich nötigenfalls auch auf Kosten der Partei profilieren, ja die bereits mit subversiven Absichten – die Partei „umzudrehen" – eingetreten sind. Die ideologische Aufweichung ist vor allem dadurch bewirkt worden, daß der Wohlfahrtsstaat die wichtigsten politischen Sicherungsleistungen bereits übernommen hat: Da diese von keiner Partei mehr zurückzunehmen sind, besteht auch kein Bedürfnis, sich einer Partei besonders eng anzuschließen. Was verbleibt, sind viele Einzelprobleme, die nacheinander von den Massenmedien hochgespielt werden, die aber oft in keinem inneren Zusammenhang stehen bzw. einander aus dem öffentlichen Bewußtsein verdrängen.[174] Für die Parteien ist es so schwierig geworden, ein einheitliches und auch realistisches Programm zu finden. Zeiten des Wohlstands und des ungefährdeten Wachstums sind dafür jedenfalls am wenigsten geeignet, während ein sich abzeichnender wirtschaftlicher und technologischer Strukturbruch jedoch ein "realignment" – die Herausbildung einer neuen und dauerhaften Interessenkoalition und Stimmungsgemeinschaft in der Bevölkerung – herausfordert. Allerdings kann aus einem einmaligen Wahlerfolg, selbst wenn er einem „Erdrutsch" gleicht und wenn er zu einer „Wende" der allgemeinen politischen Orientierung geführt hat, noch nicht geschlossen werden, daß eine solche Neugruppierung und Neuorientierung sich herausgebildet hat – sie muß sich erst in mehreren Wahlperioden und auch bei veränderter Wirtschaftslage und anderen außenpolitischen Verhältnissen bestätigen.

Vielleicht noch bedenklicher ist der Autoritätsverfall auf seiten des *Präsi-*

---

[173] Huntington (1975: 21ff.).
[174] Nie und Anderson (1974: 540–591).

denten (oder des Premierministers oder Bundeskanzlers). Fast alle westlichen Demokratien (mit Ausnahme der Schweiz mit einem Rotationssystem) sind mehr oder weniger Präsidialdemokratien mit einem politisch herausgehobenen Repräsentanten der Zentralgewalt; so wird diese herausgehobene Führungsfigur auch leicht zum Idol und gleichzeitig zum Sündenbock des ganzen politischen Systems.[175] Während in der Öffentlichkeit lautstark die „imperiale Präsidentschaft" angeklagt wird, hat sich in den letzten Jahren die Opposition gegen den Präsidenten (in Kongreß und Senat) erheblich verstärkt, wird eine ganze Reihe seiner Vorlagen korrigiert oder zurückgewiesen, kann sich die regierende Koalition selbst bei erfolgreicher Wahl später kaum noch durchsetzen; es häufen sich sogar die Fälle, daß Präsidenten ihre Amtszeit nicht durchstehen: Der Amtsbonus hat sich verflüchtigt, Wiederwahlen sind selten geworden.[176] Wo die Stellung des Regierungschefs infolge der Schwäche oder Brüchigkeit der regierenden Koalition ohnehin schwach ist (wie in Italien), kommt es zu häufigen Regierungswechseln; wo sie stark ist (wie durch die starke Stellung des Präsidenten in Frankreich oder durch stabile Mehrheitsverhältnisse wie bisher die meiste Zeit in England oder in der Bundesrepublik) und wo der Präsident, Premierminister oder Bundeskanzler sich vor allem mit Hilfe der Massenkommunikationsmittel über die Köpfe seiner eigenen Partei hinwegsetzt, dort macht er sich aber gleichzeitig zum Opfer dieser Medien, die nun einmal nur einfache, visuell dramatisierbare Probleme verarbeiten können.[177] Das heißt jedoch, daß in einer Zeit der Komplexitäts- und Strukturkrise die wesentlichen Probleme gerade ausgespart bleiben.

Die Krise des Präsidentenamtes ist jedoch nicht nur eine sozusagen interne Krise innerhalb von Parlament und Parteiapparat, sondern eine zutiefst gesellschaftliche, auf den Kern der parlamentarischen Demokratie zielende Krise. Erstens gibt es eine Krise der Effektivität, die darin besteht, daß die Präsidentschaft immer mehr Führungspersonen anzuziehen scheint, die zwar Wahlstimmen mobilisieren, dann jedoch nicht effektiv regieren können.[178] Obwohl dieses Amt das Zentrum der Exekutive darstellt, ist von einer politischen Vision oft nur wenig zu spüren. Während sich der Amtsinhaber mehr den Problemen seiner Mehrheitssicherung zuwendet, ziehen sich die Wähler enttäuscht in den Privatismus oder auf eine zynische politische Haltung zurück. Zweitens aber ist dieses Amt Ausdruck des Zustandes der Gesellschaft. In den USA mag es gleichzeitig

---

[175] Koenig (1982: 42).
[176] Huntington (1975: 23 f.).
[177] Koenig (1982: 43).
[178] Wolfe (1981: 30).

der Garant der amerikanischen Hegemonialmacht wie des wirtschaftlichen Wachstums sein, in der Bundesrepublik ist es Garant der Wohlfahrt wie der militärischen Sicherheit oder außenpolitischen Anerkennung. Wenn jedoch die Stagflation herrscht, wenn die Wohlfahrtsleistungen gekürzt werden oder wenn sogar die weltwirtschaftliche Ordnung gefährdet ist, dann verliert auch das Präsidentenamt (oder das Amt des Bundeskanzlers) an symbolischem Glanz. Der demokratische Prozeß verliert damit seine Übersichtlichkeit oder seine symbolisch-personelle Zentrierung, der Machtkampf von Regierung und Opposition, von Interessengruppen und öffentlichen Meinungsmachern wird dann von vielen nur noch als irritierend oder destruktiv empfunden.

Der Verfall des Präsidentenamtes wie auch der Parteibindung hängt zusammen mit einem grundlegenden Funktionswandel der *politischen Berichterstattung* in Presse und Fernsehen. Art und Funktion dieser Information werden weitgehend vom Fernsehen beherrscht in dem Sinn, daß dessen Dramaturgie sowohl die Nachrichtengebung als auch den demokratischen Prozeß selbst bestimmt.[179] Presse und Fernsehen sind so selbst zu einer politischen Macht geworden, manchmal vielleicht zu der entscheidenden Macht: Ohne Mandat bestimmen sie weitgehend die Auswahl und auch die Entscheidung von nationalen Streitfragen; sie beeinflussen Wahlausgänge direkt und sie untergraben und verkürzen die Willensbildung in den Parteien wie im Parlament; sie können Präsidenten und andere Spitzenpolitiker auf den Thron heben und stürzen.[180] Diese Macht haben die Massenmedien aber nur in der Form des Gesinnungs- und Gegnerschaftsjournalismus, der nach dem Prinzip von "attack and destroy" nicht mehr informieren, erläutern und abwägen, sondern entscheiden und vorentscheiden will, was eigentlich einem mehrstufigen Filter- und Entscheidungsprozeß vorbehalten bleiben sollte.

Die Verzerrung dieses Prozesses ist zunächst scheinbar nur „technischer" Art (und damit sozusagen unschuldig): Die Massenmedien – insbesondere das Fernsehen, aber über das Fernsehen auch die anderen Massenmedien – tendieren zur Visualisierung und Dramatisierung von Problemen; Probleme können nur insoweit wahrgenommen werden, als sie sich als Kampf zwischen Personen darstellen und nach Moral und Gesinnung bewerten lassen. Schon diese Darstellung führt nicht nur zu einer gewaltigen Verkürzung der Probleme, sondern auch dazu, daß die Regierung mehr oder weniger zum Feind wird und daß die obersten Entscheidungsträger

[179] Crozier (1975: 34 f.).
[180] Vgl. die Rede des von seinem Amt scheidenden Präsidenten der American Society of Newspaper Editors: O'Neill (1982: 10).

einer hämischen und besserwisserischen Dauerkritik unterworfen werden, in der nur noch Versagen, Korruption und Beschränktheit vorkommen, nicht mehr aber lautlose Pflichterfüllung, Voraussicht und Kompetenz. Letztere scheinen selbstverständlich zu sein, und damit schon zu wenig. Darüber hinaus wird aber auch die Funktion von Regierung und Parlament durch das direkte Eingreifen von Journalisten verändert, die – einzeln und als Gruppe – als politische Organisation eigenen Rechtes in Erscheinung treten.

Nicht nur werden Probleme verkürzt, nicht nur werden Energien von der Problemlösung auf die Selbstdarstellung und -rechtfertigung abgezogen, es wird auch eine direkte Kurzschlußschaltung zwischen der obersten Entscheidungsebene und einer angeblichen – in Wirklichkeit von eben diesen Massenmedien geschaffenen – *öffentlichen Meinung* hergestellt: Erstens wird via "media-appeal" eine direkte Verbindung zwischen dem Präsidenten (oder den höchsten Staatsämtern) hergestellt, die die Parteien und die verschiedenen parlamentarischen Gremien umgeht. Damit aber wird eine große Fülle von Organisationsstufen und Filterprozessen ausgeschaltet, die sich in der Geschichte der Demokratie allmählich herausgebildet haben und die für eine gewisse Ausbalancierung der Kräfte und für eine mehrfache Kontrolle und Rückkopplung des Entscheidungsprozesses gesorgt haben. Zweitens werden die obersten Entscheidungsträger, bevor sie auch nur die notwendigsten Informationen einholen und das Problem analysieren konnten, auf eine öffentliche Vormeinung eingeschworen. Jede Abweichung von dieser Vormeinung muß gerechtfertigt werden; vielfach wird damit schon jeder weitere Meinungsbildungsprozeß abgewürgt. Hinzu kommt, daß diese öffentliche Vormeinung sozusagen unfehlbar ist: Wenn die Massenmedien die Meinungsbildung übernehmen, kann der Zuschauer, für den sie angeblich sprechen, sich ruhig im Lehnstuhl zurücklegen, ohne seine eigene Meinung artikulieren und für ihre Konsequenzen auch tatsächlich eintreten zu müssen; im Falle eines Mißerfolgs aber hat er es immer schon besser gewußt.[181]

Es kommt so zu einem gewissen *Zirkelschluß*: Die Massenmedien vereinfachen und verzerren die Problemstellungen, und sie verkürzen den Weg zwischen Problemstellung und Entscheidungsfindung; als Folge davon jedoch verändern auch die prominenten Politiker – aber auch die Interessen- und Lobbygruppen – ihr Verhalten gegenüber den Medien und der angeblich durch sie vertretenen Öffentlichkeit. Damit aber fühlen sich die Massenmedien wiederum bestätigt, und sie sind immer weniger bereit, auf Ereignisse und Probleme jenseits dieser selbstfabrizierten Welt einzugehen.

[181] Mansfield (1979: 327).

Die sog. „offene Regierung"[182] beraubt sich damit ihres eigenen Handlungsspielraums. Im Vergleich zu anderen, weniger auf Offenheit und Massendemokratie angelegten politischen Systemen wird damit aber die Fähigkeit zu einem wirksamen demokratischen Regieren ernsthaft beeinträchtigt.[183] Hinzu kommt vielfach noch eine Direktschaltung zwischen Bürokratie und Massenmedien, die den Spielraum der Legislative noch weiter einengt. Andererseits wird aber auch die Exekutive gegen die Legislative ausgespielt: Durch die Massenmedien als dritter Macht wird so die vertrauensvolle Abstimmung zwischen Legislative und Exekutive gestört, wird der Machtkampf schon innerhalb der regierenden Koalition vervielfacht.[184] Die Entwicklung geht damit an der *repräsentativen* Demokratie vorbei, an ihre Stelle tritt eine Art *direkter* Demokratie; jedoch wird scheinbar „mehr Demokratie" durch eine Methode verwirklicht, die tatsächlich *weniger* Demokratie bedeutet; denn die direkte Meinungsbildung und die Vorwegnahme von Entscheidungsprozessen durch die Massenmedien ist demokratisch nicht legitimiert.

Auf eine Zurückdrängung der repräsentativen Demokratie und auf eine Vereinfachung des Systems von Machtausübung und Kontrolle laufen auch die zunehmenden Tendenzen einer *direkten Partizipation* hinaus. In der Demokratie gibt es ständig eine Spannung zwischen Partizipation und Kontrolle, zwischen repräsentativen und plebiszitären Formen der Demokratie. Es ist verständlich, daß die Amtsinhaber auf die Formen der repräsentativen Demokratie setzen, während diejenigen, die an die Macht wollen, diese Formen bekämpfen und auf Mittel der direkten Partizipation ausweichen. Zwischen beiden Formen gibt es so einen permanenten historischen Konflikt mit zyklischen Pendelbewegungen.[185] In den letzten Jahren des wirtschaftlichen Wachstums und des Aufbaus des Wohlfahrtsstaates aber hat eine erhebliche Ausdehnung der Partizipationsrechte stattgefunden. Diese Partizipation verblieb während der Phase des Aufschwungs im Rahmen der bisherigen Institutionen, die zunächst durch mehr Mitbestimmung in den Betrieben, durch mehr innerparteiliche Demokratie, durch Drittelparität in den Universitäten und Forschungsinstituten, durch sog. Vollversammlungen und durch die Ignorierung unterschiedlicher Kompetenzen und Verantwortungen angeblich nur erweitert werden sollten.[186] Bei einsetzender Rezession oder Depression, beim Deutlichwerden der Grenzen des Wohlfahrtsstaates und der spürbar werdenden Zurückhaltung der „mitbe-

---

[182] Mansfield (1979: 329ff.).
[183] Huntington (1974: 18f.).
[184] So der Senator Daniel P. Moynihan, zit. bei O'Neill (1982: 10).
[185] Ceaser (1982: 123).
[186] White und Sjoberg (1972: 21ff.).

stimmten" Unternehmer, Dienstvorgesetzten und auch der Inhaber politischer Führungspositionen ist jedoch der Spielraum der direkten Partizipation innerhalb der Institutionen kleiner geworden: Auswüchse werden zurückgedrängt, es zählen wieder Kompetenz und individuelle Verantwortungsbereitschaft; damit aber wandert die direkte Partizipation sozusagen ab in den außerinstitutionellen Bereich, nämlich in den Bereich der Bürgerinitiativen, der Aktionsgruppen und Protestbewegungen.[187]

Die direkte Partizipation zeichnet sich hier, wo es keine funktionale Zuordnung von Partizipation und Machtposition mehr geben kann, vor allem durch *Massen*bildung aus: Was zählt, ist hier nur die Anzahl der Personen, die durch möglichst sichtbare Akte auf sich aufmerksam machen. Da diese Sichtbarkeit auf die Massenmedien angewiesen ist, zählen neben fernsehgerechten Inszenierungen von Massenspektakeln (Demonstrationen und Prozessionen mit Spruchbändern und Sprechchören, Verkehrsblockaden und Straßenschlachten) vor allem unkonventionelle (d. h. rechtsverletzende oder jedenfalls gegen Sitte und Anstand verstoßende) Akte (wie Hausbesetzungen, sit-ins, Verletzung von Bannmeilen oder von institutionellen Eigentumsrechten).[188] Obwohl sich die verschiedenen Formen dieser direkten Massenpartizipation – wie lokale Bürgerinitiativen, überregionale Aktionsgruppen mit einem harten Organisationskern, mehr oder weniger spontane Protestversammlungen – in ihrer politischen Zielrichtung wie in ihrer Organisationsform erheblich voneinander unterscheiden, so ist doch festzustellen, daß diese Tendenz zur direkten Partizipation keineswegs auf junge Menschen mit höherer Schulbildung und „postmateriellen" Werten beschränkt ist, sondern daß in der Bevölkerung der westeuropäischen Staaten und der USA eine weitgehende Bereitschaft besteht, solche Formen wenigstens zu dulden. Dies gilt jedenfalls für die milderen Formen der „spontanen" Partizipation und des Protestes. Auch ist kein dichotomischer Gegensatz zwischen konventionellen und unkonventionellen Formen der Partizipation festzustellen: Die aktiven Protestler bedienen sich auch der konventionellen Mittel wie des Leserbriefs, der Eingabe, dem Besuch von Versammlungen und der Gewerkschafts- und Parteiarbeit. Gerade diese Integration des Protestes und der direkten Partizipation führt jedoch zur *Nivellierung* des politischen Systems der Demokratie als eines Mehrebenensystems von verschiedenen und sich ausbalancierenden institutionellen Ebenen.[189] Insofern die direkte Partizipation aus den funktio-

---

[187] Vgl. Marsh und Kaase (1979: 65 ff.). Vgl. auch Lombardo (1977: 154–182), wo vor allem die Studenten und die jugendliche Subkultur namhaft gemacht werden.

[188] Kaase und Marsh (1979: 152 ff.).

[189] Rochon (1982: 5 f.).

nalen Leistungsbereichen wieder abgedrängt wird, besteht die Gefahr, daß die Politik scheinbar immer mehr zu einer Sache der „direkten Demokratie" wird, daß diese jedoch relativ funktionslos ist: mehr Schau und öffentliche Rechtfertigung als tatsächliche Mitentscheidung. Der Zweck des Repräsentativprinzips in der Demokratie war es aber doch gerade, funktionale Differenzierung und Partizipation, Effektivität und Legitimität miteinander zu verbinden.

Wenn diese vier strukturellen Veränderungen: der Verfall der Parteibindung, der Autoritätsverlust des Präsidenten, die Ausbreitung einer massenmedialen Problemverarbeitung und die Zunahme der direkten Partizipation – die leicht zugängliche Oberfläche des politischen Wandels darstellen, so bleibt der dadurch angezeigte Wandel der Tiefenstruktur eher im Verborgenen, ja dieser Wandel wird geradezu tabuisiert: nämlich der *Verfall der Eliten,* die nicht nur an Legitimität, sondern auch an Kompetenz und Initiative verloren haben, und – korrespondierend dazu – die Zunahme von *Vermassungstendenzen* im demokratischen politischen Prozeß. Die „Vermassung" besteht darin, daß das Gerüst der sekundären Gruppenbeziehungen zerstört wird und die intermediären Organisationen in ihrer politischen Bedeutung zurücktreten, so daß sich die politische Führung und eine homogenisierte Masse von politischen Konsumenten ziemlich unvermittelt (oder eben nur vermittelt durch die Massenkommunikationsmittel) gegenüberstehen.[190] Beim Wegfall der vermittelnden Organisationsgliederung ist aber leicht vorherzusagen, erstens daß mit der Anzahl der (nicht mehr durch Untergliederungen zusammengefaßten) Mitglieder einer demokratischen Politik die Möglichkeiten der wechselseitigen Kommunikation mit den politischen Führern sich vermindern bzw. die Kosten dieser Kommunikation sich erhöhen, während sich gleichzeitig die Kosten der Nichtübereinstimmung und des Leistungsrückhalts ganz erheblich ermäßigen.[191] Zweitens findet eine zunehmende Politisierung des gesamten Lebens statt. Indem aber alles und jedes politisiert wird, die persönlichen Wertentscheidungen wie die trivialen Konsumgewohnheiten, die Theaterkarte wie der Arbeitsplatz, wird die vermittelnde institutionelle und organisatorische Struktur weiter geschwächt, wird der Ruf nach dem starken Staat immer stärker.[192] Gerade diese Politisierung und Zentralisierung der Probleme macht sie aber unlösbar in einem sachlichen oder technischen Sinn: „Lösungen" können nur noch in der Austragung von ideologisch begründeten Konflikten, bestenfalls im Kompromiß und in der paritätischen

---

[190] Kornhauser (1959); für Italien vgl. di Palma (1977: 29f.).
[191] Dahl und Tufte (1973: 108f.).
[192] Ellul (1979: 216).

Beteiligung der am besten etablierten Kontrahenten bestehen, nicht mehr jedoch in qualitativ neuen Lösungen, die neuen Gruppeninteressen zum Durchbruch verhelfen könnten.[193]

Das Ergebnis dieser Entwicklung ist jedenfalls die Zerstörung von Disziplin und Eigenverantwortung, d. h. aber die Zerstörung der Demokratie durch eine ungegliederte Massenpartizipation. Ein gewisser *Legitimitätsverlust* der Elite besteht zunächst schon darin, daß durch die Ausdehnung der höheren Schul- und Universitätsbildung, vor allem durch die Verminderung der Selektionsstandards, einerseits die soziale Geschlossenheit und Abgeschirmtheit der Elite zerstört, andererseits aber auch das Rekrutierungskriterium in Zweifel gezogen worden ist.[194] Noch zerstörerischer für die Legitimität der Elite ist, daß die politische (nicht die administrative) Elite in einem populistischen Schaukampf gewählt wird, wobei viele Politiker „Berufspolitiker" sind, d. h. außer der Politik keine beruflich gesicherte Existenz mehr vorzuweisen haben: Die im Zentrum des politischen Wandels stehende Entscheidungselite scheint somit völlig abhängig zu sein vom Mandat der Menge, ihre Legitimität kann dann aber nicht höher sein als die der Wahlstimme. Der *Kompetenzverlust* der Elite (hier der politischen wie der administrativen) ist im Hinblick auf den unausweichlich gewordenen wirtschaftlichen, technologisch-ökologischen und politischen Strukturwandel zu beurteilen. Ein Kompetenzverlust liegt vor, wenn die politische Führung nicht mehr führt, d. h. wenn sie den gesellschaftlichen Wandel nicht zureichend erfaßt, wenn sie diesem Wandel mit halbherzigen und sich gegenseitig behindernden Anpassungsmaßnahmen hinterherläuft, kaum aber noch gestalterisch Einfluß nehmen kann.[195] Der Kompetenzverlust hängt mit dem Legitimitätsverlust zusammen, insofern eine nur bedingt und auf Abruf legitimierte Elite auch keine eigenen, langfristig gültigen Vorstellungen entwickeln kann. So gesehen besteht die Krise der Demokratie in einer Partizipation ohne Verantwortung und in einem Konsens ohne Ziel und Zweck.[196]

---

[193] de Jouvenel (1963: 248ff.).

[194] Vgl. jedenfalls für Großbritannien: Döring (1983: 9f.).

[195] Crozier (1982: 103f.). Raschke (1983: 113) nennt als entscheidende Führungsprobleme den technologischen Wandel, Ökologie und Abrüstung, die strukturelle Arbeitslosigkeit und den Antiindustrialismus, die allerdings unter Berücksichtigung des inzwischen eingetretenen Wertwandels angegangen werden müßten.

[196] Crozier, Huntington und Watanuki (1975: 159ff.).

5. Die technologisch-ökologische Krise

Die Strukturkrise unserer Wirtschaft und die Krise der Demokratie mögen als regionale Krisen angesehen werden, die nur einige wenige Länder und die selbstverschuldeten Probleme einer Wohlstandsgesellschaft betreffen: dennoch sind diese Krisen von allgemeiner Bedeutung, indem sie nämlich Teil eines größeren technologischen und weltwirtschaftlichen Zusammenhangs sind. Dieser Zusammenhang ist ebenso grundlegend wie verborgen; er wird eher in der organisatorischen Vernachlässigung und in daraus resultierenden Mangelerscheinungen als in bewußten politischen Akten sichtbar. Entscheidend für die Entwicklungsfähigkeit einer Gesellschaft ist nach der Theorie der 'Langen Wellen' von Kondratieff vor allem die Schaffung einer neuen *Basistechnologie* mit neuen *Rohstoff-* und *Energieressourcen*. Die Einführung einer neuen Basistechnologie entspringt nicht einfach dem Spieltrieb oder dem Wissensdurst des Menschen, sondern sie ist eine bittere Notwendigkeit in energetischer und wirtschaftlicher, in der Folge aber auch in politischer und ökologischer Hinsicht. Gerade wenn eine Entwicklungswelle voll zur Entfaltung gekommen ist, treten Engpässe in der Umwelt und Entwicklungshemmungen und -verzerrungen in der Gesellschaft – und im ganzen internationalen System – auf, die auf der alten technologischen und sozialorganisatorischen Basis nicht mehr überwunden werden können, vielmehr um so tiefer in die Strukturkrise führen, je verzweifelter man an dieser Basis festzuhalten versucht. Auf jeden Fall führt der Erfolg der Entwicklung zu einer spezifischen Verknappung und Verteuerung jener Rohstoffe und Energieformen, auf denen der letzte Aufschwung der industriellen Entwicklung, die Ausweitung des Weltmarktes und die Umgestaltung der gesellschaftlichen Infrastruktur beruhten.

Damit verbunden ist in der Regel zweitens eine dramatische *Bevölkerungszunahme* und eine *Nahrungsmittelknappheit* gerade in den Gebieten, die von der letzten Entwicklungswelle neu erfaßt worden sind – ohne daß die Bevölkerung in wirtschaftlicher und gesellschaftlicher Hinsicht hier schon einen entsprechenden Entwicklungsstand hätte erreichen können. Verändert aber wurden die Lebenserwartungen, und zwar sowohl im psychologischen wie im physischen Sinn. Rein physisch gesehen wächst die Bevölkerung, weil dank einer besseren medizinischen Versorgung, aber auch dank besserer nationaler und internationaler Verteilungsapparate die Sterbequoten (vor allem schon in der Kindheit) zurückgehen, während die Geburtsquoten noch lange auf der Höhe der vorhergehenden Kondratieffschen Welle bleiben. Psychologisch gesehen entstehen – dank der weltweiten Kommunikationsmittel und der Begegnung mit Personen eines anderen Lebenszuschnittes – neue (und gewöhnlich erhöhte) Erwartungen in bezug auf die Deckung der Lebensbedürfnisse, ebenso aber auch neue soziale Vergleichsmaßstäbe. Die zunehmende Bevölkerungszahl, aber auch die veränderten Ansprüche dieser Bevölkerung führen leicht zu einem Nahrungsmittelmangel. Das gilt vor allem für die Gebiete, wo die Bevölkerungszunahme am größten war, wo jedoch die Produktivität der landwirtschaftlichen Erzeugung weit hinter den Standards in den hochindustrialisierten Ländern zurückgeblieben ist.

Drittens ist das Auslaufen einer Entwicklungswelle regelmäßig mit einer einseitigen Überbeanspruchung der *Umwelt* verbunden, aus der immer größere und immer schneller ausgebeutete Mengen von Rohstoffen herausgeholt werden – oder in die die bei der Verwendung dieser Rohstoffe entstehenden „Abfallstoffe" (die mengenmäßig meist weitaus größer sind als die verwertbaren Teile) rücksichtslos emittiert werden. Diese ökologische Gefährdung wächst mit dem Niveau der Technik, d. h. je tiefgreifender die Eingriffe in die Landschaft sind (durch Straßen- und Kanalnetze, durch Staubecken und Flußregulierungen, durch landwirtschaftliche Monokulturen und großflächige Be- und Entwässerungsmaßnahmen), je größer die Mengen an Schadstoffen sind, die (z. B. bei der Verbrennung von fossilen Brennstoffen) an die Luft und das Grundwasser abgegeben werden bzw. je gefährlicher oder je weniger biologisch abbaufähig diese Stoffe sind.

Die *ökologische Knappheit* oder die *ökologische Krise* scheint das eigentliche Problem des Übergangs von der vierten zur fünften Welle zu sein. Am Anfang dieser Krise steht paradoxerweise die bekannte *Wachstumspolitik,* d. h. der Versuch, politische Zustimmung durch die Steigerung der Produktivität wie der Konsumausgaben auf der Basis der bisherigen Produktionspalette und Produktionsverfahren zu erreichen. Obwohl die Märkte bereits gesättigt sind und der Ersatzbedarf absinkt, obwohl immer mehr Arbeitskräfte durch Rationalisierung und Automation freigesetzt werden, obwohl auch die Motivation in bezug auf diese Produktpalette abgesunken ist, ja deren negative Wirkungen angesichts des Massenkonsums immer deutlicher hervortreten, soll die unvermeidliche Stagnation durch Mittel der quantitativen Expansion (internationale Marktausweitung, Produktverbilligung) und der horizontalen Produktvariation bzw. durch Werbung und Sozialisierung des Konsums überwunden werden.[197] Angesichts einerseits des bleibenden Mangels und der regionalen Unterentwicklung in der Welt, andererseits der großen Dehnbarkeit der sozialen Bedürfnisse ist eine solche Strategie – insbesondere für Hegemonialmächte, die ihre wirtschaftlich-technologischen Defizite durch machtpolitische Mittel kompensieren

[197] Für die Darstellung dieser Problematik vgl. Atteslander (1981).

können – nicht ganz aussichtslos. Dennoch bringt sie auf längere Sicht gesehen nichts: Je mehr dieses Wachstum forciert wird, desto mehr Kapital, Rohstoffe und Anlagevermögen, desto mehr Arbeitskraft und geistige Energie wird im Grunde fehlgeleitet. Das oberflächliche Größenwachstum ist sozusagen hohl; denn seine generative Struktur, aus der es wachsen müßte, bleibt zurück: Das Wachstum geht auf Kosten des Entwicklungspotentials.[198] Die künstliche Verlängerung des Wachstums mit Mitteln des korporativen Wohlfahrtsstaates und der (direkten oder indirekten) hegemonialen Expansion fördert mehr die Kräfte des Verfalls als die der Entwicklung.

Technologisch und auch sozialorganisatorisch gesehen führt eine solche Wachstumspolitik mit systematischer Notwendigkeit in einen mit der Zeit immer schmerzlicher spürbaren *Innovationsrückstand*. Die Ursache dieses Rückstandes ist sicher nicht, daß in der Zwischenzeit die wissenschaftliche Entwicklung stagniert hätte oder daß keine neuen Erfindungen gemacht worden wären; vielmehr ist anzunehmen, daß die Entwicklung auf diesem Gebiet ziemlich kontinuierlich fortschreitet und daß prinzipiell stets ein großes Reservoir von Erfindungen vorhanden ist. Das Problem ist jedoch, daß es in einer Zeit des Wachstums zu wenig systematische Anstrengungen gibt, solche Erfindungen aufzugreifen und in industriell verwertbare Produkt- und Prozeßinnovationen umzusetzen bzw. daß man sich mit Rationalisierungen und bloßen *Verbesserungs*innovationen begnügt.[199] *Basis*innovationen wären demgegenüber Innovationen, die – aufgrund wissenschaftlicher Systemzusammenhänge oder auch aufgrund von Verfahrens- und Organisationsgemeinsamkeiten – ganze Bündel oder Serien von „verwandten" Innovationen ermöglichen, die somit geeignet sind, eine neue Produktpalette hervorzubringen bzw. ganz neue industrielle Sektoren zu erschließen.[200]

Das Problem einer überzogenen Wachstumspolitik ist, daß sie den normalen *Produktzyklus*, der die technisch-industrielle Entwicklung bestimmt, *überdehnt*. Der Produktzyklus[201] beruht darauf, daß Innovationen mit der Zeit dem Prozeß der Diffusion und des Technologietransfers überlassen werden, während sich die technologischen Spitzenfirmen neuen Innovationen zuwenden müssen. Die *Einführungsphase* des Produktzyklus ist dadurch charakterisiert, daß Basisinnovationen in eine Reihe von marktfähigen Produktinnovationen umgesetzt werden müssen. Diese sind

[198] Vgl. Biermann (1976: 65 ff.).
[199] Graham und Senge (1980: 291 f.).
[200] Clark, Freeman und Soete (1981: 318 f.).
[201] Vgl. Vernon (1966: 190–207).

vorerst aber noch wenig miteinander verbunden, der Bedarf ist noch unbestimmt, es gibt noch verschiedene technische und marktpolitische Optionen. Erst in der *Wachstumsphase* bilden sich allgemein akzeptierte Produktfamilien heraus, die aufgrund ihres produktionstechnischen und marktpolitischen Zusammenhangs standardisiert und für die Massenproduktion vorbereitet werden können. Mit der Zeit kommt der Produktzyklus in eine Phase der *Reifung,* in der die arbeitsverbessernden Prozeßinnovationen abnehmen und die Produktion stagniert. Die Konkurrenz zwischen den Unternehmen nimmt nun zu. Es entscheidet jetzt aber nicht mehr die Innovativität dieser Unternehmen, sondern ihre Fähigkeit zur schnellen Imitation und zur Vermarktung der kaum noch weiter entwicklungsfähigen Produkte. Die typische Wachstumspolitik ist allein auf diese dritte Phase des Produktzyklus fixiert und ist nur ihr angemessen. Die vierte Phase des Produktzyklus aber ist eine Phase des *Abstiegs* der heimischen Produktion, insofern die hochrationalisierte Produktion nun besser in die Billiglohnländer verlegt wird und sich neue Märkte nur noch in Entwicklungs- und Schwellenländern erschließen lassen. In dieser Phase, die – insofern eine ganze Produktfamilie davon betroffen ist und neue tragende Produktfamilien bisher noch nicht gestartet werden konnten – von Rezession und Depression bestimmt ist, müssen nunmehr fehlinvestierte Kapitalien abgeschrieben, müssen neue Arbeitsqualifikationen, aber auch andere Verbrauchs- und Lebensgewohnheiten ausgebildet werden, so daß mit Hilfe neuer Basisinnovationen eine neue Produktpalette (oder vielmehr: eine grundlegende Erweiterung oder Verlagerung der alten Produktpalette) hervorgebracht werden kann.

Im Interesse einer kontinuierlichen technologischen, wirtschaftlichen wie sozialorganisatorischen Entwicklung wäre es, diesen Produktzyklus an keiner Stelle durch politische Maßnahmen aufzuhalten. Gerade eine „erfolgreiche" industrielle Entwicklung verführt aber dazu, die zugrundeliegende Produktpalette und Produktstruktur in all ihren infrastrukturellen, arbeitsorganisatorischen und sozialpolitischen Weiterungen möglichst lange beizubehalten und alle verfügbare Energie für die Verlängerung dieses Zustandes einzusetzen – anstatt schon vor der dritten Phase des Produktzyklus materielle und geistige Ressourcen für die Entwicklung neuer Produkte und Verfahren, neuer Arbeitsqualifikationen und Arbeitsorganisationen, neuer Produktmärkte und Betriebsformen usw. abzuzweigen. Die Folge ist ein Mangel an tragfähigen Basisinnovationen gerade dann, wenn sie am notwendigsten wären. Allerdings ist dieser Innovationsrückstand nicht einfach und nicht allein dem Versagen der Unternehmensführungen oder Entwicklungsingenieure, auch nicht dem der Wirtschafts- und Sozialpolitiker anzulasten: Der Prozeß der industriellen Entwicklung ist so kom-

plex und so verzweigt (in seinen tiefenpsychologischen wie sozialpolitischen, in seinen wissenschaftlich-technologischen wie arbeitsorganisatorischen Funktionen), daß die Leiden einer Depression offenbar nicht zu
vermeiden sind, weil nämlich erst Einkommensverluste, Arbeitslosigkeit,
Geldentwertung und ein allgemeiner „Sinnverlust" die Menschen bereit
macht, ihre Verbrauchsgewohnheiten und ihre Karriereplanungen, ihre
soziale Selbst- und Fremdeinschätzung wie ihre Zukunftserwartungen
grundlegend zu ändern.

Wenn man zunächst nur die industriell-produktionstechnische Linie
weiterverfolgt, so führt der Mangel an neuen Basisinnovationen und die
mangelnde Bereitschaft zu alternativen Produktions- und Konsummustern
gerade in der Phase der Expansion und einer forcierten Wachstumspolitik
zu Mangel- und Krisenerscheinungen sowohl auf dem Rohstoff- wie auch
auf dem Energiesektor. Am wenigsten ist eine prinzipielle *Rohstoffknappheit*
zu fürchten, obwohl deren Ankündigung – in Verbindung mit dem Ölschock – geradezu hysterische Reaktionen ausgelöst hatte.[202] Die Rohstoffknappheit, die hier gemeint ist, ist jedoch weniger ein physischer Mangel an Rohstoffen, sondern sozusagen eine politisch erzeugte Knappheit.

Das Rohstoffproblem muß dynamisch gesehen werden: Erstens steigt
mit dem Interesse an einem bestimmten Rohstoff die Sorgfalt und Systematik der Exploration. Meist werden nun erst die wirklich großen Lagerstätten erschlossen. Wenn aber keine neuen Lagerstätten zu erschließen sind,
dann treten an die Stelle konzentrierter Lagerstätten eben weniger konzentrierte. Die Gewinnung des Rohstoffs kostet dann mehr Energie und Arbeit, gleichzeitig wird aber das Verfahren der Erschließung entscheidend
verbessert. Zweitens wird, wenn ein Rohstoff wirklich teurer werden sollte, die Effizienz seines Einsatzes meist erheblich verbessert, oder es werden
drittens ungleich bessere technische Substitutionsmöglichkeiten gefunden
(z. B. Glasfaser für Kupfer). Vor allem ist nicht zu übersehen, daß die Aus-
beute eine Nutzen-Kosten-Frage ist.[203] Grundsätzlich sind die meisten
Rohstoffe in riesigen Mengen in Meeresablagerungen und einige wenige
sind sogar in praktisch unbegrenzter Menge bei jeder Schürfung an beliebi-
ger Stelle der Erdkruste vorhanden. Wenn bestimmte – unersetzliche –
Rohstoffe wirklich ausgehen sollten, dann würden sie bereits beim leisesten
Anzeichen ihrer Verminderung von kapitalkräftigen Spekulanten, die von
der zu erwartenden Preissteigerung profitieren möchten, gehortet und vom
Markt zurückgehalten; d. h. ihr gegenwärtiger Preis wäre ein zuverlässiger

---

[202] Exemplarisch dafür die vom "Club of Rome" in Auftrag gegebene Studie von
Meadows, Meadows et al. (1974).
[203] Leontief et al. (1977: 11).

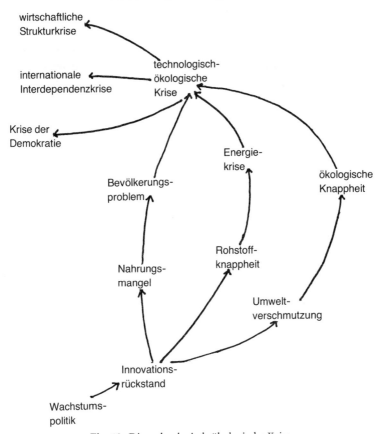

Fig. 13: Die technologisch-ökologische Krise.

(oder sogar spekulativ übersteigerter) Index ihrer zu erwartenden Knappheit. Bisher aber sind die Rohstoffpreise fast aller der angeblich sich erschöpfenden Rohstoffe – gemessen an allen möglichen Vergleichspreisen – von Jahrzehnt zu Jahrzehnt gesunken, und die Vorkommen haben sich (weil eben besser gesucht und effektiver erschlossen wurde) erhöht.[204] Dazu kommt, daß einige Rohstoffe (z. B. metallische Rohstoffe im Gegensatz zu fossilen Brennstoffen) durch ihren „Verbrauch" nicht vernichtet werden, sondern jederzeit wiederverwendet werden können.

Von einem Rohstoffmangel ist also nur in *politisch-organisatorischer* Hinsicht insofern zu sprechen, als manche Industriesektoren und Indu-

[204] Vgl. Simon (1981: 15–41).

striefirmen zu inflexibel geworden sind, um auf Substitutionsprozesse auszuweichen; insofern manche Volkswirtschaften zu sehr von bestimmten
Zulieferländern abhängig geworden sind, die dann (durch Liefersperren
und Kartellbildung) politischen Druck ausüben können; insofern die Konsumenten zu bequem und die Regierungen zu einfallslos geworden sind,
um einem solchen Druck (z. B. durch die Einschränkung des privaten Autoverkehrs oder durch das Ausweichen auf Elektro- oder Wasserstoffan-
trieb) auch nur mittelfristig ausweichen zu können. Die Rohstoffknappheit
ist sicher nicht nur Einbildung, sondern ein reales Phänomen; aber sie ist
kein Naturereignis, sondern eben ein politisches und ein wirtschaftlich-
strukturelles Problem.[205]

Das gleiche gilt im Prinzip für die *Energiekrise*, die wiederum nicht Folge
einer generellen Energieknappheit, sondern Folge der mangelnden Flexibilität oder der einseitigen Abhängigkeit von bestimmten Energieträgern und
der technologischen Vernachlässigung alternativer Energiequellen bzw.
Kraftmaschinen und Verteilungssysteme ist. Wenn man dem Ergebnis von
Meinungsumfragen oder den Äußerungen von Politikern, ja selbst den
Vorhersagen und Mahnungen von Experten der entsprechenden Unter-
nehmensgruppen oder der oft immens aufgeschwemmten Energiebehörden
folgen wollte, dann könnte an der Energiekrise kein Zweifel bestehen.
Wenn man allerdings diese seit mehr als hundert Jahren ausgestoßenen
Prophezeiungen mit statistischen Zeitserien von Erzeuger- und Marktprei-
sen in bezug auf Kohle, Erdöl, Erdgas oder Elektrizität vergleicht, dann ist
kein anderer Schluß zu ziehen als der, daß zum einen die Energiepreise im
Vergleich zu den Arbeitslöhnen oder Lebenshaltungskosten drastisch gesunken sind und daß zum anderen die verfügbare Energie in jeder der genannten Formen im gleichen Maße zugenommen hat.[206] Der scheinbar
kosmische Horizont von Prognosen, die mit dem Gesetz der Entropie argumentieren,[207] hat mit den zeitlich beschränkten Realitäten dieser Erde
ohnehin nichts zu tun. Diese sind nun einmal dadurch gekennzeichnet, daß
durch Sonneneinstrahlung und physikalisch-chemische Transformations-
prozesse gewaltige Energien gespeichert worden sind und laufend zur Verfügung gestellt werden, ob sie nun genutzt werden oder nicht. Je weiter
Wissenschaft und Technologie fortschreiten, um so effektiver aber werden
die industriell nutzbaren Energietransformationen.

Die tendenziösesten Krisenprophetien bezogen sich allein auf das Erdöl.
Die Erdölkrise aber ist ganz eindeutig eine *politisch-organisatorische* Krise,

[205] Maddox (1975: 73–80).
[206] Simon (1981: 90–110).
[207] Exemplarisch: Commoner (1977).

ausgelöst von Besonderheiten des amerikanischen Steuerrechts, das das „alte" Öl höher besteuerte als das „neue", begünstigt ferner von der einseitigen Abhängigkeit Westeuropas und Japans und auch hochgetrieben schließlich sowohl durch die politischen Eigeninteressen der Erzeugerländer wie auch der großen Ölhandelsgesellschaften.[208] Von der Verbrauchsseite her gesehen ist die „Energiekrise" eine Krise des Autos (das die Hälfte des Ölverbrauchs verschlingt), der Ölheizung und der Ölkraftwerke. Diese Entwicklung aber ist nur durch äußerst niedrige Förderpreise ermöglicht worden; ihr lagen jedoch keine fundierten technologischen oder auch nur wirtschaftlichen Überlegungen zugrunde; mit der Bevorzugung anderer Basistechnologien, anderer Verkehrsnetze, Infrastrukturen und Steuergesetze bzw. Wohnungsbauförderungsmaßnahmen hätte diese Krise ohne weiteres verhindert werden können: Diese „Energiekrise" war sozusagen selbstgewählt.[209]

Dennoch ist die „Energiekrise" ein typisches Phänomen einer auslaufenden Kondratieffschen Welle: ein Symptom nämlich des Ausruhens auf einer veralteten Produktionsstruktur, die im Grunde den technologischen Möglichkeiten nicht mehr entspricht und – durch die bedenkenlose und massenhafte Verbrennung von fossilen Brennstoffen – auch die Grenzen des ökologisch Erträglichen längst überschreitet. Die „Energiekrise" ist in dieser Hinsicht aber geradezu ein Signal der Hoffnung, das die Menschen auf die Notwendigkeit und die Möglichkeiten eines grundlegenden Strukturwandels hinweist. Inzwischen hat sie sich übrigens durch die Rezession bzw. Depression in den Industrieländern von selbst entspannt – wenngleich ein entschiedener technologischer Schritt nach vorne noch aussteht. Sofern der Übergang zur fünften Kondratieffschen Welle[210] nicht durch Kriege gestört werden wird, kann von einer globalen Energiekrise keine Rede mehr sein – regionale Engpässe für technologisch zurückbleibende Länder aber sind selbstverständlich nicht auszuschließen und sogar wahrscheinlich.

Während Rohstoffmangel und „Energiekrise" vor allem die Industrieländer beunruhigt haben, gilt das Nahrungsmittel- und Bevölkerungsproblem (obwohl es vor allem die Industrieländer beunruhigt) als ein typisches Problem der Entwicklungsländer. Aber auch hier ist festzustellen, daß Hungersnot und „Bevölkerungsexplosion" keine deterministischen Naturereignisse, sondern durchaus typische Erscheinungen der Organisationskrise im Übergang von einer Kondratieffschen Welle zur nächsten sind.

---

[208] Willrich (1975: 186–203).
[209] Vgl. Caldwell (1976: 31–45).
[210] Vgl. dafür: Teller (1979) oder Bockris und Justi (1980).

Zunächst einmal ist festzustellen, daß kein absoluter *Nahrungsmittelmangel* besteht, daß die Weltproduktion Jahr für Jahr wächst, daß die Nahrungsmittelpreise seit 1800 permanent (im Vergleich mit den übrigen Lebenshaltungskosten oder dem durchschnittlichen Lohneinkommen) gesunken sind und daß keine Korrelation zwischen Bevölkerungsdichte und Nahrungsmittelknappheit auszumachen ist.[211] Entgegen sensationell aufgemachten Berichten ist es auch nicht wahr, daß wir insgesamt an landwirtschaftlich nutzbarem Boden verlieren; im Gegenteil werden die (durch Städtebau einerseits und durch Vernachlässigung und Verkarstung andererseits) eintretenden Bodenverluste bisher immer noch durch die Neuerschließung von Anbauflächen (z. B. durch Bewässerung) mehr als wettgemacht; wo Ackerboden aufgegeben wird (wie in den USA), ist dies ein Problem der Überproduktion und der immens gestiegenen Produktivität pro Hektar. Allerdings gibt es große regionale Probleme dadurch, daß gerade einige der ärmsten Entwicklungsländer von Bodenerosion, Versalzung und Verwüstung bedroht sind.

Wenn dennoch immer wieder Nahrungsmittelknappheit und Hungersnöte auftreten, so ist dies auf ein *organisatorisches* Versagen insofern zurückzuführen, als viele Entwicklungsländer – obwohl es genug Boden gäbe, oft sogar beste klimatische Voraussetzungen und genug Menschen, den Boden zu bearbeiten – zu wenig Nahrungsmittel an Ort und Stelle selbst produzieren. Wenn es jedoch in den Entwicklungsländern an der notwendigen politischen Stabilität und einer ausreichenden Kontinuität in der Planung und Produktion von Nahrungsmitteln fehlt, wenn es zu keinen vernünftigen Bodenreformen kommt und viel zu viele Menschen in die Slums der Städte abwandern, dann sind diese Länder natürlich den Schwankungen eines Weltmarktes hilflos ausgeliefert, der von potenten Käufern (UdSSR, Japan, China) beherrscht wird.[212] Zudem wird durch die Umstellung auf die Produkte des Weltmarktes (Weizen, Reis, Rindfleisch) die heimische Produktpalette verdrängt, die meist dem Boden, dem Klima und dem spezifischen Körperhaushalt der dort lebenden Menschen viel besser angepaßt gewesen wäre. Die Abhängigkeit von (billigen oder kostenlosen) Nahrungsmittellieferungen verschlechtert die Lage insofern, als die einheimischen Bauern damit einer gesicherten Absatzchance verlustig gehen. Die Ausrichtung der einheimischen Landwirtschaft auf für den Export bestimmte Weltmarktprodukte aber führt oft vollends zur Verkümmerung der auf den eigenen Bedarf ausgerichteten Agrarentwicklung.[213]

---

[211] Vgl. die sorgfältige Darstellung bei Simon (1981: 54–89).

[212] Nicholson und Esseks (1978: 679–719).

[213] Puchala und Hopkins (1978: 858f.).

Das Nahrungsmittelproblem hat weniger mit dem *Bevölkerungsproblem* zu tun, als allgemein behauptet wird. Obwohl die Schätzungen über den Flächen- bzw. Nahrungsmittelbedarf pro Person weit auseinandergehen,[214] kann Überbevölkerung nicht generell mit Nahrungsmittelmangel gleichgesetzt werden: Im Gegenteil scheitert eine intensive landwirtschaftliche Nutzung des Bodens gewöhnlich an einer mangelnden Infrastruktur (Be- und Entwässerung, Verkehrserschließung, Aufteilung der landwirtschaftlichen Nutzflächen, Maschinenpark); diese aber setzt eine ausreichende Bevölkerungsdichte und eine bestimmte Siedlungsstruktur voraus. Und das Bevölkerungsproblem selbst ist kein Karnickelproblem: Obwohl das Problem der Bevölkerungszunahme wissenschaftlich bisher nur unzureichend geklärt ist, ist das Grundproblem bestimmt nicht, daß die Bevölkerung „exponentiell" so lange zunehmen wird, bis jeder Quadratmeter Boden besetzt ist. Der Mensch ist eine biologische Spezies wie alle anderen und damit auch den gleichen biologischen Gesetzen unterworfen. Bei allen Arten aber gilt die biologisch-ökologische Grundregel, daß um so mehr Nachwuchs in die Welt gesetzt werden muß, je unsicherer das Schicksal des Nachwuchses ist, und daß um so mehr Energie in um so weniger Nachwuchs investiert werden kann, je besser die Aufzucht gesichert ist.[215] Das gilt auch für den Menschen. Nur wurden die Menschen bisher immer wieder durch Kriege, durch Migrationen (und Vertreibungen), durch Epidemien und Hungersnöte von der Erkenntnis abgehalten, daß sich die durchschnittliche Lebenserwartung gewaltig verbessert hat und daß somit geringere Geburtenraten ausreichen, um die verminderten Sterberaten auszugleichen. Der Mensch muß sogar als besonders flexibel in seinem Reproduktionsverhalten angesehen werden. Während die Anpassung der Geburten- an die Sterberate im 19. Jahrhundert in Europa noch 60 Jahre brauchte, hat Japan zwischen 1950 und 1960 seine Nettoreproduktionsrate (von 1,76 auf 0,97) in zehn Jahren ins Gleichgewicht gebracht.[216] Auch in den heutigen Entwicklungsländern besteht die Bevölkerungskrise allein darin, daß das generative Verhalten dem eingetretenen Wandel der Lebensverhältnisse um ein oder zwei Generationen nachhinkt. Sicher erfordert es ungeheure (und von den meisten Ländern eben nicht zu leistende) politische, wirtschaftliche und soziale Organisationsanstrengungen, wenn etwa bis zum Jahre 2000 jährlich 100 Millionen Menschen neu hinzukommen und mit Nahrungsmitteln, Wohnung und Infrastruktur versorgt werden

---

[214] Clark (1977: 74) kommt auf eine Obergrenze von 36 Mrd. Menschen; aber auch diese Schätzung geht von relativ traditionalen Methoden der Ernährung aus.
[215] Vgl. Colinvaux (1978: 13 ff.).
[216] Longone (1977: 81).

sollen; dennoch berechtigt das sozialorganisatorische Versagen nicht dazu, die Bevölkerungskrise für eine bloße Naturkatastrophe zu halten.

Das „Bevölkerungsproblem" ist – da wo es in das öffentliche Bewußtsein tritt – ganz wesentlich ein *Verstädterungs-* und *Slum*problem, und zwar nicht nur in den Entwicklungsländern, aber doch vor allem hier. Wenn schon die städtische Bevölkerung in den Entwicklungsländern um die Mitte der 70er Jahre über 600 Millionen betrug, so muß sie sich bei den bisherigen Wachstumsraten bis zum Jahre 2000 vervierfachen (Mexiko City soll dann 31,6 Mill. Einwohner haben, Kalkutta 19,7 und Bombay 19,1 Mill. usw.[217]). Noch ganz abgesehen von der Schaffung von Arbeitsplätzen im Industrie- und Dienstleistungsbereich, die stets nur für einen kleinen Teil der arbeitsfähigen Bevölkerung ausreichen werden, sind diese Städte bereits heute nicht mehr in der Lage, ihre Einwohner mit Wasser und Elektrizität, mit Straße und Kanal zu versorgen.[218] Wenn diese Städte schon an ihren Abfällen und an der Vergiftung der Umwelt zu ersticken drohen, so ist vielleicht noch schlimmer, daß sie nicht mehr regiert werden können, daß hier Elend und Kriminalität, Bandenunwesen und Korruption, Apathie und Siechtum großgezogen werden und daß auf längere Sicht nur wenig Hoffnung auf eine produktive sinnerfüllte Beschäftigung der Bevölkerung besteht. Selbst wenn genügend Nahrungsmittel herbeigeschafft und täglich verteilt werden können (was auch nicht gesichert ist) und selbst wenn von außen Kapital und Technologie zugeführt werden, wird dennoch nur der Zirkel der Armut verfestigt, der da heißt: Kapitalzufuhr – technologische Verbesserung – Einkommensverbesserung – erhöhte Kinderzahlen; bzw.: technologische Verbesserung – Freisetzung von Arbeitskräften – Abwanderung und Slumbildung – Zerstörung der Arbeitsmotivation. Am Ende bleibt doch der Zirkel der Armut unerschüttert, nur daß nunmehr noch mehr Menschen in ihn einbezogen sind.[219]

Statt die „Bevölkerungsexplosion" aus angeblicher Sorge um den Menschen stets nur zu beklagen, wäre es nun vor dem Aufschwung zur fünften Kondratieffschen Welle an der Zeit, den Menschen (und das menschliche Gehirn) endlich als die wertvollste *Ressource* anzusehen.[220] Freilich muß man sich damit von einer statischen Sichtweise freimachen, die von einer festen Summe von Ressourcen (an bebaubarem Land, Nahrungsmitteln, Rohstoffen, Energievorräten, Kapital) ausgeht, die dann unter mehr oder

[217] Barney (1980: 520).
[218] Brown (1978: 569); allgemein zu den ökologischen Problemen der Verstädterung vgl. Vester (1983).
[219] Galbraith (1982).
[220] Simon (1981: 345 ff.).

weniger Menschen zu verteilen wären. Sicher ist z. B. für jeden produktiven Arbeitsplatz eine bestimmte Kapitalausstattung erforderlich, und wenn ein verfügbares Kapital auf mehr Arbeitsplätze aufzuteilen ist, dann sinkt die Ausstattung pro Arbeitsplatz, womit sich auch seine relative „Produktivität" vermindert. Diese etwas kurzschlüssige Rechnung übersieht jedoch, daß Kapital durch Kreditschöpfung geschaffen wird. „Kreditschöpfung" heißt in diesem Fall jedoch, daß Bauern mehr Arbeitskraft investieren, wenn sie mehr Kinder haben, daß sie (auch mit Hilfe der Kinder) neues Land urbar machen; daß Industriearbeiter mit mehr Kindern mehr Wert auf eine angemessene Wohnung, auf Schule und Krankenversorgung legen; daß erst eine bestimmte Bevölkerungsdichte die Anlage von Straßen und Eisenbahnen, von Bewässerungssystemen und Stromnetzen, von Kommunikationssystemen und Versorgungszentren ermöglicht.[221] Natürlich werden die Menschen nur dann zu einer wertvollen „Ressource", wenn sie in Schule und Beruf ausgebildet werden, wenn sie technisches Wissen erwerben und wenn sie lernen, moderne Produktionsmittel zu beherrschen, zu verbessern und den eigenen Gegebenheiten anzupassen; wenn sie integrierte politische Gemeinschaften bilden, in denen der Wille zur Zusammenarbeit den Hang zur Ausbeutung der Gemeinschaft eindeutig überwiegt. Die „Bevölkerungskrise" ist in diesem Sinn eine geistige und organisatorische Krise, die daher rührt, daß im Übergang zur fünften Kondratieffschen Welle noch Vorstellungen und Lebenspraktiken vorherrschen, die vielleicht zu Beginn der Industrialisierung angemessen waren.

Wenn die Rohstoff- und Energieknappheit bzw. -umstellung vor allem ein Problem der Industrieländer, der Nahrungsmittelmangel und die Bevölkerungszunahme hingegen vor allem eines der Entwicklungsländer zu sein scheint, so ist das ökologische Problem beiden gemeinsam. Dieses besteht oberflächlich gesehen in der *Verschmutzung* oder sogar schon Vergiftung von Boden, Grundwasser und Luft und – davon ausgehend – in der Schädigung des menschlichen Organismus; tiefer und systemanalytisch gesehen ist sie aber ein Problem der Aufrechterhaltung und Regeneration der für das gesamte Leben auf der Erde grundlegenden biochemischen Kreisläufe. Trotz des seit einigen Jahren in Mittel- und Nordeuropa um sich greifenden Waldsterbens,[222] trotz der biologischen Gefährdung von Nord- und Ostsee[223] und trotz einiger biologisch (fast) toter Flüsse oder wachsender Müllhalden ist die Verschmutzung der Umwelt[224] ein für den

---

[221] Simon (1981: 188–193).
[222] Sachverständigenrat für Umweltfragen (1983).
[223] Bericht der UNEP (1983); vgl. Wandtner (1982: 8 f.).
[224] Vgl. Koch und Vahrenholt (1983).

technischen Stand von Industrie und Agrarwirtschaft zwar beschämendes, aber kein neues und nicht das schlimmste Problem. Im Vergleich mit der frühen Industrialisierung in England oder im Ruhrgebiet und im Vergleich mit der Verschmutzung von Großstädten in früherer Zeit sind sogar erhebliche Fortschritte gemacht worden. Unbezweifelbar ist, daß die Lebenserwartung seit den Anfängen der Industrialisierung kontinuierlich (von etwa 45 Jahre auf 70 Jahre) angestiegen ist bzw. daß die Todesfälle, die auf Luftverschmutzung oder Verseuchung mit Bakterien und Krankheitserregern zurückzuführen sind, drastisch zurückgegangen sind.[225] Zugenommen haben Herzkrankheiten und Krebs; aber hier ist es durchaus fraglich, ob das mit der Veränderung der physischen Umwelt etwas zu tun hat. Die Nahrungsmittelqualität hat sich insgesamt erheblich verbessert, und Qualitätsprüfungen zwischen herkömmlich (mit Kunstdünger und Pflanzenschutzmitteln) und im „biologischen" Landbau erzeugten Produkten fallen nicht notwendigerweise zugunsten der letzteren aus.

Damit soll nicht behauptet werden, daß die genannten Probleme allgemein zu vernachlässigen seien bzw. daß sie nicht regional und lokal ein wirklich katastrophales (ein an eine „Naturkatastrophe" heranreichendes) Ausmaß[226] annehmen können. Bei allem – durchaus heilsamen – Erschrekken aber sind das keine Probleme, die nicht mit den verfügbaren technischen und auch wirtschaftlichen Mitteln gelöst werden könnten. Daß sie bisher nicht gelöst worden sind, beruht auf dem versäumten Einsatz von durchaus verfügbaren Filtertechnologien bzw. auf einer oberflächlichen Wirtschaftsrechnung, die die Erlaubnis der Verschmutzung von Luft und Wasser für „billiger" hält als die Entwicklung und den Einsatz neuer Technologien, als die Rückgewinnung und Lagerung von „Abfallstoffen", die bei einer anderen Behandlung auch „Rohstoffe" sein könnten. Auf die Dauer und auf den größeren Zusammenhang gesehen ist es jedoch nicht billiger, sondern teurer, sich die Entwicklung neuer Umwelttechnologien – oder noch besser: die Entwicklung neuer Produktionstechnologien, die weniger Umweltprobleme aufwerfen – entgehen zu lassen. Wenn statt solcher system- und entwicklungstheoretischer Überlegungen allein die sinkende Toleranz (oder die zunehmende Sensibilität) der Bürger gegenüber solchen offensichtlichen Umweltschädigungen zählt, dann ist dies zwar auch ein politisch bedeutsamer Faktor in der Revision der Wirtschaftlichkeitsrechnung, aber es ist damit doch nur die Oberfläche der ökologischen Krise berührt.

---

[225] Simon (1981: 131f.).

[226] Zur Theorie und Empirie von Naturkatastrophen vgl. Quarantelli (1978); Turner (1976: 378–397 und 753–774); Orr (1979: 41–51); Clausen (1983).

In gewisser Weise ist die ökologische Krise eine Folge der *technologischen Krise*. Das kann jedoch nicht so gemeint sein, daß die Abschaffung der Technik die ökologischen Probleme lösen könnte; im Gegenteil: Nur Wissenschaft und Technik geben uns (auch den Umweltkritikern) die Maßstäbe und Kontrollverfahren an die Hand, die uns erlauben, Umweltschädigungen festzustellen und ökologische Kreisläufe zu regenerieren. Die wirklich gefährlichen, weil nämlich systemischen Umweltschädigungen und -zerstörungen sind schleichend und lange unsichtbar: Ohne sorgfältige Zeitreihenmessungen und Computersimulationen, ohne neue Meßtechnologien und neue chemische, biochemische und biogenetische Verfahren sind nicht einmal die bereits entstandenen Schäden festzustellen; noch weniger sind grundsätzliche Verbesserungen zu erwarten.[227] Auch soll damit nicht gesagt sein, daß die technologische Entwicklung an ein Ende gekommen ist bzw. daß die „Dämonie" der Technik das menschliche Leben zu vernichten beginnt. Gewiß ist es schwieriger geworden, weitere technische Fortschritte zu erzielen. Erstens ist es schon intellektuell schwieriger geworden: Je näher man einer Theorie der physikalischen Elementarteilchen, der chemischen Grundprozesse und der biogenetischen Kodierung des Lebens kommt, um so schwieriger werden die Probleme, um so größer ist auch der Aufwand, der für die Verarbeitung und Systematisierung erforderlich ist und der nicht ohne weiteres arbeitsteilig erbracht werden kann.[228] Je schwieriger es wird, um so größer wird zweitens auch der finanzielle und personelle, der instrumentelle und sozialorganisatorische Aufwand für Forschung und Entwicklung – so groß, daß er oft nur noch in transnationalen Gemeinschaftsunternehmen zu erbringen ist. Drittens werden die Umsetzungsprozesse, die aus einer wissenschaftlichen Erkenntnis oder einer technologischen Neuentwicklung ein praktisch verwendbares und marktfähiges Gebrauchsgut machen, immer langwieriger und teurer. Der Konkurrenzdruck ist (zum Vorteil jedoch der technischen Varietät) außerordentlich hoch, große Investitionen sind unter Umständen – jedenfalls für die Herstellerfirma – vergebens.[229] Dazu kommen viertens aber zunehmende Externalitäten, d. h. Risiken und Nachfolgelasten, die von der Gesellschaft zu tragen sind. Die Externalitäten tendieren um so mehr ins Negative, je naturfremder die verwendeten Materialien und je langfristiger die von den technischen Neuerungen ausgehenden Infrastrukturveränderungen sind. Dazu kommen große Risiken, die nicht nur durch die Produktion und Lagerung hochenergetischer Explosivstoffe

---

[227] Brooks (1979: 7).
[228] Vgl. Rescher (1978: 80 f., 182 ff.).
[229] Giarini und Loubergé (1978: 75 f.).

und Chemikalien, sondern schon durch die wachsende Verletzbarkeit hochempfindlicher Produktionsanlagen und Versorgungsnetze bedingt sind.[230]

Am Ende der vierten Kondratieffschen Welle gerät die technische Entwicklung in das Dilemma, daß sowohl der finanzielle Aufwand wie auch die Risiken viel zu groß geworden sind, als daß die Produkte dieser Technik weiterhin dem trivialen Konsum überlassen werden könnten.[231] In der fünften Kondratieffschen Welle muß die technologische Entwicklung eine andere Qualität erreichen: Sie kann nur noch im beschränkten Maße dazu dienen, die Massenproduktion bzw. die Produktivität für die Herstellung von alltäglichen Gebrauchsgütern zu steigern – dies ist ja bereits geleistet. Die vorwiegend „lineare Ökonomie", die nur auf den Ausstoß einerseits und eine billige Rohstoffbeschaffung andererseits bedacht war, wird einer „zyklischen Ökonomie" mehr Raum geben müssen, in der die Wiederverwendung der Rohstoffe und die ökologische Integrierbarkeit der Produkte im Vordergrund stehen muß.[232] Diese Umstellung hat auch ihre Konsequenzen für die internationale Politik, die nicht mehr nur hegemonial und machtpolitisch ausgerichtet sein kann, sondern die vor allem von den Produktzyklen und vom Technologietransfer her neu geordnet werden muß.[233] Im Mittelpunkt der weiteren technologischen Entwicklung stehen weniger Rohstoffvorkommen und territoriale Ansprüche als das "human capital", d. h. die Ausbildung und das Wissen der Menschen. Dieses Wissen aber ist vor allem ein generelles Systemwissen, ein kybernetisches Kontroll- und Steuerungswissen, das (neben dem rein technischen Steuerungswissen) allmählich auch in den Bereich der biologischen und sozialen Prozesse vorzudringen beginnt.[234]

Im Grunde sind ökologische Krisenerscheinungen Ausfluß einer politisch-organisatorischen Krise einerseits und einer technologisch-organisatorischen Systemkrise andererseits.[235] Der inzwischen *systemische* Charakter der Krise zwingt uns aber auch, den Übergang in die fünfte Kondratieffsche Welle systematisch anzupacken und nicht immer wieder auf veraltete, den Fortschritt letztlich doch nur hemmende Rezepte zu verfallen. Schon die vierte Kondratieffsche Welle ist wissenschaftlich und technologisch dadurch gekennzeichnet, daß die Eingriffstiefe in die Natur ungleich größer ist als jemals vorher: Es werden neue Molekularstrukturen ge-

[230] Häggman (1978: 1–17).
[231] Bühl (1983: 28 ff.).
[232] Gough und Eastlund (1971: 61); Uhlig (1978: 53 ff.).
[233] Krugman (1979: 253–266).
[234] Hannay und McGinn (1980: 25–53).
[235] Allgemein zum Systemgedanken vgl. Waddington (1978); Vester (1975).

schaffen, die es bisher in der Natur nicht gegeben hat und die daher durch die verfügbaren Bakterien- und Pilzkulturen auch nicht mehr abgebaut werden können; es werden Gifte produziert, und es können Strahlungen freigesetzt werden, die das Leben auf der Erde weitgehend auslöschen; es werden Energien gebündelt, mit deren Hilfe die Oberfläche der Erde von Grund auf verändert und die gewohnte Ordnung der Natur (mit gewaltigen Hoch- und Tiefbauten, mit künstlichen Seen und unterirdischen Städten usw.) gleichsam auf den Kopf gestellt werden kann; nicht zu vergessen die neuen Genkombinationen und Gentechnologien, mit denen auch neue biologische Arten erzeugt werden können. Mit zunehmender Systemtiefe aber geht es nicht mehr nur um regionale Verschmutzungen und lokale Umweltkatastrophen, sondern um eine globale Veränderung des ökologischen Gleichgewichts in klimatischer und energetischer, in biochemischer und populationsgenetischer Hinsicht, geht es um die Diversität der Arten und das zukünftige evolutionäre Potential.[236] Diese globalen Systemprobleme aber sind nicht durch den Rückzug in eine Art primitiver Stammesökologie,[237] nicht durch den Rekurs auf die Technologie der vorindustriellen Gesellschaft (mit Wind- und Wasserenergie, mit Stalldünger und Gartenwirtschaft), sondern nur durch einen entscheidenden Fortschritt der technologischen Entwicklung, aber auch der internationalen politisch-organisatorischen Zusammenarbeit zu bewältigen.

Das Leitbild der fünften Kondratieffschen Welle ist das *ökologisch komplexe System,* das einerseits mit Mitteln der elektronischen Steuerungstechnik und des "biofeedback", andererseits mit den Mitteln der internationalen Gesetzgebung und Überwachung im Gleichgewicht gehalten wird.[238] Das beschädigte oder gefährdete ökologische System kann nur durch einen Schritt vorwärts wieder geheilt werden. Unsere Vorfahren – sowohl die Jäger- als auch die Garten- und Brandrodungs- oder späteren Bauernkulturen – haben sich ja nicht gerade durch einen besonders sorgsamen Umgang mit der Natur ausgezeichnet; nur waren ihre Mittel beschränkt, mehr als lokale und vorübergehende Schäden anzurichten. Der Eingriff des Menschen ist bis heute vor allem dadurch gekennzeichnet, daß mehrjährige zugunsten von einjährigen Pflanzen ausgerottet bzw. daß komplexe und eng miteinander verflochtene Biozönosen zugunsten von verarmten Monokulturen aufgelöst werden. Die frühen, vom Menschen beherrschten Ökosysteme waren durch die Dominanz der sog. r-Strategie, d. h. durch eine

---

[236] Vgl. Odum (1975).
[237] Vgl. zu dieser Programmatik: Goldsmith (1976: 14–19; 46–53); Goldsmith (1977: 128–143); dagegen: Touraine (1976).
[238] Vgl. Bühl (1981: 307–322).

Strategie der schnellen Reproduktion, des hohen Energieumsatzes und der weitgehenden Nichtbeachtung (oder der bewußten Zerstörung) der natürlichen Habitate bestimmt.[239] In einem Ökosystem, das nunmehr durch tiefe Eingriffe in den Stoffwechsel und in das genetische Material selbst gekennzeichnet ist und das in bestimmten Auswirkungen schon global geworden ist, muß mehr und mehr die K-Strategie, d. h. die an der ökologischen Kapazität oder Tragfähigkeit orientierte Strategie, in den Vordergrund treten, die den Reichtum der Varietäten und ihrer Interdependenzen wahrt und mit einem geringeren Energieumsatz auskommt. Die heute noch herrschenden Monokulturen sind Überbleibsel aus der vierten Kondratieffschen Welle, die eingegrenzt und neutralisiert werden müssen. Diese *ökologische Reifung* wird nur möglich durch eine korrespondierende technologische, sozialorganisatorische und wirtschaftliche Höherentwicklung. Diese fordert gewiß riesige Anstrengungen, aber der Weg zurück ist nur eine Illusion. Die überall erwachte ökologische Sensibilität ist ein Gewinn, der nicht verspielt werden darf. Aber in dieser Sensibilität, vor allem wenn sie mit Angst und Resignation verbunden ist, liegt noch nicht die Lösung. Es ist nicht zu übersehen, daß im ökologischen Engagement viel Romantizismus und eine große Angst vor der „narzißtischen Kränkung"[240] steckt; diese aber ist nur durch eine aktive und großangelegte Entwicklungspolitik, durch eine Wiedergewinnung der Handlungsfähigkeit zu überwinden.

6. Die Krise der internationalen Beziehungen

Um die Strukturkrise der internationalen Beziehungen im Übergang von der vierten zur fünften Kondratieffschen Welle zu erfassen, kann der übliche *Ereignis*ansatz, in dem internationale Krisen nur als zum Krieg führende Interaktionssequenzen zwischen den Regierungen zweier oder mehrerer Staaten dargestellt werden,[241] nicht ausreichen. Obwohl auf diesem Gebiet Hunderte von Fallstudien vorliegen[242] und obwohl einige der hier beschriebenen Krisen[243] durchaus symptomatisch sein mögen, er-

[239] Pianka (1978: 122f.).
[240] Matussek (1979: 102f.).
[241] Snyder (1976: 683).
[242] Vgl. als allgemeinen Überblick: Snyder und Diesing (1977); Brecher (1977: 39–74); Brecher (1978); Frei (1978). Zu den regionalen Krisenstudien vgl.: Singer (1968); Tanter (1974); Raphael (1982: 423–450); Leng und Walker (1982: 571–591); Scherer (1981: 110–125); Zagare (1981: 139–158); Treverton (1981).
[243] Tanter (1978: 341); für den Bereich der Erdölversorgung vgl. Baumgartner, Burns und Deville (1977: 75–108).

scheint das, worauf es uns gerade ankommt: der *Funktionswandel* der internationalen Beziehungen, nur am Rande.[244]

Dieser Wandel kommt erstens in einem gewissen *Transfunktionalismus* zum Ausdruck; d. h. was bisher nur als ein militärisches Problem, als eine Sache des physischen Drohpotentials und der Glaubhaftigkeit einer Drohung angesehen wurde, greift nunmehr unter und über den militärischen Bereich hinaus: Zum einen gibt es viele Möglichkeiten der Gewaltanwendung unter der militärischen Schwelle, so z. B. den Terrorismus, die Störung und Zerstörung von öffentlichen Einrichtungen, schließlich Subversion und Bürgerkrieg;[245] zum anderen sind die technologischen Entwicklungsmöglichkeiten, die weitgehend im zivilen Sektor zu lokalisieren sind, wichtiger geworden als die nur physische Zerstörungsgewalt. Die militärstrategischen Funktionen sind nicht mehr abzugrenzen, wesentliche Einflußgrößen liegen außerhalb der Militärorganisation. Das Spiegelbild des Transfunktionalismus ist zweitens der *Transnationalismus* [246], wonach die politische Tätigkeit der Staaten – dank transnationaler Unternehmen und Märkte, aber auch dank transnationaler politischer Organisationen und Werthaltungen – zum einen über den Nationalstaat hinausgreift, zum anderen – in der Form des Regionalismus – durch regionale Bindungen beschränkt wird. Die geographische Abgrenzung der politischen Einheiten ist jedenfalls weitgehend illusionär geworden; und so gibt es auch kaum noch geographische Pufferzonen zwischen den Konfliktgegnern. Drittens ist die Zahl und auch die *Unterschiedlichkeit der Akteure* im internationalen Feld gewachsen: Neben den Staaten gibt es multinationale Unternehmen mit großer Reichweite und einer großen funktionalen Bedeutung; viele Staatsorganisationen stehen in einem intensiven Austausch; doch Militärbündnisse und Märkte, Wissenschaftsaustausch und Technologietransfer stellen Verbindungen her und eröffnen Handlungsmöglichkeiten, die von den Einzelstaaten kaum mehr kontrolliert und jedenfalls nicht nach Belieben gehandhabt werden können.[247]

Die Krisenbewältigung ist damit aber in das funktionale Vorfeld einer neuen politischen Ordnung verschoben worden: Wenn Krisen ausgebrochen sind, ist es eigentlich schon zu spät, die Krise zu lösen; überhaupt können die Krisen nicht mehr einzeln für sich betrachtet werden: Nachträgliche Krisenlösungen sind – ganz abgesehen von den Zerstörungen, die mit modernen militärischen Mitteln anzurichten sind – fast immer struk-

[244] Vgl. "Some Disturbing Trends" in: Groom (1978: 108 ff.).
[245] Eckstein (1964).
[246] Vgl. Bühl (1978: 107–123).
[247] Morse (1976: 97 ff.).

turvernichtend; d. h. die „befriedete" Krisenzone scheidet praktisch für Jahre aus dem internationalen System aus, nur selten gelingt eine bessere Eingliederung als vorher.[248] *Krisenlösungen* im internationalen Feld der fünften Kondratieffschen Welle können nur noch als *makropolitische* und *langfristige* Probleme angesehen werden, während alle isolierten und kurzfristigen Krisenlösungen post festum entweder viel zu gefährlich sind für das Gesamtsystem (soweit hier die Hegemonialmächte und ihre technologischen Ressourcen betroffen sind) oder (bei dritten Mächten, die nicht zur Klientel der Hegemonialmächte gehören) die „Krisenlösung" auf Kosten der betroffenen Krisenzone geht. Das große Problem des Übergangs ist, daß eine neue struktural-funktionale Ordnung gefunden werden muß; d. h. daß die alte institutionelle Ordnung nicht mehr trägt, daß die alten funktionalen Koppelungen aufgelöst und die alten politischen Systemeinheiten durchbrochen werden, daß aber eine neue institutionelle Makroordnung noch nicht erkennbar ist.

Die eigentliche Krise in den internationalen Beziehungen besteht einerseits in der Nichtbegrenzbarkeit ausgebrochener militärischer Auseinandersetzungen, andererseits aber auch im allgemeinen Festhalten an veralteten Machtvorstellungen aus der dritten und vierten Kondratieffschen Welle, in der die Beherrschung großer geographischer Räume und der Einsatz von Massenvernichtungsmitteln noch einen Machtvorteil versprach. In der fünften Kondratieffschen Welle kommt es jedoch sehr viel mehr auf eine gute Position im Weltwirtschaftssystem, auf technologische Spitzenleistungen und auf den Ausbau weltumspannender funktionaler Beziehungen an. Wenngleich zur Abschreckung eines feindlichen Erstschlages ein beträchtliches Drohpotential aufrechterhalten werden muß, blockieren sich gerade diese Drohpotentiale gegenseitig, so daß sie politisch kaum etwas bewegen können. Der größere Spielraum der internationalen Politik liegt *unter* dieser Drohschwelle und er liegt in einer breiten funktionalen Diversifikation. Mit der Rüstung kann man sich nun auch totrüsten, die forcierte Industrialisierung kann die technologische Entwicklung verzerren oder sie kann die eigene ökologische Situation schwächen, auf jeden Fall aber kostet eine aggressive Drohpolitik Vertrauen und entwicklungsfähige Allianzpartner. Obwohl auch für die fünfte Kondratieffsche Welle gelten wird, was für die vorhergehenden Wellen schon gegolten hat – daß auf längere Sicht nur Hegemonialmächte überleben können, die dem technologisch-ökologischen und dem organisatorischen Stand der neuen Welle angepaßt sind –, besteht die größte und das Gesamtsystem bedrohende akute Krisengefahr darin, daß eine zurückgebliebene Hegemonialmacht glaubt,

---

[248] Bloomfield und Leiss (1969: 38 f.).

den Strukturwandel aufhalten zu können, indem sie zum „letzten Gefecht"
ansetzt. Diese Gefahr ist um so größer, je stärker zentralisiert das absteigende Hegemonialsystem ist und je mehr es vom militärischen Sektor beherrscht ist (der nicht den hohen Grad der funktionalen Verflechtung des
zivilen Sektors aufweist).

Daß das Auslaufen der vierten und der Aufschwung der fünften Kondratieffschen Welle mit einem Wandel in der *Hegemonialordnung* verbunden
und daß die Krise der internationalen Beziehungen erst dann überwunden
sein wird, wenn sich diese Herrschaftsstruktur wieder vereinfacht haben
wird, daran zweifeln weder marxistische noch liberalistische Theoretiker;
erhebliche Unterschiede bestehen jedoch in der Faktorengewichtung und
in der Faktorenverbindung im Erklärungsschema. Die polaren Gegensätze
in der Definition des Zielsystems bilden das „kapitalistisch-imperialistische
Weltsystem" einerseits und die „internationale Interdependenz" andererseits.

Nach einer um Orthodoxie bemühten *marxistischen Theorie*[249] folgt das
gesamte Weltsystem in seiner wirtschaftlichen wie politisch-militärischen
oder auch technologisch-kulturellen Ausprägung einer einzigen Logik,
nämlich der kapitalistischen Logik der *Kapitalakkumulation,* mit der angeblich stets auch die politische Allianzenbildung übereinstimmt.[250] Die
gesamte Weltwirtschaft ist demnach einer einzigen Arbeitsteilung unterworfen, wobei die kapitalintensiven und technologisch hochwertigen Produkte und Produktionsverfahren dem „Kern", die arbeitsintensiven und
technologisch zweitrangigen der „Peripherie" überlassen bleiben. Wenn
sich auch im Laufe der Kapitalakkumulation Kern- und Peripherieregionen
in geographischer und auch in politischer Hinsicht verschieben, so bleibt
das grundlegende politische Gefälle zwischen Kern und Peripherie doch
erhalten.

Nach diesem monolithischen und (mit den Begriffen von Zentrum und
Peripherie) nur minimal durchstrukturierten Systemmodell ist die *Krisenmechanik* die, daß im Aufschwung stets eine wirtschaftliche Expansion
durch die jeweils vorherrschende Organisationsform (zunächst ist dies die
Familienfirma, dann ist es das nationale Großunternehmen, in der Periode
von 1945 bis 1973 ist es das multinationale Unternehmen) versucht wird;
nach einiger Zeit aber – wenn die Märkte gesättigt und wenn die internen
Klassenschranken in der Einkommensverteilung überwunden sind – endet
diese in einem exzessiven Wettbewerb und in Überkapazitäten und Über-

---

[249] Vgl. Amin (1982); Bergesen (1983); Friedman (1978: 131–146); Castells (1976:
11–54); Weisskopf (1979: 341–378).
[250] Hopkins (1982: 11 ff.).

produktion. Im Abschwung müssen dann viele der kleineren und mittleren Firmen aufgeben, während sich die größeren durch Fusion zu erhalten suchen. Die Fusion ermöglicht einerseits eine bessere Verbindung mit dem korporativen Wohlfahrtsstaat, andererseits ist sie das beste Mittel, die Lasten (in Rohstoffpreisen, Umweltverschmutzung, Arbeitskosten) auf die Peripherie abzuladen. Die Krise wird so jeweils durch noch größere organisatorische Anstrengungen überwunden. Am vorläufigen Ende der Rezession von 1974 und der Depression seit 1980 steht demnach die Verschmelzung von multinationalen Unternehmen und Staatsunternehmen bzw. Staatsbeteiligungen.[251]

Diese unilineare Konstruktion, die den Untergang des Kapitalismus vorauszusagen sucht, auch wenn es noch einen oder mehrere Kondratieffsche Zyklen dauern sollte, ist ziemlich unrealistisch: Was sie generell als Rettung aus der Krise annimmt, das wäre gerade die Krise. Wenn als Beispiele für die Fusion von multinationalen und Staatsunternehmen die amerikanische Autoindustrie, die Stahlindustrie, die arabischen Ölbanken und die französische Rüstungsindustrie angegeben werden,[252] so wird hier nur die Überlebensstrategie der „Saurier" gesehen, die ohne Innovationen, durch bloßes Größenwachstum, durch politische Interventionen und militärische Lieferaufträge usw. über die Runden zu kommen suchen. Diese Strategie mag für die veralteten Industrien typisch sein, sie gilt jedoch nicht für die neuen. Wenn ein Staat sich ganz dieser Fusionsstrategie verschriebe, wäre das das sicherste Mittel für sein Ausscheiden aus der internationalen Konkurrenz. Ohne eine neue technologische Basis jedoch gibt es keine Überwindung der Krise. Diese Basis aber entsteht mit größerer Wahrscheinlichkeit in den kleineren Unternehmen, die sich vielfach von den unbeweglichen Mammutunternehmen abgespalten haben, um ungestört neuen Entwicklungen nachgehen zu können.

Die marxistische Theorie der Kapitalakkumulation durch *Organisationsfusion* erweist sich aus mehreren Gründen als unzureichend. Erstens ist die Vorstellung eines unaufhaltsamen *Größenwachstums* noch ganz der Expansionsphase der vierten Welle verhaftet: Zwar wird die Großorganisation – jedenfalls für den Bereich der Massenproduktion – ein bestimmender Faktor bleiben; aber mit den modernen Kommunikationsmitteln der Satellitenübertragung und der Videokonferenz, mit Fernkopierer und Computernetzen wird es einerseits möglich sein, Organisationen im Prinzip standortunabhängig und weltweit zu kontrollieren, andererseits läßt sich mit Robotern und Computerprogrammen die Massenproduktion weitgehend

---

[251] Vgl. Bergesen (1982: 27–39); ähnlich: Chase-Dunn (1981: 19–42).
[252] Bergesen (1982: 35 ff.).

individualisieren. Moderne Organisationen sind nicht mehr mit Notwendigkeit Massenorganisationen, sondern sie lassen sich weitgehend funktional differenzieren.[253]

Zweitens ist die Tendenz zur *Zentralisierung* nicht naturgegeben; vielmehr wird durch die weitere Ausdehnung und Verdichtung der Kommunikationsnetze ein hoher Grad der Dezentralisierung ermöglicht, d. h. die modernen Kommunikationsnetze sind sowohl zentral wie dezentral zu schalten. Die Organisation der fünften Kondratieffschen Welle ist die komplexe und flexible Organisation, d. h. eine Organisation, die aus mehreren relativ autonomen Untereinheiten aufgebaut ist, die sich je nach den Arbeitserfordernissen verkoppeln und auch wieder entkoppeln lassen.[254] Schon heute arbeiten Großorganisationen mit relativ eigenständigen Pilotunternehmen und Entwicklungsabteilungen, um sowohl in der Produktion wie auch in der Vermarktung experimentieren zu können. Die strukturellen Grenzen einer flexiblen Organisation werden in Zukunft noch offener werden müssen, wenn sie innovativ bleiben soll. Jedenfalls suchen die Theoretiker des „Kapitalismus" die Lösung nicht in der Größenzunahme und in der Fusion, sondern in der Mikrovariabilität, d. h. in der Erhaltung der Organisationsvielfalt und in einer breiten Mixtur von Groß- und Kleinunternehmen, in der Flexibilität und inneren Beweglichkeit eines jeden einzelnen Unternehmens.[255]

Drittens ist diese Akkumulationstheorie ganz auf die Industrie – und hier offenbar auf die herkömmliche *Schwer*industrie – ausgerichtet, während das Entwicklungspotential der Landwirtschaft völlig vernachlässigt wird. Es ist aber ganz unbestreitbar, daß auch in den nächsten Jahrzehnten noch die Mehrheit der Menschen in der Landwirtschaft tätig sein wird bzw. daß hier noch große Möglichkeiten der Entwicklung liegen: zum einen dank verbesserter Methoden der Bewässerung und der Intensivlandwirtschaft, dank neuer biotechnologischer Methoden der Pflanzenzüchtung, der biologischen Stickstofferzeugung oder Schädlingsabwehr,[256] zum andern einfach dank besser durchdachter Mischkulturen, die eine engere ökologische Symbiose von Boden und Klima, Pflanzen- und Tierzucht und menschlicher Arbeit ermöglichen.[257] Wenn auch ein nur landwirtschaftlich fundierter Staat zu keiner Großmacht aufsteigen wird, so gibt es dennoch keine Hegemonialmacht ohne ein solides agrarisches Fundament und – darüber

---

[253] Boulding (1981: 143 f.).
[254] Stanton (1979: 227 f.).
[255] Klein (1977: 30 ff.).
[256] Vgl. Walker (1975).
[257] Nairn (1979: 101–110).

hinaus – ohne attraktive Landschaften, in denen Menschen wirklich leben (und beispielsweise ihren in der industriellen Tätigkeit und in den Großstädten verdienten Lebensabend verbringen) wollen.

Dieser Ansatz der Kapitalakkumulation und der Beherrschung der Welt durch das Kapital ist also schon ökonomisch zu *linear* und zu *reduktionistisch* gedacht: Es ist die universelle Verschwörungstheorie, die die Marxisten davon abhält zu erkennen (oder zuzugeben), daß der Markt doch kein ohne weiteres verfügbares politisches Instrument, sondern eben ein Medium ist, d. h. ein dezentral aufgebauter und stets nur partiell kontrollierbarer Regulationsmechanismus, in dem sich komplexe Probleme der Abstimmung von Angebot und Nachfrage, von kollektivem und privatem Bedarf oder von Innovation und Diffusion – wenn auch unvollkommen – mehr oder weniger von selbst regeln.[258] „Politik" könnte man nur – wie auch dauernd unterstellt wird – durch die Ausschaltung des Marktes machen. Aber auch dann würde der vielleicht vorübergehend erzielbare Nutzen die Nachteile der Zerstörung der Mikrovariabilität niemals aufwiegen können. Das beste Beispiel dafür bieten die „sozialistischen" Länder im Einflußbereich der Sowjetunion oder diese selbst. Die „Polnische Krise"[259] scheint durchaus exemplarisch zu sein für festgelaufene Staatswirtschaften, die, wenn die ideologische Kontrolle sich erschöpft und die bürokratische Lenkung versagt, über keine Mechanismen der Interessenartikulation und -aggregation, der sozialen Reorganisation und Selbstregulation mehr verfügen. Dagegen hat der „Kapitalismus" einerseits in der Phase der Dekolonisation, andererseits im Ausbau des internationalen Handelsaustausches gelernt, daß eine „imperialistische Ausbeutung", daß der schnelle Griff nach Rohstoffen, daß politische Bevormundung und militärische Zwangsmittel nur die eigenen Anstrengungen erlahmen und das innere Entwicklungspotential verkümmern lassen, daß schnelle Gewinne die Elite korrumpieren und daß Kontrolle ohne Konsens politisch kontraproduktiv ist.[260]

Nicht minder spekulativ als das marxistische Akkumulationsmodell ist auf der anderen Seite aber auch das liberalistische *Interdependenzmodell*. Interdependenz ist zu definieren als das „Ausmaß, in dem Ereignisse, die in einem bestimmten Teil oder einer bestimmten Komponente des Weltsystems auftreten, die Ereignisse in jedem anderen Teil oder jeder anderen Komponente (entweder physisch oder wahrnehmungsmäßig) beeinflussen".[261] Die zunehmende Interdependenz des Weltsystems wird vor allem

[258] Lindblom (1977: 33–51).
[259] Spielman; Bromke; Staniskis; Matejka.
[260] Modelski (1978: 214–235).
[261] Young (1969: 726).

auf die moderne Technologie und ihre ökologischen Begrenzungen zurückgeführt: Das elektronische Kommunikations- und Überwachungssystem reicht über die ganze Welt, der Ausgriff der militärischen Technologie ist interkontinental, ebenso aber auch die ökologische Auswirkung der zivilen Technologie; externe und interne Politik sind kaum mehr voneinander zu trennen, viele Organisationen sind trans- und multinational geworden und übergreifen die Staatsgrenzen. Diese Interdependenz wird jedoch besonders da zum Mythos, wo von einer „komplexen Interdependenz" [262] die Rede ist, d. h. wo in der Annahme einer ohnehin wachsenden Komplexität die einzelnen funktionalen Interdependenzen schon gar nicht mehr benannt und gewichtet werden können und wo der Verlust an funktionaler Ordnung als das eigentliche Ziel der Entwicklung idealisiert wird. Bei näherem Hinsehen aber sind die Interdependenzen keineswegs gleichmäßig über die verschiedenen globalen und regionalen internationalen Beziehungen verteilt; wenn man sich der Illusion hingibt, daß durch die Interdependenz alle Machtungleichgewichte und -kämpfe verschwinden würden, muß das Interdependenzmodell geradezu als eine gefährliche und selbstzerstörerische Verführung vor allem für die fortgeschrittenen Industrienationen angesehen werden (wo allein es wirklich für wahr und realistisch gehalten wird). [263]

Am wenigsten realistisch hat sich das Interdependenzmodell dort erwiesen, wo man die größte Hoffnung darauf gesetzt hatte, nämlich in den *Ost-West-Beziehungen.* Hier glaubte man einmal, daß eine Politik der Verstärkung der wirtschaftlichen Interdependenz und der politischen Détente, verbunden mit den technologisch-ökologischen Zwängen, die sich aus dem atomaren Patt und den gemeinsamen weltpolitischen Interessen der beiden Supermächte ergeben, die Sowjetunion zu einem kooperativen Verhalten und zu einer Milderung ihres Weltmachtanspruches führen könnte. [264] Aber eher das Gegenteil ist der Fall – entweder weil die Sowjetunion die erreichte Interdependenz zu ihrem eigenen Vorteil nutzen konnte, oder auch, weil die Interdependenz nicht weit genug vorangetrieben worden ist. [265] Erstens ist die Sowjetunion wirtschaftlich – weder in quantitativer noch in qualitativer Hinsicht – nicht wirklich abhängig geworden, bzw. die Abhängigkeit ließ sich weitgehend diversifizieren und entschärfen. Selbst der Technologietransfer hat schon deshalb zu keiner Abhängigkeit geführt, weil die Effektivität dieses Transfers sich als weitaus geringer erwiesen hat,

262 Keohane und Nye (1977: 228f.).
263 Nye (1974: 996); O'Leary (1978: 534ff.).
264 Huntington (1978: 68–69).
265 Finlayson und Marantz (1982: 190).

als dies aufgrund westlicher Erfahrungen zu erwarten war.[266] Dort aber,
wo ein bemerkenswerter Zuwachs im Handelsaustausch zu verzeichnen
war, nämlich mit der Bundesrepublik Deutschland, ist eher eine Krise der
Atlantischen Allianz als eine einseitige Abhängigkeit der Sowjetunion zu
befürchten. Zweitens sind die erwarteten internen Rückwirkungen auf die
politischen Verhältnisse in der UdSSR ausgeblieben, oder sie haben sich in
das Gegenteil verkehrt. Die Interdependenz hat nämlich die politische Führung nicht zu einer grundlegenden ökologischen Reform, zur Dezentralisierung und einer größeren Autonomie der Betriebe und Regionen veranlaßt, vielmehr hat der Handelsaustausch und Technologietransfer die Notwendigkeit einer grundlegenden Reform erübrigt; der sowjetische Staat ist
zentralistischer und kohärenter als je,[267] ein moderierender Effekt auf
weltpolitische Expansionsbestrebungen (Afghanistan, Afrika, Lateiname-
rika) war nicht zu bemerken; der Rüstungswettlauf hat sich beschleunigt
und nicht vermindert; eher hat sich die Führung der Sowjetunion veranlaßt
gesehen, noch mehr auf ihre militärische Macht – als dem einzigen Mittel,
das ihren Weltmachtstatus gewährleisten kann – zu setzen.[268]

In den *Nord-Süd-Beziehungen* sind tiefreichende Interdependenzen entstanden, in manchen Fällen geradezu symbiotische Beziehungen; aber die
Interdependenzen haben nur dazu geführt, daß die westlichen Industrieländer – allen voran die USA – einerseits immer mehr an die großen Schuldnerländer gebunden werden, während andererseits eine längerfristige Ent-
wicklungsstrategie für die Dritte Welt diesem Umschuldungsdienst zum
Opfer fällt. Die großen Schuldnerländer Brasilien, Mexiko und Argentinien, aber auch Bolivien, Ecuador, Chile, Venezuela oder Polen und Rumä-
nien beanspruchen die Mittel des Internationalen Währungsfonds bis zu
einem Maße, daß er auszutrocknen droht bzw. die kleineren und privaten
Banken ihre Beteiligungen zurückzuziehen suchen.[269] Selbst wenn die Verschuldungskrise durch kurzfristige Überbrückungsmaßnahmen und die
Erhöhung der Fondsquoten überwunden werden kann, so werden gerade
damit die mittel- und langfristigen Möglichkeiten vermindert; möglicherweise wird damit sogar der Markt zwischen den Banken fragmentiert.[270]
Mit schwankenden Wechselkursen, schwankenden Erdöl- und Rohstoffpreisen, mit der Verteilung verschiedener Produktzyklen auf verschiedene technologische Führer, mit der Schwächung der amerikanischen poli-

---

[266] Bertsch (1980: 74–78); Miller (1978: 553–559).
[267] Wagner (1974: 435–466).
[268] Finlayson und Marantz (1982: 188).
[269] Cline (1982/83: 115 f.); Opitz (1984).
[270] Bressand (1983: 767).

tischen Führung und der Vermehrung der politischen Störmöglichkeiten
rund um die Welt ist zwar eine weitreichende Interdependenz geschaffen
worden, aber der Zunahme der Interdependenz entspricht eine Abnahme
der kollektiven Handlungsfähigkeit. Die daraus entstehende *Krise der Interdependenz* besteht gerade darin, daß in der kurzfristigen Krisenstrategie,
in der ein Symptom nach dem anderen behandelt wird, die Mittel für eine
langfristige Entwicklungspolitik verspielt werden. Die Interdependenz ist
begrüßt worden in einer Zeit des Wachstums; in einer Zeit eines geringen
wirtschaftlichen Wachstums und hoher Zinsen bei den führenden Industrienationen einerseits und hohen Inflationsraten und einer überdimensionalen Verschuldung bei den großen Schwellenländern andererseits
treten jedoch die Probleme der Interdependenz deutlicher hervor als ihre
Vorteile.

Die Interdependenz ist am größten im Bereich der westlichen Industrienationen (OECD), wo sie nicht nur den Handelsaustausch, sondern auch die
Faktorpreise, die Technologie- und die Industrieentwicklung, die strategi-
sche wie die währungspolitische Koordination betrifft.[271] Gerade hier aber
ist sie von der ernstesten Krise betroffen, weil der komplexen Interdependenz nur primitive Mittel der politischen Steuerung gegenüberstehen:
Ohne hinreichende Kontroll- und Planungsmittel aber führt die Interdependenz öfter zu Konflikten und „Mißverständnissen" (d. h. unterschiedlichen Sichtweisen bei ein und demselben Problem) als zur Kooperation.

Dies zeigt sich bereits im *wirtschaftlichen* Bereich, bei dem es längst nicht
mehr nur um Probleme des internationalen Handelsaustausches geht, sondern bei dem die Interdependenz – oft ohne die Intention und das Bewußtsein der Beteiligten – so weit fortgeschritten ist, daß von den Zinssätzen
oder Inflationsraten des einen Landes die Investitionen des anderen Landes
abhängen, so daß die Probleme der Industriepolitik und Technologieentwicklung der einzelnen Länder eng miteinander verflochten sind. Die wirtschaftliche Interdependenz hat stillschweigend bereits zu einer neuen
Arbeitsteilung geführt. Wenn auch die Struktur und die Regeln dieser
Arbeitsteilung noch unklar sind, so ist zumindest doch erkennbar, daß die
technologische Führung der Vereinigten Staaten wesentlich nachgelassen
hat, so daß an der Spitze eines Produktzyklus oft schon Japan, gelegentlich
auch ein europäisches Land (oder ein multinationales Unternehmen) steht.
Der von den zurückgebliebenen Ländern versuchte Protektionismus kann
das Problem nicht lösen; eher wird durch die Abkoppelung vom technolo-
gisch-industriellen Schrittmacher die eigene Zukunftsentwicklung bedroht. Die „Krise der Interdependenz" liegt hier im Mangel an einer klaren

---

[271] Rosecrance, Alexandroff, Koehler, Kroll, Laqueur und Stocker (1977: 427 f.).

und legitimen Führung, die wieder einen Einklang zwischen der wirtschaftlichen und technologischen Entwicklung mit den weltpolitischen Leitlinien der Führungsmacht herstellen könnte. Ohne eine solche selbstverständliche Führung aber bleibt die Interdependenz ohne effektive Formen der Kooperation und Koordination;[272] jedenfalls geht damit viel Energie verloren.

Die gleiche Krise läßt sich aber auch in den militärisch-strategischen Interdependenzen im Bereich der NATO und speziell der *Atlantischen Allianz* feststellen.[273] Hier bringt nicht nur die Asymmetrie von hegemonialen und globalen Interessen auf seiten der USA und von regionalen Interessen auf seiten Europas Spannungen hervor; dazu kommt, daß Westeuropa bestenfalls ein wirtschaftliches Unternehmen ist und daß hier alle Politik notwendigerweise ökonomisiert wird, während die USA in erster Linie politisch denken und auch bereit sein müssen, ihre politischen Interessen mit militärischen Mitteln durchzusetzen.[274] Wenn jedoch selbst die wirtschaftliche Einigung Europas – durch das verminderte Wirtschaftswachstum und durch die Fixierung lediglich auf die Landwirtschaft – stagniert, andererseits aber auch die wirtschaftlichen Entwicklungen in den USA oder in Japan wichtiger sind für jedes einzelne europäische Land (oder Unternehmen) als die wirtschaftliche Integration Europas, dann fehlt dieser Ökonomisierung noch dazu jede politische Linie und jedes weltpolitische Gewicht. Die verstärkte Interdependenz bedeutet so jedenfalls für Europa mehr *politische Abhängigkeit*. Diese Asymmetrie wird selbstverständlich auch innerhalb der NATO deutlich, deren Entwicklung durch die Paradoxie bestimmt ist, daß ein Mehr an militärischem Engagement der Amerikaner, daß mehr amerikanische Streitkräfte in Europa, daß die Standardisierung des Geräts und die Modernisierung der taktischen und strategischen atomaren Waffen nicht mehr Vertrauen, sondern mehr Mißtrauen gegenüber der amerikanischen Bereitschaft geschaffen hat, für Europa eigene, auch atomare Risiken einzugehen.[275] Die Krise der Interdependenz hier beruht auf einer gewaltigen Asymmetrie in militärischer und strategischer Hinsicht, die durch unbestreitbare ökonomische und technologische wie allgemein kulturelle Gemeinsamkeiten nicht verdeckt werden kann. Insgesamt kann die Krise der Interdependenz auf eine funktionale Überspezialisierung oder Diversität zurückgeführt werden, die von keinem politischen Willen mehr zu einer Einheit zusammengefaßt werden kann, ja in der alle Ansätze zu einer eigenständigen Politik untergehen. Dieser Verlust an „po-

---

[272] Freedman (1982: 400). Als Überblick vgl. Läufer (1974); Zellentin (1970).
[273] Cohen (1982: 326).
[274] Freedman (1982: 412).
[275] Cohen (1982: 338f.).

litischem Willen" kann auch eine Krise der Werte genannt werden, insofern gemeinsame Wertsetzungen nicht mehr zur Geltung kommen oder sogar bewußt unterdrückt werden.

Die Interdependenztheorie steht im konträren Gegensatz zur marxistischen Kapitalismustheorie; was beide jedoch miteinander verbindet, das ist eine verborgene Automatismusannahme, die die Aufgabe der Schaffung einer neuen *politischen Ordnung* verdrängt. Beide Theorien sind symptomatisch für die Krise, insofern die Krise gerade darin besteht, daß man sich dieser Aufgabe nicht stellt. Obgleich politisch realistischer, ist es in diesem Zusammenhang aber auch keine Lösung, theoretisch ganz auf den *Nationalstaat* zu rekurrieren und zu behaupten, daß die einzige reale, nämlich handlungsfähige Einheit der internationalen Politik der Nationalstaat sei und daß – in Ermangelung einer zentralen Gewalt – hier notwendigerweise die Anarchie herrsche.[276] Nach dieser Auffassung ist das oberste Prinzip das der Selbsthilfe, sowohl in sicherheitspolitischer wie in ökonomischer Hinsicht.[277] In sicherheitspolitischer Hinsicht gilt, daß die internen Anstrengungen vor den externen rangieren bzw. daß das Ziel beider ist, die eigene Allianz zu stärken und die gegnerische zu schwächen. Auf dem wirtschaftlichen Gebiet darf die internationale Arbeitsteilung nicht zu weit vorangetrieben werden; denn nur wenn sich die Staaten möglichst gleich sind, können sie miteinander wirklich konkurrieren und eine zu große politische Abhängigkeit vermeiden. Nach dem – allerdings überrealistischen und damit schon wieder blinden – Machtbegriff von Kenneth Waltz ist die internationale Interdependenz heute geringer als vor dem Ersten Weltkrieg, da nun ein bipolares System herrsche und damit die Machtdifferenzen zwischen Hegemonial- und Klientelmächten viel zu groß seien. Außerdem erhöhe jede Zunahme der Interdependenz, wenn sie nicht begleitet ist von einer Steigerung der zentralen Kontrolle, nur die Wahrscheinlichkeit des Krieges.[278] Obwohl diese Ansicht ein gutes Gegengift gegen voreilige Interdependenzträume ist und mit ihr die erstaunliche Lebensfähigkeit des Nationalstaates unterstrichen wird, so ist sie als Erklärung doch insofern völlig unzureichend, als sie gar keinen Sinn hat für den strukturellen Wandel der internationalen Beziehungen. Internationale Krisen wären demnach ein unabwendbares, immer gleiches Geschick, das einfach im Machtkampf der Staaten gegeneinander bestünde. Mit dieser völlig ahistorischen Theorie aber ist der Epochenübergang von der vierten zur fünften Kondratieffschen Welle jedenfalls nicht zu erklären.

[276] Waltz (1979: 88–93); Gilpin (1981: 9–49).
[277] Vgl. Ruggie (1983: 267ff.).
[278] Waltz (1979: 138).

Mehr Gewicht kommt hier dem *funktionalistischen Ansatz* zu, wie er vor allem von George Modelski vertreten wird, der im Gegensatz zum marxistischen Ansatz gerade zeigen kann, daß sich jeweils nur eine Macht zur Hegemonialmacht erheben kann, die auf den nackten „Imperialismus" verzichtet und statt dessen auf ein Bündel von funktionalen *Organisationen* setzt, die sich über die ganze Welt verbreiten, ohne daß sie von der Hegemonialmacht „bezahlt" und vielfach auch ohne daß sie von ihr überwacht würden. Unter „Imperialismus" oder „Kolonialismus" (die begriffliche Trennung ist hier unscharf) müßte man nach marxistischer Auffassung die Strategie der Beherrschung eines Territoriums, seiner natürlichen Ressourcen und seines Arbeitskräftepotentials durch eine militärische Okkupation und durch die Rechtsanmaßung der Imperialmacht verstehen; bestenfalls ist diese Beherrschung von außen insoweit indirekt, als sich eine feudale einheimische Führungsschicht (für einen bestimmten Anteil am Ertrag) bereit erklärt, die Herrschaft für die ausländische Macht zu übernehmen.[279] Das Prinzip der funktionalen Organisation beruht im Gegensatz dazu darauf, daß eine zur Hegemonialmacht aufstrebende Macht auf die Entsendung von Truppen und auf die Beherrschung großer Territorien verzichtet, daß es ihr aber – aufgrund einer gewissen sozialorganisatorischen, technologischen oder sonstwie kulturellen Überlegenheit – gelingt, bestimmte funktional begrenzte Organisationen in die Welt zu setzen, die von einem großen Teil derjenigen politischen Einheiten, die mit ihnen in Berührung kommen, als nützlich oder verbindlich anerkannt und übernommen oder imitiert werden. Frühe Organisationen dieser Art sind Schiffs- und Handelskontore, Fernhandelsgesellschaften und Banken;[280] typische Organisationen der vierten Kondratieffschen Welle sind das kompakte Fabriksystem und das nationale Großunternehmen, die Aktie und das Patent, der Wohlfahrtsstaat, Mehrparteiensysteme und Einheitsgewerkschaften, nationale Zentralbanken und nationale Heere; typische Organisationen der fünften Welle sind multinationale Firmen und multinationale Heere, Raumfahrt und Satellitenfunk, die Schreibtischfirma und die Auflösung der Fabrik, das Planungsbüro und das multinationale Entwicklungslabor, usw.

Nach dieser Auffassung durchläuft das *Weltsystem* – es ist allerdings nur ein lockeres System von sich teils überdeckenden, teils divergierenden Interdependenzen – Zyklen der Desorganisation oder auch Anarchie einerseits und der Organisation und Vereinheitlichung andererseits. Diese Zyklen entsprechen nicht völlig den Kondratieffschen Zyklen; meist sind sie

---

[279] So etwa bei: Galtung, Heiestad und Rudeng (1978: 50–59); Ekholm (1980: 155–166).
[280] Modelski (1978: 225).

länger, d. h. daß eine aufstrebende Hegemonialmacht – wenn ihre Führungselite begriffen hat, worum es geht, und wenn sie tatsächlich die technologische oder/und sozialorganisatorische Führung in der Konkurrenz mit anderen Ländern halten kann – sich im Prinzip mehrerer Kondratieffscher Zyklen bedienen kann, um ihren Einfluß weltweit geltend zu machen.

Am Anfang eines solchen *politischen Zyklus*[281] stehen einzelne, noch schlecht koordinierte und in ihrer Ausbreitung beschränkte Pionierorganisationen. Erst mit der weiteren Diffusion kann sich eine Hegemonialmacht herausbilden, die leicht dazu verführt wird, ihren wachsenden *indirekten* Einfluß (z. B. über die Beherrschung des Seeverkehrs oder über die Überwachung des elektromagnetischen Raumes) in ein *direktes* Machtmonopol (z. B. über den Ausbau der Kriegsmarine oder eines Raketen- und Antiraketensystems) zu verwandeln und „Renten" aus der militärischen Macht zu ziehen, anstatt weiterhin ihren Einfluß vor allem durch einen Vorsprung im wissenschaftlichen Wissen und in der technologischen Entwicklung, durch geschickte politische Verhandlungen und Rechtsvereinbarungen oder einfach durch die Attraktivität von sozialen Einrichtungen und Kulturerzeugnissen zu erweitern und zu vertiefen. Mit dem Erstarken von großen Regionalmächten, die aufgrund ihrer technologischen Innovationen, ihrer besseren politischen Integration oder wirtschaftlichen Motivation, ihres Kultureinflusses oder auch bloß aufgrund ihrer geopolitischen Lage Vorteile aus dem kontinuierlichen Wandel der Umweltbedingungen ziehen können, kommt es zur Austragung von Rivalitäten, die – sehr oft beschleunigt und verstärkt durch Kriege[282] – auch die Hegemonialmacht selbst bedrohen. Bei einer starken Gegenmacht – wie im Verhältnis zwischen den USA und der UdSSR – kommt es zu einer bipolaren Machtverteilung. Diese *Bipolarität* gilt jedoch nur für die letzte Sanktionsgewalt, z. B. für einen atomaren Schlagabtausch, während sich unter dieser Gewaltschwelle und in scheinbar fernergelegenen funktionalen Bereichen (wie z. B. auf technologischem oder ideologischem Gebiet) bereits ein Verhältnis der *Multipolarität* (z. B. mit China, Japan und Westeuropa) herausgebildet hat.[283] Die Hegemonialmacht befindet sich bereits im Abstieg, wenn sie versucht, ihre Stellung durch monopolistische Praktiken zu halten, wenn sie die Bedingungen des wirtschaftlichen Austausches durch ihre Militärmacht zu bestimmen sucht oder wenn sie den von ihr gewährten Sicher-

---

[281] Modelski (1978: 227 ff.); Vasquez und Mansbach (1983).
[282] Thompson und Zuk (1982: 640); Doran und Parsons (1980: 947–965); Organski und Kugler (1977: 1347–1366).
[283] Snyder (1976: 694 ff.).

heitsschirm gegen wirtschaftliche und politische Kompensationen aufrechnen will. Die letzte Stufe ist genau dann erreicht, wenn die Hegemonialmacht in die Territorialität abdriftet, d. h. wenn sie nur noch mit den Staaten und Organisationen kooperieren kann, die sie territorial und bevölkerungsmäßig direkt beherrscht. Damit läßt sich zwar die Herrschaft noch einige Zeit verlängern; ebenso sicher sind damit aber auch die ersten Schritte zur Sterilisierung des eigenen Herrschaftsbereiches getan.[284]

Von zentraler Bedeutung ist vor allem die Erfüllung der *technologisch-ökologischen* Funktionen, die in Zukunft die Wirtschaft und Politik aller Staaten und Großorganisationen weitgehend bestimmen werden.[285] Die Industrieländer – und mit ihnen die Entwicklungsländer, die auf die Industrieländer existentiell angewiesen sind – befinden sich in einer „Übergangskrise"[286], die zum einen eine technopolitische, zum anderen eine ökologische Krise ist. Ökologisch ist die Krise insofern, als der Mensch nicht nur Ablagerungen aus der Erdgeschichte ausbeutet wie bisher, sondern tatsächlich tiefe Eingriffe in die geochemischen Kreisläufe von Stickstoff und Schwefel, von Wasser und Sauerstoff vornimmt, ja sogar die genetische Rekombination erweitert. Technologisch steht zumindest in den nächsten zwei Jahrzehnten vor allem die *Informations- und Steuerungstechnologie* im Vordergrund, die nicht nur neue wirtschaftliche Möglichkeiten (mit neuen Produkten, Prozessen und Arbeitsplätzen) erschließt, sondern auch die gesellschaftlichen Bereiche von Bildung und Ausbildung, Forschung und Entwicklung, Planung, Verwaltung und Management gründlich umformen und darüber hinaus neue Formen der politischen Organisation und Kontrolle ermöglichen wird.[287] Denn die postindustrielle Informations- und Steuerungstechnologie bietet nicht nur Möglichkeiten zur Verbesserung von Arbeitsprozessen einerseits und zur flächendeckenden Feindüberwachung bzw. zur sicheren Ausschaltung von militärischen Materialanhäufungen andererseits, sondern sie erzwingt auch eine neue Wirtschaftsform und eine politische Systemstruktur, in der jede sachfremde und damit willkürliche ideologische Kontrolle und jeder blinde Autoritarismus einfach kontraproduktiv sein wird.[288]

Das politische System der fünften Kondratieffschen Welle kann kein „übersteuertes" oder auch kein „modernes" System[289] im Sinne der vierten Welle mehr sein. Ein *übersteuertes* System wäre ein hochzentralisiertes,

[284] Modelski (1978: 229).
[285] Ruggie (1971: 83 ff.); Levi (1981: 97–116).
[286] Brooks (1980: 77); Scott (1982: 26–36).
[287] Voge (1979: 1–14).
[288] Vgl. Stonier (1983).
[289] Orr (1976: 139 f.).

autoritäres System, das die ökologische Tragfähigkeit der Umwelt über-
zieht, dies jedoch mit Hilfe eines massiven Technologieeinsatzes bzw.
durch einen starken lateralen Druck auf andere politische Systeme wieder
auszugleichen sucht. Selbst *moderne* politische Systeme, die aufgrund ihrer
demokratischen Basis eine dynamische und differenzierte technologische
Entwicklung ermöglichen, sind nur bedingt geeignet, insofern auch hier die
ökologischen Kreisläufe nicht geschlossen werden und die Spannungen
zwischen den verschiedenen politischen Einheiten, zwischen Industrie-
zentren, Großstädten, landwirtschaftlichen und Erholungs-Gebieten, aber
auch zwischen den industriell-technologisch und machtpolitisch sehr unterschiedlichen Staaten zu groß und zu gefährlich sind. Das Ideal wäre eine
ökologisch lebensfähige Gesellschaft mit einer fortgeschrittenen und
differenzierten Technologie, mit einer gut verteilten Bevölkerung und einer
dezentralen Entwicklungsstruktur. Wenn man in der vierten Kondratieffschen Welle noch versuchen konnte, durch politische Übersteuerung
und durch eine forcierte wirtschaftliche und technologische Entwicklung internationale Machtvorteile zu erringen, so ist diese Zeit mit dem Mikroprozessor – jedenfalls im Prinzip – vorbei: Der aufgehäuften Zerstörungsgewalt entspricht kein positives Entwicklungspotential im eigenen Raum
mehr; das Schwergewicht der militärischen Konflikte und Krisen hat sich
deshalb schon in den letzten drei Jahrzehnten immer mehr in die Dritte
Welt und von Klientelmächten und Stellvertretern zu dritten Mächten
verschoben.[290]

Technopolitisch und sozialorganisatorisch ist die Krise, weil sie sich nicht
mehr auf die Technik als ein bloßes Mittel der Politik begrenzen läßt. Bisher
konnten sich Staaten der unterschiedlichsten Herrschaftsformen und Staats-
ideologien – wenn auch oft unter einem riesigen Ressourcen- und Energieaufwand – beinahe nach Belieben der ausgewählten Produkte und Verfahren aus den Bereichen der Militärtechnologie, des Nachrichtenwesens oder
der Medizin bedienen; in Zukunft aber lassen sich derartige gebrauchsfer-
tige Teile nicht mehr aus dem wissenschaftlich-technologischen Gesamtzu-
sammenhang herauslösen: Nun wird umgekehrt die Teilnahme an der wissenschaftlich-technologischen Entwicklung zur Unterordnung von Politik
und Wirtschaft führen, wie überhaupt die nationale Entwicklung nur noch
im Rahmen der internationalen Entwicklung und die Rolle des Staates nur
im Rahmen der anderen trans- und internationalen Organisationen zu
sehen ist. Wie eingehende Studien über den *Technologietransfer* gezeigt
haben,[291] ist dieser nicht nur eine Sache der Technik, sondern eben auch der

---

[290] Knorr (1977: 15 f.).
[291] Vgl. Dahlman und Westphal (1981: 12–26).

Sozialorganisation, der Arbeitsmotivation und einer bestimmten Wissenshaltung. Und der Technologietransfer ist auch nicht einfach ein Problem
der Wissensübertragung von den technologisch entwickelten Betrieben
und Ländern auf die unterentwickelten, sondern die Fähigkeit zur Übernahme von technologischen Neuerungen ist aufs engste verbunden mit der
Fähigkeit zur eigenständigen Innovation und Entwicklung neuer Technologien.[292] Der Kreis hat sich damit weitgehend geschlossen: Auf der
Entwicklungshöhe der fünften Kondratieffschen Welle ist die weitere
Entwicklung endgültig zu einem Problem der *Systementwicklung*
geworden (das war sie im Prinzip schon vorher, doch war dem entwicklungspolitischen Dezisionismus eine – wenn auch kurzfristige und auf zurückgebliebene Wirtschaftsbereiche beschränkte – Mobilisationswirkung
nicht abzusprechen).

Hinzuzufügen ist nun allerdings, daß sich eine solche Systementwicklung kaum planen läßt bzw. daß es ein politischer Fehler wäre, sie durch
und durch planen zu wollen. Das „internationale System" ist kein System
im Sinne eines streng hierarchischen und zentral kontrollierten Systems,
sondern es ist nur ein *Regime*, d. h. eine zum Teil spontan entstandene, zum
Teil von verschiedenen Akteuren ausgehandelte, zum Teil einfach durch
die funktionalen Tatsachen und Machtunterschiede erzwungene Ordnung
oder allgemeinverbindliche Verhaltensregelung, die von allen – in Ermangelung von Alternativen – nolens volens akzeptiert wird.[293] Regime sind institutionalisierte Strukturen eines komplexen Zusammenhandelns, bei dem
keiner der Beteiligten – auch wenn er noch so mächtig sein und seine Pläne
noch so hartnäckig verfolgen mag – das Ergebnis voraussagen kann. Regime beruhen zwar auf formellen wie auf informellen Regelungen; im ganzen aber dominiert das Informelle und vielfach sogar Unbewußte, das
einerseits durch Gewohnheit, andererseits – wenn es schon ins Bewußtsein
gehoben wird – durch Ideen, Wertungen und Hoffnungen ausgedrückt und
gerechtfertigt wird.

Am fruchtbarsten für die Entwicklung des internationalen Systems sind
die *spontanen* (oder als spontan empfundenen) Regelungen, während ausgehandelte Ordnungen außerordentlich interpretationsfähig sind und zudem einen riesigen Verwaltungsaufwand erfordern.[294] Durch die Macht
des Faktischen einfach erzwungene Ordnungen, die durch ein Konsortium
von dominanten Akteuren (in wirtschaftlicher, technologisch-wissenschaftlicher oder auch militärischer Hinsicht) bestimmt sind, ohne daß die

---

[292] Vgl. Granger (1979: 30–47).
[293] Young (1980: 331–356).
[294] Young (1982: 286 ff.).

übrigen Akteure viel mitzureden hätten, können nur wenig Legitimität für sich beanspruchen; so fordern sie geradezu zu Rebellion und Verrat, auf jeden Fall zu moralischer Entrüstung und Verurteilung, wenn möglich aber auch zur Bildung einer Gegenallianz heraus. Dies gilt besonders für eine unverhüllt durch Machtmittel erzwungene Hegemonie, während Hegemonialmächte, die durch ihre technische Schrittmacherfunktion oder durch die Hochschätzung und Verteidigung gemeinsamer politischer Werte hervortreten, bald als quasi natürlich akzeptiert werden.

Vom internationalen System der fünften Kondratieffschen Welle (und damit auch von jeder hegemonialen Ordnung innerhalb dieses Systems) ist vorherzusagen, daß es jedenfalls außerordentlich *komplex* sein wird. Und diese Komplexität ist gewissermaßen seine Rettung; denn komplexe Systeme werden – wegen der Vielfalt und Unüberschaubarkeit der Wechselwirkungen – weitgehend als spontan empfunden, während allzu bewußte Aushandlungsversuche vielfach ohne weitergehende Wirkung bleiben. In einer wirklich komplexen Ordnung läßt sich wenig erzwingen; oder was erzwungen wird, das ruft unberechenbare Gegenwirkungen hervor. Die Hegemonialmächte der fünften Kondratieffschen Welle werden nur überlebensfähig sein, wenn sie in der Komplexität leben und die Komplexität nutzen können. Das aber können sie nur durch die Zulassung von Komplexität auch im Inneren, durch die Durchdringung des eigenen Staates mit trans- und multinationalen Unternehmen und Verbänden, mit internationalen Organisationen und gemischten staatlich-privaten Konsortien, mit Personen und Ideen aus der ganzen Welt. Die Hegemonialordnungen werden nicht einfach verschwinden, wie von der Interdependenztheorie behauptet wird, sie werden aber auch ebensowenig dem neomarxistischen Imperialismusmodell entsprechen.

V. KRISENMANAGEMENT UND SYSTEMENTWICKLUNG

1. Die Krise als Chance

Obwohl Politiker rhetorisch gerne bereit sind, die Krise als Chance[1] auszugeben – die Manager krisengeschüttelter Unternehmen sind da schon wesentlich vorsichtiger –, so ist es doch außerordentlich schwer, diese Chance zu realisieren, ja, die Krise überhaupt wahrzunehmen und zu akzeptieren: Nichts ist häufiger als der Versuch, sich über die Krise hinwegzureden, eine ganz neue Entwicklung zu propagieren – und die Krisenprobleme einfach unbearbeitet zurückzulassen. In diesem Fall meint der hoffnungsfrohe Verweis auf die Chance nur die Entlastung von der alten Verantwortung und gleichzeitig eine Bewerbung um neue Verantwortung; die Krisenstruktur wird damit aber nur zementiert: Krisen sind und bleiben Zeiten höchster Gefahr; außerdem sind Krisen in aller Regel Systemkrisen, und so sind auch die Chancen systembedingt und nicht einfach eine Gelegenheit, es irgendwie „anders" zu machen. Bevor die Krise zur „Chance" werden kann, muß man erst einmal den Systemcharakter der Krise erfaßt haben. Genau das aber ist die in der Krise unwahrscheinlichste Leistung.

Erstens werden die Ursachen der Krise normalerweise in die *Umwelt* projiziert.[2] Diese Projektion ergibt sich schon aus der ethnozentrischen Sichtverzerrung, der jeder Entscheidungsträger, jede Organisation und jede Regierung unterworfen ist. Dennoch wäre es eine Übertreibung, allein diese Sichtverzerrung für die Krise verantwortlich zu machen; denn solche Sichtverzerrungen sind ganz normal und jedenfalls eine ständige Bedingung. In gewisser Weise ist die Krise wirklich in der Umwelt zu lokalisieren: einer Umwelt allerdings, aus der die Regierung oder Organisation ausgewählt und auf die sie zurückgewirkt hat, indem sie sich z. B. mit ihren Produkten und Dienstleistungen auf einen ganz bestimmten Markt festgelegt, indem sie ein ganz bestimmtes Personal rekrutiert oder bestimmte Produktlinien in Forschung und technischer Entwicklung bevorzugt und andere vernachlässigt oder eliminiert hat.[3] Organisatorische Wahlentscheidungen und

---

[1] Vgl. von Weizsäcker (1975); Dahrendorf (1983c); vgl. dagegen Godet (1983).
[2] Starbuck (1978: 112 f.).
[3] Starbuck (1976: 1069–1123).

auch organisatorische Mängel werden somit in die Umwelt „übersetzt". Für eine Krisenlösung oder ein Krisenmanagement wäre schon sehr viel gewonnen, wenn dieser Übersetzungs- oder Interaktionsprozeß gesehen würde; d. h., wenn die Krise weder als ein nur von außen kommendes Unglück, noch auch nur von innen – als ein moralisches Versagen der Führung – gesehen würde. Normalerweise aber wird die Krise zunächst in die Umwelt projiziert; wenn das nicht mehr gelingt, dann wird moralisiert, d. h., es werden „persönliche" Konsequenzen gezogen – der Zusammenhang wird aber nach wie vor geleugnet oder bleibt unanalysiert.

Zweitens fehlen in der Krise typischerweise die – materiellen, persönlichen und ideellen – *Mittel*, um die in der Krise möglicherweise liegende Chance wahrnehmen zu können. Diese Mittel aber sind nicht einfach deshalb aufgezehrt worden, weil die Unternehmensleitung oder die Regierung versagt oder unverantwortlich gehandelt hätte. Eine solche Art der Krise wäre trivial. Interessanter ist der umgekehrte Fall, daß die Krise sozusagen der Lohn des Erfolges ist. Der Erfolg eines Unternehmens oder auch einer Regierung liegt nämlich gerade darin, daß das Organisationsverhalten perfekt festgelegt und programmiert worden ist, daß nur noch die (nach diesem Programm) wichtigsten Daten aus der Umwelt registriert werden, daß finanzielle Überschüsse oder ein großer politischer Vertrauensvorschuß aufgebaut werden, daß der eigene Handlungsspielraum gegen Umweltveränderungen nur allzu gut abgepuffert ist. Der Erfolg führt gerade zu einer Lockerung der organisatorischen Verbindungen mit der Umwelt, die Organisation hat sich sozusagen ihre Spezialwelt geschaffen. Dieser Ausschnitt einer Spezialwelt aber verengt oder verschiebt sich innerhalb der (weitgehend abgeblendeten) allgemeinen Umwelt, die Handlungen des Systems werden unangemessen, doch die Unternehmensleitungen oder Regierungen phantasieren weiterhin ihre bevorzugte Umwelt. Dies geht normalerweise so lange, bis nicht nur alle Rücklagen aufgezehrt, sondern auch noch große Schuldenlasten – sehr oft zur Vergrößerung oder Verlagerung des Betriebes zum Zwecke der besseren Rationalisierung und Kostenminderung – übernommen worden sind, bis die Führungsspitze mehrmals in kurzen Abständen ausgewechselt werden mußte und bis die fähigeren Arbeitskräfte längst abgewandert sind.[4] Je besser ein Betrieb etabliert, je größer und je weiter durchrationalisiert er war, je selbstsicherer die Führungsspitze geworden ist, um so größer ist auch die Zeitverzögerung; um so mehr wird anschließend moralisiert, um so mehr beschränkt sich die Krisenlösungsstrategie auf Appelle, sich mehr anzustrengen und den Gürtel enger zu schnallen; desto mehr zentrale Kontrolle wird schließ-

---

[4] Starbuck und Hedberg (1977: 249–258).

lich ausgeübt.[5] Krisen sind aber gerade deshalb gefährlich, weil ein „normales Weitermachen" die Lage nur noch verschlimmert.

In den meisten Fällen erweist es sich praktisch als unmöglich, daß eine machtgewohnte Führungsmannschaft auf eine neue Strategie kommt. Das weiß auch die Führungsmannschaft; und so werden gerade von führenden Persönlichkeiten keine Mühen gescheut, die Krise abzustreiten, Krisenindizes in Pauschalzahlen zu verstecken und harte Daten durch Stimmungsberichte zu ersetzen. Mit der Verzögerung wächst aber auch die Radikalität der erforderlichen Umorientierung. Wenn früher leichte Umweltanpassungen genügt hätten, die bei einer lockeren Führung ganz von selbst Produktveränderungen und Marktverlagerungen, neue interne und externe politische Bindungen, ein verändertes Rekrutierungspotential usw. nach sich gezogen hätten, werden mit der Zeit immer schärfere und damit aber auch ungleich riskantere Eingriffe in die eigene Organisation erforderlich. Die Krise könnte eine Chance sein, insofern die Beteiligten einsehen, daß „es so nicht mehr weitergeht", daß Organisationsstrukturen grundlegend geändert werden müssen, daß neue Konsumgewohnheiten und Verhaltensmuster erforderlich geworden sind; diese Chance kann jedoch in der Regel schon deshalb nicht genutzt werden, weil sie zu spät ergriffen wird: Eine späte Chance aber ist ein großes Risiko, Reorganisationsmaßnahmen führen nur noch schneller an den Endpunkt heran. In dieser Situation ist es dann – unter dem Gesichtspunkt der Minimierung des Risikos – tatsächlich „rationaler", zu warten und nochmals zu warten. Die Krise wird dann aber zu einem langen Martyrium.

Dazu kommt drittens, daß Krisen die fatale Eigenschaft haben, sich – bevor noch eine funktional-organisatorische Strategie in Sicht ist – ins *Symbolische* auszuweiten. Der Projektion der Krise in die Umwelt (und auf angeblich feindliche Organisationen und politische Systeme) entspricht auf der anderen Seite die Introjektion der Krise in die eigene seelische Innenwelt, ja in den physischen Organismus der Betroffenen.[6] Sozialorganisation, psychische Innenwelt und (kulturelle wie natürliche) Objektwelt befinden sich in einer Art symbiotischem Wechselverhältnis, und zwar um so mehr, je tiefer die Krisendrohung erlebt wird. Wenn eine Krise auftritt, d. h., wenn sich die alten, für sicher gehaltenen Organisationsbezüge lockern oder auflösen, wenn man plötzlich „nicht mehr gebraucht" oder wenn man hilflos wird, wenn also wichtige soziale Bestätigungen wegfallen, dann führt das unweigerlich in eine persönliche Krise, in der alte (unbewußte und verdrängte) Identifikationen und ödipale Ängste wieder geweckt werden.[7]

[5] Nyström, Hedberg, Starbuck (1976: 209–230).
[6] Thomas (1979: 245 f.).
[7] Lasswell (1930: 202 f.).

Doch die Krise wird – weil man ja viele Mitmenschen in der gleichen Lage
weiß – nicht als persönliche Krise akzeptiert, vielmehr wird sie in einer Art
Übertragung (wie sie in einer therapeutischen Situation gegenüber dem
Therapeuten vorgenommen wird, während sie ohne Therapeuten eben un-
kontrolliert um sich greift) einerseits auf die Gegenstände und Sinndeutun-
gen der bisherigen Repräsentativkultur[8] und andererseits auf die biologischen und kosmischen Bedingungen des sozialen Lebens verlegt: Die von
der Krise Betroffenen (und sozusagen in ihrem Auftrag auch die professionellen Sinndeuter) kehren dann die Kausalität um und machen den Verfall
der Geisteskultur, ebenso aber auch Sonnenflecken und Kometen, für die
organisatorischen Defizite verantwortlich.[9] Diese Übertragung wird um so
mehr zu einem kollektiven oder massenpsychologischen Phänomen, je
mehr Menschen sich in der gleichen Situation sehen – was durch Massen-
veranstaltungen und Massenappelle, aber auch durch kollektive Schicksals-
schläge, denen sich niemand entziehen kann und die scheinbar alle gleich
treffen (wie Kriegsausbruch, Geldabwertung), natürlich noch gefördert wird.

Der erste Schritt in der Überwindung der Krise besteht fast immer darin,
daß eine Situation der „unorganisierten Unsicherheit" übergeführt wird in
eine Situation der „organisierten Unsicherheit";[10] dies geschieht mit Hilfe
von Symbolen: Metaphern, begriffliche Polaritäten, emotional appellative
Wortprägungen, Fahnen und Spruchbänder, Prozessionen und andere
Riten organisieren eine neue politische Einheit wenigstens „im Geiste", wenn
schon die bisherige Sozialorganisation zerbrochen oder jedenfalls unüber-
sichtlich geworden ist. Durch diese Symbolisation aber wird die Krise
gleichzeitig ins Metaphysische generalisiert[11]: Das größte Problem der Krisenbewältigung liegt darin, daß die Krise damit eine nicht mehr beherrsch-
bare kollektivpsychische Eigendynamik entwickelt, die – womöglich geschürt von der politischen Rhetorik der Krise – die Betroffenen nun erst
recht davon abhält, sich ganz konkret um eine Reorganisation der funktionalen Bezüge und Abläufe in der Industrieproduktion, im Krankenhauswesen, im Umweltschutz oder in der internationalen Allianzpolitik zu
kümmern.

Wie schwer es ist, Krisen in Entwicklungschancen umzumünzen, das
wird schon bei einfachen zyklischen Krisen deutlich, von Koordinations-

---

[8] Zur Kulturkrise vgl. Sorokin (1950); Bell (1976); Camilleri (1976: 177 ff.); Birnbaum (Hrsg., 1977); Friedrich (1982); C. F. von Weizsäcker (1983); Helle (1983);
Gombrich (1983).

[9] Zur Totalkritik vgl. Sontheimer (1983); zur Kosmologisierung der Krise vgl.
von Hentig (1968: 81).

[10] Mannheim (1951: 129–143).

[11] Edelman (1976: 11 f.).; Pross (1974: 128 f.); Lübbe (1978).

und Strukturkrisen noch gar nicht zu reden. Typisch dafür ist der *Lebens-zyklus* von Organisationen, d. h. der Durchgang durch verschiedene Wachs-tums- und Reifekrisen in der Entwicklung einer Organisation von der Organisations- oder Firmengründung und dem Pionierstadium über die Ver-selbständigung der Organisation bis zur Ausreifung und Bürokratisierung oder schließlich den letzten Wiederbelebungsversuchen durch die Fusion mit noch kleineren, aber unternehmungslustigen Firmen. Wenn über-haupt, dann ist nur hier von einem echten „Krisenmanagement" zu spre-chen – jedenfalls gibt es Betriebsberater und Lehrbücher, die sich mit diesen Problemen beschäftigen. [12] Unter *Krisenmanagement* soll ganz allgemein – ob auf Betriebsebene oder auf internationaler Ebene – ein Vorgang der se-quentiellen Kontrolle einer Krise verstanden werden, so daß einerseits eine Katastrophe vermieden, andererseits jedoch auch die relative Position der in Frage stehenden Organisation oder politischen Einheit möglichst nicht ge-schwächt wird. [13] Nach dieser Definition aber ist es schon fraglich, ob bei internationalen Krisen (wie der Kubakrise oder den verschiedenen Ber-lin-Krisen) noch von „Management" zu sprechen ist: Die Interaktionsge-wichte haben sich hier auf jeden Fall verschoben. Selbst Maßnahmen zur Reorganisation oder zur Rettung von Firmen, bei denen Krisenstäbe erst zusammentreten, wenn diese vom Konkurs bedroht sind, dürften den Titel eines professionellen, die Bedingungszusammenhänge der Krise über-blickenden Managements wohl kaum verdienen.

Nur bei *zyklischen* Krisen, d. h. Krisen mit regelmäßig wiederkehrenden Systemproblemen, besteht überhaupt die Möglichkeit, daß sich ein syste-matisches Krisenmanagement herausbilden kann. Das ungelöste methodo-logische Problem bleibt aber auch hier die Vergleichbarkeit der Systempro-bleme, die z. B. bei einem veränderten internationalen Machtgefüge, unter anderen technologisch-ökologischen Voraussetzungen, im Wirtschaftsauf-oder -abschwung usw. vermutlich doch ganz unterschiedlich gelagert sind. Zyklen in diesem Sinn sind also keineswegs als die „Wiederkehr des Glei-chen" zu verstehen; was wiederkehrt, das sind lediglich Situationen des Kontrollverlustes, während die Lösung des Kontrollproblems in einem veränderten strukturellen Kontext jeweils eine andere wird sein müssen. Es geht hier also eher um phänomenale oder Pseudo-Zyklen. Dennoch kehren die analogen, in einem größeren Systemzusammenhang definierten Pro-bleme mit einer erstaunlichen Regelmäßigkeit und in einer bestimmten Abfolge immer wieder.

[12] Vgl. Adizes (1979); Kimberly, Miles et al. (1980).
[13] Die Definition ist der von Williams (1976: 30) nachgebildet, ohne sich allerdings auf den Kontext einer internationalen diplomatischen Krise zu beschränken.

So geht jeder Kondratieffsche Zyklus[14] zunächst von technischen Innovationen, neuen Produkten und Verfahren aus. Diese Produkte und Verfahren lassen sich nur verbessern, wenn geeignete Organisationsbedingungen in Produktion und Vermarktung geschaffen werden. Dies aber setzt wiederum eine entsprechende Veränderung der Sozialstruktur mit ihren Allokationsstandards, ihren Schichtungsverhältnissen und typischen Integrationsformen voraus. Bis aber diese dritte Systemebene erreicht ist, ist die neue technologische Welle schon wieder im Auslaufen, so daß die tiefste Systemebene – die Umformung der kulturellen Wertideale und religiösen oder politischen Heilsvorstellungen (und Ängste) – vielleicht gar nicht mehr tangiert und erst nach einer weiteren Kondratieffschen Welle grundlegend umgeformt wird.

Ein voller bzw. mehrfacher Zyklus ist festgestellt worden in einer Analyse der britischen Thronreden von 1689–1972.[15] Hier durchlief der Zyklus jeweils vier Phasen, wobei ein ganzer Zyklus im Mittel ungefähr 72 Jahre dauerte. Wenn sich – nach der Infragestellung der moralischen Grundlagen des alten Zyklus – ein neuer Zyklus etabliert, dann beginnt er mit Problemen der wirtschaftlichen Produktion: wie zu produzieren ist und wie der Wohlstand zu vermehren ist. Daran schließt sich eine Themengruppe von politischen Fragen, die mit der Machtverteilung in Staat (eventuell Kirche) und Politik, mit Fragen der Autorität und der legitimen Herrschaftsordnung zu tun hat. In einer dritten Phase geht es dann um die Projektion der Macht in den internationalen Raum, zugleich aber auch um die soziale Integration, um Fragen der Partizipation und der Kooperation im inneren und äußeren politischen Feld. Der Zyklus schließt mit einer Phase der Rechtfertigung des eigenen Vorgehens, mit Fragen der persönlichen wie nationalen Identität, der Moral und der Ethik.

Beide Abfolgemuster entsprechen in etwa dem Aufbau der Parsonsschen Systemprobleme nach dem AGIL-Schema[16]: Auf das Problem der Adaptation an veränderte Umweltbedingungen (A), die zunächst nur in einer äußerlichen Anpassung besteht, folgen hier Probleme der organisatorischen Anpassung und der Veränderung der politischen Zielordnung (Goal-Attainment = G). In einer dritten Stufe sind die Probleme der inneren und äußeren Integration (I) zu lösen, in einer vierten die der kulturellen und religiösen Sinndeutung (Latency = L).

Die Regelmäßigkeit in der Abfolge dieser Systemprobleme ist wohl daraus zu erklären, daß zum einen die Problemlösungskapazität eines jeden

---

[14] Vgl. Forrester (1981: 323–331).
[15] Weber (1982: 387–405); Weber (1981: 1130–1145).
[16] Vgl. Parsons (1961: 60 ff.); vgl. auch: Grew (1978b: 25 ff.).

Systems sehr begrenzt ist, zum andern daraus, daß es zweifellos Kontrollprobleme unterschiedlichen Schwierigkeitsgrades gibt. Erstens führt die
Begrenztheit der Problemlösungskapazität, die sowohl intellektuell wie auch
materiell-energetisch zu sehen ist, einerseits dazu, daß man sich jeweils nur
auf einen bestimmten Teilaspekt einer wahrgenommenen Krise konzentriert
bzw. daß man andere Teilaspekte vernachlässigt und andere Krisenprobleme
zurückstellt; andererseits werden einmal gefundene Problemlösungen aber
auch übergeneralisiert und solange wie irgendwie möglich – das heißt:
viel zu lange – beibehalten. Zweitens wählt man aus den drängenden Krisenproblemen zunächst immer die leichter erscheinenden, d. h. die isolier- und
zerlegbaren, praktisch und in kurzer Zeit lösbaren Probleme aus, so daß die
schwierigeren Probleme stets aufgeschoben und verdrängt werden. Mit der
Zeit sind die kurzfristigen Kontrollprobleme, die pragmatisch und sozusagen technisch zu lösen sind, aufgearbeitet, während jedoch die langfristigen und komplexen, einen größeren Systemzusammenhang umfassenden
und nicht mehr ohne „Theorie" und Wertentscheidungen lösbaren Kontrollprobleme immer drängender werden. Die AGIL-Kontrollhierarchie entspricht in etwa dieser Folgeordnung, obwohl natürlich alle Systemebenen
rückgekoppelt sind und laufend Revisionsversuche unternommen und Ver-
besserungsinnovationen eingeführt werden bzw. die Verarbeitung der „oberen" Systemprobleme weiterläuft, während sich die Optik des kollektiven
Bewußtseins den „tieferen" Schichten der Krisenproblematik zuwendet.

Zwischen Tiefen- und Oberflächenschicht, zwischen langfristigen und
kurzfristigen Krisenproblemen, zwischen Systemordnung und Problemlösung besteht nun ein unaufhebbares *Dilemma:* Praktikable Lösungen müssen möglichst schnell gefunden werden, die Krise wird damit aber nur vertieft; umgekehrt aber würde es zu einer grundlegenden Reorganisation des
Systems nie kommen, wenn die Versuche einer kleinen und schnellen Krisenlösung nicht scheitern würden. *Krisenmanagement* und *Reorganisation*
stehen sich unversöhnt gegenüber. Das Krisenmanagement ist in der Regel
auf dramatische und öffentlich gut sichtbare Kurzfristlösungen bedacht;[17]
und der Ehrgeiz der Krisenmanager besteht meist darin, möglichst einfache
Regeln zu finden[18] bzw. ein Kriseninstrumentarium zu entwickeln, das auf
jeden Fall „funktioniert", unabhängig von der Struktur der zu „lösenden"
Probleme. Mit diesem Krisenmanagement aber werden langfristige und
systematisch zusammenhängende Krisenlösungen – Krisenlösungen also,
die eine *neue* Entwicklungslinie für das in die Krise geratene System eröffnen – geradezu systematisch erschwert und abgeblockt.

---

[17] Kirby und Kroeker (1978: 180).
[18] Starbuck, Greve und Hedberg (1978: 123).

Eine grundsätzliche Alternative zum Krisenmanagement wäre die Konstruktion eines Systems, das möglichst wenig krisenanfällig ist, weil es nämlich so konstruiert ist, daß innerhalb des Systems stets zwei oder mehr Kontrollzentren gegeben sind, so daß laufend neue Organisationsalternativen entstehen, die im Falle von grundlegenden Umweltveränderungen oder internen Wachstums- und Reifestörungen bzw. Ermüdungserscheinungen nach dem Prinzip von Versuch und Irrtum eingesetzt werden können. In diesem Falle wäre ein Krisenmanagement überflüssig bzw. schädlich. Da solche Systemstrukturen jedoch nur selten gegeben sind bzw. gerade die intentional geschaffenen und durchrationalisierten organisatorischen und politischen Einheiten dieser Systemstruktur in der Regel widersprechen, kann auf ein Krisenmanagement von Fall zu Fall nicht verzichtet werden. Das Fernziel jedes Krisenmanagements wäre aber doch, sich überflüssig zu machen, d. h. Systemstrukturen bzw. Systemkapazitäten zu schaffen, die dem Systemverfall widerstehen und auf Umweltveränderungen *pro*aktiv und nicht nur *re*aktiv einzugehen imstande sind (vgl. Kap. V. 3).

2. Grenzen und Prinzipien des Krisenmanagements

Das Krisenmanagement – ob nun im Bereich der Organisationskrise, der Regierungskrise oder der internationalen Krise – hat unter Zeitdruck kaum die Möglichkeit, auf Ursachenforschung einzugehen. Nachdem Krisenstäbe in der Regel aus aktuellem Anlaß gebildet werden, können sie auch gar nicht über die umfassende und nur in einer kontinuierlichen Forschung und Planung erwerbbare Kompetenz verfügen, um militärische mit wirtschaftlichen und politische mit wissenschaftlich-technologischen Problemlösungen zu verbinden. So bleibt im Grunde nur eine Wendung nach innen, d. h. die mehr oder weniger systematische Beschäftigung mit den eigenen Informationsbedürfnissen und psychischen Problemen einerseits und mit der Offenhaltung der diplomatischen und sonstigen Kommunikationskanäle andererseits. Hervorgegangen aus der *Krisendiplomatie*[19], bleibt aber auch das psychologisch und informationstechnisch verfeinerte Krisenmanagement eine pragmatische Kunstlehre, die wohl mit der aktuell gegebenen Krise fertig zu werden, vor allem eine Eskalation zu vermeiden sucht, die jedoch zu strukturell grundlegenden Krisenlösungen kaum fähig sein dürfte: Das Krisenmanagement kann eben eine fehlende Strukturpolitik nicht ersetzen, meistens dient es gewissermaßen nur der Besiegelung einer verlorenen Schlacht oder (weniger militärisch ausgedrückt) verspielter

---

[19] Weintal und Bartlett (1967); Wilson (1966); C. Bell (1971).

Entwicklungsmöglichkeiten. Eine Krisenlösung im Sinne des Krisenmanagements stellt viel eher – jedenfalls intentional gesehen – das „Ende der Politik" dar: Es wird eine gemeinsame Tabuzone ausgehandelt, die Krisenzone wird aus dem gemeinsamen Handlungsspielraum ausgegrenzt. Das heißt nicht, daß damit – funktional gesehen – nicht neue Tatsachen geschaffen würden, die Anlaß für einen sozialen und politischen Wandel sein können; aber dies geschieht eher zufällig und zunächst unbemerkt.

Das Management von *Organisations-* und *Regierungskrisen* einerseits und von *internationalen Krisen* andererseits unterscheidet sich vor allem dadurch, daß im zweiten Fall auf einen sozialen Wandel (z. B. in der Ersetzung des Führungspersonals) nicht gehofft werden kann, ja, dieser Wandel aus dem Krisenmanagement ganz bewußt ausgeklammert werden muß, während dies ein immerhin legitimes (wenn auch gerne vermiedenes) Ziel im Krisenmanagement von Organisationen ist. Krisenmanagement im internationalen Bereich ist eben Status-quo-Politik, während im Falle eines intranationalen oder innerorganisatorischen Krisenmanagements die Krisenmanager selbst Teil des politischen Systems und somit auch legitimiert sind, soziale Wandlungsprozesse einzuleiten. Allerdings ist dies nur eine Beschreibung der Intentionen, nicht unbedingt der politischen Realität des internationalen Krisenmanagements; denn es ist unverkennbar, daß inzwischen auch das internationale Krisenmanagement sozusagen sozialisiert und politisiert worden ist: Einerseits setzt die überdimensionale Bedrohung der atomaren Bewaffnung der Großmächte, verbunden mit einem weltweiten Überwachungs- und Kommunikationssystem, einer koerziven Diplomatie doch relativ enge, ab einem gewissen Schwellenwert sogar absolute Grenzen;[20] d. h. aber andererseits, daß sich die eigentliche Auseinandersetzung mehr und mehr auf die Ebene der wirtschaftlichen und der technologisch-wissenschaftlichen Entwicklung, der politischen Ordnung und der sozialen Lebensform verschiebt. Dies kann freilich nicht unmittelbarer Gegenstand des Krisenmanagements sein; dennoch weiß jeder der Beteiligten, daß der Wert des Aushandlungsergebnisses letztlich von diesen Kontextbedingungen abhängt. So ist ein weitsichtiges internationales Krisenmanagement eben doch darauf verwiesen, neben und hinter der unmittelbaren Krisenbegrenzung auch auf den sozialen Wandel des Gegners, z. B. auf seine wirtschaftliche Isolierung oder Einbindung und seine technologische Entwicklung, Rücksicht zu nehmen.

Offiziell beschränkt sich das internationale Krisenmanagement dennoch vor allem auf die Krisen*begrenzung*.[21] Erstens sind die *Ziele* der Krisen-

[20] George, Hall und Simon (1971); Oneal (1982).
[21] Vgl. im folgenden: Neuhold (1978: 7–13); Frei (1982); Alan (1983); Mylnař (1983).

lösung zu begrenzen: Eine internationale Krise bedeutet ja, daß zumindest einer der Gegner seine eigenen Existenzvoraussetzungen bedroht sieht. Da nie ganz klar ist, welche der Konfliktparteien an die Grenzen des Möglichen gekommen ist, gilt für alle Beteiligten, daß politische Maximalziele nicht durchzusetzen sind bzw. daß alle Beteiligten ihre Ziele – nach ihrer subjektiven Einschätzung – ungefähr gleich weit zurückzustecken haben.[22] Die USA sind mit diesem Grundsatz in der Kuba-Krise von 1962 gut gefahren, als sie weder auf einem vollständigen Rückzug der Sowjets aus Kuba bestanden noch auf einen Sturz des Castro-Regimes hinarbeiteten, sondern nur den Rückzug der Raketen verlangten.[23] Dagegen wurde 1914 letztlich ein totaler Krieg für Ziele begonnen, deren Inhalt keiner Partei wirklich klar war: Der maximalistische Anspruch jeder Partei, die Bedingungen des Friedens zu diktieren, führte alle zusammen ins Unglück.[24]

Zweitens muß, wenn schon nicht-verhandlungsfähige Ziele auf dem Spiel stehen, die *Eskalationsleiter* so langsam und in so vielen Einzelschritten wie möglich bestiegen werden;[25] militärische Feindseligkeiten sind geographisch zu begrenzen, und ihre Funktion muß möglichst spezifisch bleiben; jede Chance des Zeitgewinns ist zu nutzen. Dies setzt allerdings voraus, daß es gemeinsame – am besten publizierte und öffentlich diskutierte – Bezugsrahmen gibt, die auch der Gegner kennt und auf die einzugehen er Gelegenheit erhält.[26] Ein gutes Beispiel dafür ist wiederum die Kuba-Krise, in der die Androhung einer Blockade ausreichte, um die Regierung der Sowjetunion zum Rückzug zu bewegen.[27] Ähnliches gilt für die verschiedenen Berlin-Krisen, für die sich ein gemeinsames, geradezu bürokratisiertes, Problemlösungsmodell herausbildete.[28] Ein negatives Beispiel ist wiederum der Erste Weltkrieg, in den die gegnerischen Mächte ohne alle Bedenken und ohne Stufenpläne oder gemeinsam bekannte Schwellenwerte hineinstolperten.[29]

Mehr psychologisch ist schon das dritte Prinzip des internationalen Krisenmanagements, das besagt, daß der Gegner nicht in eine Situation des *Gesichtsverlustes* getrieben werden darf; denn der Gegner ist ja Partner, wenn es um die Aushandlung eines Kompromisses gehen soll – dann aber darf seine Legitimität nicht von vornherein zerstört werden. Damit verbindet

[22] Williams (1976: 135–191); Allison (1971).
[23] Vgl. Abel (1966); Dinerstein (1976).
[24] Brodie (1959: 61 ff.).
[25] Kahn (1966).
[26] Belden (1977: 184 ff.).
[27] Allison (1970: 689–718).
[28] Tanter (1974).
[29] Hermann und Hermann (1967: 400–416).

sich das Bestreben, ein Nullsummenspiel in ein Gemischtsummenspiel umzuwandeln, d. h. dem Gegner auch positive Anreize für einen Kompromiß zu bieten[30] – schließlich muß jeder der Beteiligten das erzielte Ergebnis vor seiner eigenen nationalen und auch vor einem Teil der internationalen Öffentlichkeit rechtfertigen können, er muß also in irgendeinem Aspekt „recht" bekommen haben. So hat die Beilegung der Kuba-Krise im Prinzip zu einem Ende des Kalten Krieges und zu einem entscheidenden Wendepunkt in den amerikanisch-sowjetischen Beziehungen (von gemeinsamen Weltraumunternehmen über Weizenverkäufe bis zu einer Lockerung der technologischen Exporte) geführt,[31] während die Serbische Krise, die zum Auslöser des Ersten Weltkrieges wurde, mit Bedacht dadurch verschärft worden ist, daß die österreichische Regierung ein erniedrigendes Ultimatum gestellt bzw. die dennoch erfolgte Antwort Serbiens für nicht ausreichend erklärt hat.[32]

Das vierte Prinzip ist sowohl ein technisches wie ein diplomatisches Grundprinzip: daß nämlich die *Kommunikation* mit dem Gegner über alle krisenhaften Ereignisse und Eskalationsstufen beibehalten wird.[33] Es war schon in früherer Zeit nicht besonders klug, die Kommunikation abzubrechen; denn am Ende mußte doch ein als legitim anerkannter Friedensschluß gefunden werden: Dies aber setzt ein Eingehen auf die Legitimitätsvorstellungen auch des Unterlegenen voraus. Angesichts der konzentrierten Zerstörungskraft und eines umfassenden Überwachungssystems aber ist eine systematische Information der Gegenseite heute ein Gebot der Stunde.[34] Das Kommunikationsproblem ist dabei weniger ein technisches als vor allem ein psychologisches oder semantisches Problem. Kommunikationen können daher nie nur verbaler Art sein, sondern sie müssen von konkreten Spielzügen begleitet sein, die die geäußerte Absicht verdeutlichen und beglaubigen.[35] Das zu erzielende Aushandlungsergebnis ist ganz wesentlich davon abhängig, wie deutlich die einzelnen Positionen während des Krisenablaufs geworden sind und wieviel Vertrauen in die Zuverlässigkeit und Konsequenz der Partner geschaffen worden ist.[36]

Das fünfte und schwierigste Prinzip des internationalen Krisenmanagements ist ein soziologisches: nämlich die Absicherung des auszuhandeln-

[30] Rapoport (1960).
[31] Abel (1966: 184).
[32] Verosta (1971: 473).
[33] Frei (1977: 82 ff.).
[34] Williams (1976: 182–191); Snyder und Diesing (1977: 282, 339).
[35] Holsti, Brody und North (1964: 170–189); Jervis (1970); Lebow (1981).
[36] Snyder (1972: 217–256); Stover und Adra (1981: 1–29); Wuthnow (1983: 57–71).

den Ergebnisses durch intra- und internationale *politische Unterstützung* bzw. durch die Zuziehung von alten oder neuerworbenen Allianzpartnern. Dieses Prinzip widerspricht oft der Notwendigkeit schneller Entscheidungen während des Krisenablaufs; so wird es daher mehr in der letzten Phase der Krisenbeilegung zur Geltung kommen; dort aber ist es unabdingbar.[37] Dieses Prinzip hat sich tatsächlich immer mehr durchgesetzt, selbst bei den Supermächten, die nur scheinbar darauf verzichten können. So ist die Sowjetunion in Ungarn 1956 noch alleine und ohne Konsultation seiner Allianzpartner einmarschiert, während sie bei der Okkupation der Tschechoslowakei 1968 die anderen Mitglieder der „sozialistischen Familie" beteiligte. Das macht zwar das Schicksal des betroffenen Landes nicht weniger bitter; immerhin werden damit Menschenleben geschont und wird die internationale Eskalationsgefahr erheblich gemindert.[38] Die Rolle dritter Parteien ist daneben außerordentlich wichtig bei Versuchen der Vermittlung oder der Versöhnung oder wenigstens der Verschiebung der Krise auf andere, eher lösbare Streitpunkte.[39]

Im *intra* organisatorischen und -nationalen Bereich muß den psychischen und sozialen Prozessen der Krisenbewältigung naturgemäß mehr Aufmerksamkeit gewidmet werden: Die Krise ist hier immer vor allem eine innere Krise, während für Projektionen nach außen nur wenig Gelegenheit ist. So ist die *Organisationskrise* tatsächlich weitgehend in Analogie zu einer persönlichen psychischen Krise verstanden worden.[40] Danach ist eine Krise stets durch vier Phasen gekennzeichnet: Schock, Rückzug, Akzeptierung und Adaptation.[41]

Der *Schock* tritt ein, wenn die Mitglieder einer Organisation sich dessen bewußt werden, daß das Überleben der Organisation ernstlich bedroht ist. Dies führt zu einer starken Innenwendung der Individuen und zur Lockerung der zwischenmenschlichen Beziehungen. Die tagtäglichen Funktionsprobleme werden vernachlässigt, die Führung ist ganz mit der unmittelbaren Drohung beschäftigt, eine systematische Zukunftsplanung scheint in dieser Situation der Bedrohung ganz sinnlos zu sein. Die erste Reaktion einer Organisation ist gewöhnlich der Versuch, sich einzuigeln und im eigenen Bereich die Kontrolle zu verschärfen. Diese Reaktion des *Rückzuges* trägt jedoch nichts zur Lösung der Krise bei, die nur interaktiv – in der Inter-

---

[37] Ruloff (1975); Gilbert und Lauren (1980: 653 f.).
[38] Gantzel, Kress und Rittberger (1972).
[39] Young (1967); Wilkenfeld und Brecher (1984).
[40] Lippitt und Schmidt (1967: 102–112); Zaleznik (1967: 59–70). Für die speziell psychiatrischen Aspekte vgl. Ewing (1978); Golan (1978); Haase (1978).
[41] Fink, Beak, Taddeo (1971: 22 ff.).

aktion von System und Umwelt – gelöst werden kann; sie ist zunächst nur defensiv, auf die Erhaltung der Organisation im gegebenen Zustand bedacht. Die zwischenmenschlichen Beziehungen werden vielleicht erneuert, aber der Zusammenhang ist nur protektiv; die Binnenbeziehungen werden auf Kosten der Außenbeziehungen verstärkt, ja, Gruppen im Außenfeld werden zu Urhebern der Krise erklärt. Die Kommunikation innerhalb der Organisation ist ritualisiert, an beunruhigenden Informationen ist weder den Mitgliedern noch der Führung gelegen. Im Innern werden die Autoritätslinien verstärkt, die Kontrolle wird noch stärker zentralisiert, die sog. Erfahrung tritt an die Stelle einer flexiblen Zukunftsplanung.

Die Phase der *Akzeptierung* wird erst eingeleitet, wenn die Schuld für die Krise nicht mehr anderen Gruppen zuzuschieben ist und wenn die autoritäre Straffung der Organisation keine Erfolge zeitigt. Nun erst kommt es zu Prozessen der Selbstprüfung und auch der interpersonellen Auseinandersetzung. Eine in die Zukunft weisende Zusammenarbeit wird erst wieder möglich, wenn der andere nicht mehr als Schuldiger und Versager, sondern als Ressource und als Energiepotential gesehen wird. Probleme werden nunmehr erstmals erforscht und nicht einfach für gegeben angesehen, die eigenen Traditionen der Problemwahrnehmung und -lösung werden in Frage gestellt. Die Lösungsversuche aber sind noch unsicher, sie bleiben leicht erratisch und werden oft vorzeitig abgebrochen. Wenn die Organisationsmitglieder wieder wechselseitig aufeinander bezogen sind und wenn sie je nach der Problemstellung unterschiedliche Interaktionsbeziehungen eingehen, wenn die Kommunikationen realistisch (und nicht ritualistisch) sind und die Führung wieder eine mittelfristige Zukunftsperspektive gewinnt, dann hat der Prozeß der *Adaptation* und des Wandels (gegebenenfalls des Wachstums) der Organisation eingesetzt. Alternative Entwicklungsziele und Organisationsformen können nun systematisch durchgespielt werden, Kurz- und Langfristziele werden wieder in Einklang miteinander gebracht. Diese fruchtbare Phase kann um so länger dauern, um so mehr Organisationsalternativen und Flexibilität sich die Organisation bewahrt.

Der erste Imperativ ist daher ein organisationstechnischer, und er verlangt, eine *Überinstitutionalisierung* der Organisation zu *verhindern*. [42] Eine Überinstitutionalisierung liegt vor, wenn alles bis ins letzte geregelt ist und wenn die Organisationsmitglieder ritualistisch auf die Einhaltung dieser Regeln bedacht sind. Umweltveränderungen haben dann kaum noch eine Chance, wahrgenommen, geschweige denn verarbeitet zu werden. Es ist also gut, stets eine gewisse Skepsis gegenüber Vorschriften, vor allem

---

[42] Kirby und Kroeker (1978: 193).

gegenüber einfachen und eindeutigen Vorschriften, walten zu lassen.[43] Darüber hinaus sind alle übertriebenen Versuche, zu rationalisieren, die Zuverlässigkeit und Effektivität aller Vorgänge zu sichern und weit im voraus zu planen, zu vermeiden. Diese Prinzipien sind nur so lange von Vorteil, als sie gegeneinander ausgewogen werden können; jede Übertreibung nach der einen oder anderen Seite aber zerstört die Flexibilität.[44] Vor allem ist eine zu starke Homogenisierung und Hierarchisierung der Organisationsstruktur zu vermeiden; denn dann ist vielleicht die Kontrolle optimal, zugleich aber sind alle Organisations- und Führungsalternativen vernichtet, die im Falle einer Krise verfügbar sein müßten.

Das zweite Prinzip zieht die positive Konsequenz aus dem negativen ersten Prinzip: Es müssen rechtzeitig *Organisationsalternativen* geschaffen werden. Viele Organisationen werden krisenanfällig durch ihren „Erfolg", dann nämlich, wenn sie sich ganz auf die erfolgreiche Produktlinie festlegen und wenn sie die gesamte Organisationskapazität darauf abstimmen bzw. alle anderen Organisationsalternativen ersticken. Demgegenüber ist stets für eine gewisse Mehrgleisigkeit zu sorgen, und zwar in finanzieller wie in organisatorischer und personeller Hinsicht. Das heißt nicht nur, daß stets ausreichende Mittel für Experimente, für Forschung und technische Entwicklung reserviert werden müssen, sondern auch, daß tatsächlich Konkurrenz- und Alternativorganisationen aufgebaut werden, daß neben dem Hauptunternehmen Pilotunternehmen mitlaufen, daß zwei oder mehrere konkurrierende Organisationen sich mit den gleichen oder ähnlichen Problemen beschäftigen.[45] Vielleicht sollten überhaupt die Verantwortungen so verteilt werden, daß sie sich überkreuzen und niemals völlig eindeutig zugeordnet sind; denn nur so sind die Organisationsleiter gezwungen, sich in wechselnden Interaktionen aufeinander abzustimmen.[46] Im Falle der drohenden Erstarrung der Organisation, d. h. von Monopolisierungs- und Zentralisierungstendenzen, kann sogar eine bewußte Destabilisierung sowohl der Managementgremien wie auch der Teilmärkte angebracht sein.[47]

Eine Konkretisierung dieses Prinzips auf der Führungsebene ist, daß in einer Krise die *Führungsmannschaft ausgewechselt* werden muß. Hier helfen Halbherzigkeiten wenig: Wird nur ein Teil der Führung, die schließlich die Organisation in die Krise geführt hat, entlassen, so bleibt möglicherweise die alte Autoritätsstruktur erhalten, und die alte Führung hält nur um

[43] Starbuck, Greve und Hedberg (1978: 122 f.).
[44] Hedberg, Nyström und Starbuck (1976: 41–65).
[45] Landau (1973: 533–542).
[46] Knight (1976: 111–130).
[47] Biermann (1976: 119 ff.).

so enger zusammen, um sich gegen neue Führungsmitglieder zu wehren. Außerdem ist ein dramatischer symbolischer Akt notwendig, der die übrigen Organisationsmitglieder davon überzeugen kann, daß tatsächlich ein Neubeginn gewagt wird.[48] Unabhängig von der – ohnehin nie klar zu entscheidenden – Schuldfrage, muß die Schuld jemand zugeteilt werden – und dies ist in einer Organisation, die weiter an ihre relative Autonomie und Handlungsfähigkeit glauben können soll, nun einmal die eigene Führung. Die vollständige Ablösung der Führungsspitze ist vor allem erforderlich, insofern die Organisation monolithisch geworden ist; gibt es noch funktionsfähige Teil- oder Unterorganisationen innerhalb der Organisation, dann kann die neue Führungsspitze von der eigenen Organisation gestellt werden; ist dies nicht der Fall, dann wird diese Erneuerung erst nach dem Konkurs stattfinden, wenn das Unternehmen von einer anderen Unternehmensgruppe übernommen, wenn eine Bürokratie einem anderen Ministerium oder ein militärischer Verband einem anderen Oberbefehl unterstellt worden ist. Eine solche Auswechslung der Spitze hat natürlich nur einen Sinn, wenn ein funktionsfähiger Mittelbau erhalten geblieben ist.

Die nächsten beiden Prinzipien haben mit dem kognitiven System oder der Ideologie der Organisation zu tun. Negativ formuliert heißt das Prinzip: *Implizite Annahmen* sind aufzudecken und *zurückzuweisen*.[49] Im Laufe der Institutionalisierung einer Organisation werden die wesentlichen Grundannahmen und Ziele verdeckt und ins Unbewußte abgedrängt. Obwohl nach einer Zeit der Schwierigkeiten die meisten Organisationsmitglieder bereit sein mögen, sich neue Ziele zu setzen, sind sie dennoch nicht in der Lage, ihr Organisationsverhalten zu ändern (das z.B. ritualistisch oder immobil geworden ist, das zu sehr am Lohn oder an Statussymbolen orientiert ist oder von veralteten Produktvorstellungen geleitet wird). Solange der Organisationsleitung diese impliziten Annahmen gar nicht bekannt sind, gibt es keine Chance, wirklich aus der Krise herauszukommen.

Positiv formuliert heißt dieses Prinzip: Die oberste Aufgabe der Organisationsleitung ist die *Formung einer Organisationsideologie*. In einer Organisation werden eigene Organisationsmythen und -ideologien ausgebildet,[50] die die Führung legitimieren (und im Falle der Krise aber auch delegitimieren) und die der ganzen Organisation eine höhere Weihe und Sendung verleihen. Diese Mythen und Ideologien mögen etwas von der Realität abgehoben sein, so daß auch das Versagen der Führung (angesichts veränder-

---

[48] Starbuck, Greve und Hedberg (1978: 124 f.).
[49] Starbuck, Greve und Hedberg (1978: 126 f.).
[50] Westerlund und Sjöstrand (1981).

ter Umweltgegebenheiten oder veränderter interner Rekrutierungsmuster und Arbeitsmotivationen) einige Zeit verdeckt wird; wenn es aber zur Krise gekommen ist, dann wird die Führung ganz für diese Krise haftbar gemacht – auch wenn sie auf die veränderten externen und internen Umstände mehr oder weniger adaptiv reagiert hat. Dann aber ist es notwendig, eine neue Managementideologie zu finden, die die Tätigkeit der Mitglieder auf *neue* Ziele und Ideale lenkt und die ihren Enthusiasmus hervorruft.[51] Die erste Maßnahme zur Überwindung der Organisationskrise ist die symbolische Reorganisation; denn die oberste Aufgabe des Managements ist es, Menschen zu lenken, nicht aber, ihnen jede Verantwortung abzunehmen und alles so zu regeln, daß ihnen nur noch die physische Arbeitsleistung verbleibt.[52]

Die Prinzipien des Krisenmanagements innerhalb von Organisationen und Regierungen unterscheiden sich von denen des Krisenmanagements im internationalen (oder interorganisatorischen) Bereich nicht grundsätzlich, sondern nur durch die Beobachtungsperspektive, die einmal *im* System, das andere Mal außerhalb des Systems oder eben *zwischen* den Systemen liegt. Von einem bloßen „Krisenmanagement" ist strenggenommen nur im zweiten Fall zu sprechen, während im ersten Fall Maßnahmen der Reorganisation überwiegen: Je stärker der Systemcharakter einer Organisation oder interorganisatorischen Beziehung hervortritt, desto weniger ist es mit einem bloßen Krisenmanagement getan, desto mehr prospektive Strukturpolitik ist erforderlich. Dies gilt auch im Bereich der internationalen Beziehungen, wo sie zunehmend interdependent und dicht geworden sind. Aber auch im Falle von drohenden kriegerischen Auseinandersetzungen zwischen voneinander unabhängigen Staaten ist das Krisenmanagement, wenn es einen dauerhafteren Erfolg haben soll, auf eine Verankerung des Aushandlungsergebnisses in den internationalen Interdependenzen angewiesen. Grundsätzlich sind nur absurde Ergebnisse zu erwarten, wenn man versucht, Krisen durch den Aufbau einer riesigen – wiederum voll institutionalisierten und damit bald unbeweglichen – Krisenmaschinerie oder durch die Bildung Dutzender von Krisenstäben zu bewältigen; denn das Krisenmanagement unterliegt den gleichen Organisationsgesetzen wie alle übrigen Organisationen, und zusammengewürfelte Krisenstäbe können nicht mehr Kompetenz aufweisen als die gescheiterten Organisationsleitungen. Was sie diesen voraus haben, ist jedoch die andersartige Mixtur von Personen, die neue organisatorische Querverbindungen und Verhaltensmuster mit sich bringen.

[51] Starbuck, Greve und Hedberg (1978: 132 ff.).
[52] Mintzberg (1973).

3. Zur Konstruktion eines krisenstabilen Systems

Für die Konstruktion eines krisenresistenten – das heißt aber: eines umweltsensiblen und flexiblen Systems – sind drei Ausgangsüberlegungen maßgebend. Erstens sind Krisen stets das Ergebnis einer unzureichenden wechselseitigen Abstimmung oder *Interaktion* zwischen System und Umwelt. Die Umwelt erscheint in Krisen häufig „turbulent", nämlich komplex, irregulär, unberechenbar, überraschend oder sogar chaotisch.[53] Zu einer turbulenten Umwelt kommt es immer dann, wenn einerseits die Umweltinterdependenzen zunehmen, andererseits aber die Selbstregulationskräfte der Umwelt zerstört oder geschwächt und somit die normalerweise häufigen Gleichgewichtslagen zerstört worden sind. Die Umwelt erscheint daher unheimlich kompliziert und bedrohlich; daß sie so erscheint, ist jedoch kein Naturereignis, sondern eine Funktion der Struktur und der Interaktion der in dieser Umwelt agierenden Systeme, die zu einfach konstruiert und deren Interaktionen zu plump sind, um diese Gleichgewichtslagen auch nur wahrnehmen, geschweige denn regulieren zu können. Nach Ashbys „Gesetz der erforderlichen Vielfalt" kann Vielfalt nur durch Vielfalt kontrolliert werden.[54] Wenn nun aber versucht wird, einer turbulent erscheinenden Umwelt durch Zentralisierung, Hierarchisierung und Linearisierung zu begegnen, so wird die Turbulenz unter Umständen erfolgreich ausgeblendet, aber die Krise des Systems wird damit nur noch verschärft; denn nun gehen unvermeidlicherweise Informationen an der „Krisenfront" verloren, und eine flexible Anpassung des Systems unterbleibt.[55] Mit der Zentralisierung und Vereinfachung des Systems wird also nur seine Reaktionsbreite vermindert, der Zusammenbruch wird aufgeschoben, aber seinem Umfang nach nur noch vergrößert.

Zweitens gibt es eine sozusagen natürliche Verfallstendenz oder *organisatorische Schwerkraft* von sozialen Systemen, die ohnehin zu Vereinheitlichung, Zentralisierung und Routinisierung tendiert.[56] Wenn man ein System flexibel halten will, so muß man dieser Tendenz bewußt und mit eigenen Organisationsanstrengungen entgegenarbeiten. Ein System verrennt sich um so leichter in den Teufelskreis von mangelnder Umweltanpassung, Systemvereinheitlichung, Abschließung, Realitätsverlust und schließlich Zusammenbruch, bzw. das Krisenrisiko wird um so größer, je stärker die auto- oder monokratischen Tendenzen in einem System sind. In einem

[53] Woodward (1982: 266 f.).
[54] Ashby (1974: 298 ff.).
[55] Bühl (1981: 89).
[56] O, Myeung Ho (1975: 461 f.).

monokratischen System werden Störungen in der Informationsaufnahme, Unzulänglichkeiten in der Implementation von Entscheidungen, Ressourcenprobleme und Umweltstörungen in aller Regel durch Zentralisierung und Größenwachstum, durch die Verstärkung der Kontrollbeziehungen gegenüber der Konsensbildung, durch Vorprogrammierung und Routinisierung des Verhaltens, d. h. aber schließlich durch die Vereinfachung und Schließung des Systems, beantwortet.[57] Umgekehrt ist es in einem demokratischen oder *polyarchischen* System, in dem den gleichen Störungen und Mängeln eher durch die Verstärkung der Konsens- gegenüber den Kontrollmechanismen, durch Dezentralisierung und Ad-hoc-Regelungen, vor allem aber durch eine Intensivierung der Interaktionen zwischen System und Umwelt begegnet wird.[58] Nur in einem dezentralen System, in dem die wichtigsten Funktionen doppelt und mehrfach besetzt sind, wird eine gewisse Energiereserve in funktionaler, finanzieller und personeller Hinsicht aufgebaut; und nur diese Reserve ermöglicht eine lockere und flexible Reaktion auf die Krise.[59]

Drittens darf gerade bei komplexen Systemen in einer sich rasch wandelnden Umwelt die *Planbarkeit* und Kontrollierbarkeit des sozialen Wandels nicht überschätzt werden. Eine vollständige Planungstheorie, die auch nur mittelfristig vorausschauend für alle Eventualitäten gewappnet wäre, ist unmöglich. Selbst wenn komplexe Systemzusammenhänge durch Computermodelle mit hinreichender Vorhersagesicherheit simuliert werden könnten, so bleibt immer noch das Problem der politischen Umsetzung, wobei das Bedürfnis nach Eindeutigkeit und Kürze (das heißt eigentlich: nach Trivialität) mit der Komplexität der Planungstheorie kollidiert.[60] Noch größer aber ist das Problem der Datengewinnung. Im politischen und wirtschaftlichen Leben muß nämlich in der Regel entschieden und gehandelt werden, *bevor* noch alle wünschenswerten Daten verfügbar sind. Außerhalb ihres Entstehungskontextes sind außerdem viele Daten gar nicht sinnvoll interpretierbar: Eine Zentrale, die nur ebenso abstrakte wie strukturarme Aggregatdaten sammelt, kann mit den perfektesten Computermodellen die größten Irrtümer begehen. Dazu kommt noch, daß bei einer zentralen Überwachung und Planung praktisch nur falsche Zahlen gemeldet werden, nämlich Zahlen, die eine Planerfüllung vortäuschen oder die von einem unerfüllbaren Planungssoll befreien sollen. Die negativste Wirkung ist jedoch in sozialorganisatorischer Hinsicht zu erwarten: Die Übertra-

[57] Smart, Thompson und Vertinsky (1978: 67f.).
[58] Dahl (1963); Dahl (1971).
[59] Smart, Thompson und Vertinsky (1978: 69).
[60] Mandelbaum (1979: 68f.).

gung der Kontrolle auf eine zentrale Instanz entmachtet alle organisatorischen Untereinheiten, die selbst über ihren eigenen Bereich keinen Überblick mehr haben. Die Verantwortlichen dieser Untereinheiten können in Wirklichkeit keine Verantwortung mehr tragen, ebensowenig wie ihre Untergebenen, die sich vollends entmündigt fühlen. Die größte Krise ist zu erwarten bei einem politischen System mit zentraler Planungskompetenz und einer gleichzeitig nur geringen Qualität der Informationsverarbeitung. Auch hier bleibt also keine andere Schlußfolgerung als die Suche nach einem dezentralen und multifunktionalen Planungs- und Entscheidungssystem.[61]

Ein krisenresistentes System muß einerseits einen gewissen Grad an Robustheit aufweisen; andererseits aber muß es umweltsensibel sein; d. h., die Robustheit kann nicht durch die Primitivität des Systemaufbaus oder eine nur statische Stabilität gesichert werden, vielmehr muß das System eine gewisse Komplexität aufweisen, aber es muß dabei flexibel oder plastisch sein; seine Stabilität kann nur dynamischer Art sein, d. h., der unvermeidliche Wandel von Umweltbedingungen muß durch die Konstruktion des Systems aufgefangen werden.

Die Definition eines *plastischen Systems* [62] ist erstens sein heterarchischer Aufbau, so daß die Kontrolle des Systems von zwei oder mehr relativ unabhängig voneinander agierenden Kontrollzentren wahrgenommen werden kann. Diese Hetero- oder Poly-archie ermöglicht es dem System, auf unterschiedliche Situationen oder Aufgabenstellungen unterschiedlich zu reagieren; außerdem bleibt die Kontrollkompetenz breit verteilt: Es kann stets die beste – in Versuch und Irrtum ermittelte – Lösung vorgezogen werden, es gibt stets Organisationsalternativen. Zweitens gehört zur Plastizität die Konkurrenz oder der Konflikt zwischen den Kontrollzentren, wenngleich natürlich ein gewisses Gleichgewicht zwischen den konkurrierenden Zentren beibehalten werden muß. Dieses Gleichgewicht ist aber in einem System mit mehreren, voneinander relativ unabhängigen Untereinheiten mit wechselnden Koalitionen relativ leicht zu finden. Drittens gilt für ein plastisches System das Prinzip des funktionalen Horizonts oder der variablen Grenze,[63] d. h., daß keine Funktionszuschreibung für alles und immer gilt, sondern daß die Funktionsaufteilung mit der Aufgabenstellung und mit dem Grad der Funktionserfüllung bzw. der Ressourcenbegrenzung sich wandeln muß. Viertens muß in einem plastischen System trotz der unvermeidlichen funktionalen Spezialisierung jede Überspezialisierung

---

[61] Vgl. Rabus (1983: 439ff.); Dror (1983).
[62] Taschdjian (1979: 546–550).
[63] Taschdjian (1977: 41–48).

verhindert werden. Dies geschieht durch die Zulassung von funktionalen Überschneidungen und funktionalen Doppel- und Mehrfachbesetzungen.[64] Was hier schon für das zentrale Nervensystem der höheren Wirbeltiere gilt, das gilt auch für soziale oder politische Systeme. Vor allem müssen die für die Aufrechterhaltung der Funktionsfähigkeit eines sozialen Systems zentralen Funktionen durch Überlappung gesichert sein.

Komplexe Systeme im Sinne des plastischen Systems sind immer *multistabile Mehrebenen-Systeme*. Multistabil ist ein System, insofern es nicht auf einen einzigen Gleichgewichtszustand festgelegt ist, sondern mehrere unterschiedliche, jedoch gleichwahrscheinliche Gleichgewichtspunkte anstreben kann. Technisch gesprochen besteht ein multistabiles System aus einer Koppelung von ultrastabilen Teilsystemen, die in bezug auf die Aufrechterhaltung des Gesamtsystems funktional äquivalent sind, so daß Ausfälle kompensiert werden können bzw. die Koordination je nach den Umständen von dem einen oder anderen Teilsystem übernommen werden kann.[65] Die Plastizität oder Flexibilität des multistabilen Systems besteht somit darin, daß jede Überspezialisierung und Überzentralisierung vermieden wird, vielmehr die Teilsysteme sich einen hohen Grad der funktionalen Autonomie erhalten, der sie befähigt, variable Interaktionen mit anderen Teilsystemen einzugehen. Gilt dieses Prinzip auf mehreren Organisationsebenen, so gibt es eine große Variationsbreite von Verkoppelungen und Abkoppelungen, von Dependenzen und Interdependenzen, die jedem Wandel in der Umweltkonstellation gerecht werden kann. Im Extrem gibt es in einem solchen System de facto kein zentrales und in allem kompetentes Entscheidungszentrum mehr, selbst wenn nominell ein solches ausgewiesen wird.[66] Wenn eine Staatsregierung, eine Organisations- oder Firmenleitung eine für die ganze Gesellschaft oder die Organisation verbindliche Entscheidung trifft, so ist diese Entscheidung doch nur insoweit durchsetzbar, als sie die Anerkennung der Betroffenen findet bzw. als sie nicht durch Entscheidungen anderer Staaten oder Organisationen wieder neutralisiert oder sogar in ihr Gegenteil verkehrt wird. So ist es de facto auch in einem hochzentralisierten und monokratischen System; nur gibt man sich hier entweder der Illusion hin, daß allein die Entscheidung des Zentrums zähle; oder man versucht, alle anderen Interaktionen abzudrosseln, und begnügt sich eben mit dem niedrigen Interaktionsniveau eines monokratischen Systems.

Ein komplexes dynamisches System ist außerdem ein Mehrebenensystem

[64] LeGare (1980: 89–106).
[65] Fuchs (1973: 133 ff.).
[66] Teune und Mlinar (1978: 98 f.).

mit einem subsidiären oder *föderativen* Aufbau, wobei nur diejenigen Systemprobleme auf die jeweils höhere Systemebene verlagert werden, die auf der unteren Ebene nicht zu lösen sind. Eine höhere Systemkomplexität ist nur erreichbar, wenn die oberste Systemebene möglichst von Einzelproblemen entlastet wird und wenn diese sich ganz den strategischen und evaluativen Langfristproblemen zuwenden kann. Ein solches Mehrebenensystem ist jedoch nicht völlig hierarchisch in dem Sinn, daß die Operationen einer niedrigeren Funktionsebene stets durch eine übergeordnete (meist die direkt übergeordnete) Funktionsebene kontrolliert werden könnten.[67] Diese Hierarchisierung wäre viel zu riskant, müßte doch mit dem Kontrollverlust auf der obersten Ebene die Kontrolle über das gesamte System verlorengehen. Föderative Mehrebenensysteme sind hingegen durch eine gewisse Konkurrenz und Gegenkontrolle der verschiedenen Ebenen, d. h. aber auch durch funktionale Überschneidungen und „Gemeinschaftsaufgaben", durch politische Gegengewichte und das Gesamtsystem übergreifende transregionale Beziehungen auch schon auf einer unteren Ebene (z. B. durch „Städtefreundschaften" oder Handelsverträge auf Firmenebene) gekennzeichnet. Auf der Betriebsebene werden solche, die Hierarchisierung verhindernden Funktionsverflechtungen durch die sog. *Matrixorganisation* geschaffen, die zwei oder mehrere Abteilungen in gemeinsamen Projekten zusammenarbeiten läßt, so daß die Aufgaben und Kompetenzen sich überschneiden und viele Mitglieder in ein und der gleichen Sache zwei oder mehr Vorgesetze haben.[68] Genau diese Überschneidung aber ist erwünscht, denn sie zwingt die Organisationsmitglieder zum Wechsel ihrer Interaktionen: Gerade darin liegt die Flexibilität der Organisation.

Nur ein multistabiles Mehrebenensystem bietet eine gewisse Gewähr dafür, daß der Kontrollanspruch nicht die Kontrollkapazität übersteigt, und zwar weder auf der zentralen Führungsebene noch auf der Ebene der Mitglieder oder Untereinheiten, die sich mit der Zeit auf die Führung verlassen, ihr allerdings auch alle Verantwortung zuschieben. Entscheidend ist, daß nur die Prinzipien der *Subsidiarität* und der *variablen Interaktion* eine lockere Kontrolle gewährleisten, welche einerseits ohne eine aufwendige und dann doch zu starre Vorprogrammierung auskommt, andererseits aber auch sensibel auf Veränderungen in der Umwelt oder im Zusammenspiel der Subsysteme reagiert. Im Krisenfall besteht hier viel weniger die Versuchung, die Kontrolle (gegenüber den Prozessen der Konsensbildung) zu verschärfen und sie zu zentralisieren; vielmehr besteht hier eher eine Tendenz zur vorläufigen Abkoppelung oder zur Dezentralisierung und Locke-

---

[67] Mesarovic, Macko und Takahara (1970: 34 ff.).
[68] Nyström (1979: 19 ff.).

rung des Systemzusammenhangs: Krisen müssen zunächst soweit wie möglich dort ausgeregelt werden, wo sie sich zuerst und am deutlichsten bemerkbar machen. Auch wenn dieses Krisenmanagement scheitert und wenn einzelne der Subsysteme unfähig sind, die sie betreffenden Krisenerscheinungen zu verarbeiten, wenn also ein umfassender Strukturwandel in der Verkoppelung der Subsysteme erforderlich wird, vielleicht sogar neue Subsysteme ausgebildet werden müssen, so kann auch dieser Wandel dem Prinzip von Versuch und Irrtum folgen. Ein bewährtes Modell kann generalisiert werden, ein erfolgreiches Subsystem kann die Koordination übernehmen, total versagende Subsysteme müssen zunächst abgeschaltet und dann ersetzt werden. Ein solcher *experimenteller Wandel* verspricht sehr viel mehr Erfolg als ein durch und durch geplanter Wandel – wäre die Planung so erfolgreich, dürfte es ja zu keiner Krise kommen; ist aber eine Krise da, so hat die Planung und Programmierung offenbar versagt.

Es ist schon ausgeführt worden (Kap. III. 1), daß eine gewisse strukturelle Stabilität in Systemen mit einer bewegten Umwelt und sich wandelnden endogenen Systemzuständen nur durch eine bewußte Zulassung von Dynamik gewährleistet werden kann. Das größte Problem jeder Organisation ist das Problem des *unvollkommenen Wissens*. Die Krise ist nicht selten das Ergebnis eines überzogenen Kontrollanspruches: der konsequenten Anwendung eines Steuerungswissens, das inzwischen unrealistisch geworden ist. Es bleibt gar nichts anderes übrig, als diese Unvollkommenheit oder Unsicherheit des Wissens prinzipiell zu akzeptieren und sie gerade zum Konstruktionsprinzip von Sozialorganisationen zu machen.[69] Anstatt daß eine zentrale Stelle vorgibt, sicheres Wissen oder eine allumfassende Kontrollkapazität zu haben, wird man vielmehr versuchen, das 'Unwissen' auf möglichst viele untergeordnete Systemeinheiten abzuwälzen, sie aber auch dafür verantwortlich zu machen. Das heißt: diese Untereinheiten werden selbst darum bemüht sein, Informationen zu sammeln und sich darauf einzustellen, Verbesserungen in ihren Produkten und Produktions- oder Verteilungsprozessen zu finden, neue Querverbindungen zu schaffen, wo die alten die eigenen Anstrengungen nicht mehr lohnen usw.

Je größer diese *Mikrovariabilität* ist, desto größer kann die *Makrostabilität* sein.[70] Die Makrostabilität ist ein statistisches Phänomen: Trotz oder gerade wegen der dynamischen Prozesse und dauernden Fluktuationen, die auf der Ebene der Untereinheiten stattfinden, ergeben sich relativ invariable oder sich jedenfalls mit erstaunlicher Regelmäßigkeit wandelnde Gesamtzusammenhänge. Die Makrostrukturen sind um so stabiler, je größer die

[69] Von Hayek (1972: 33 ff.).
[70] Klein (1977: 22 ff.).

statistische Masse der Untereinheiten und je größer ihre Diversität ist. Je mehr Produkte auf dem Markt sind, je vielfältiger die Organisationen, je unterschiedlicher die in diesen Organisationen tätigen Personen, je besser diese Organisationen durch Abwanderung und Widerspruch flexibel gehalten werden, je mehr Ideen im Umlauf sind, um so wandlungsfähiger ist das Gesamtsystem, das sich aus diesen Untereinheiten aufbaut.[71] Ein extremes Beispiel ist ein reicher Käufermarkt, auf dem jeder Käufer (oder jede Haushaltseinheit) selbst auswählt und entscheidet, wieviel ihm (ihr) welches Produkt oder welche Dienstleistung wert ist. Ähnliches gilt jedoch auch für eine große statistische Masse von Firmen und Organisationen, ja selbst von Staaten und Regierungen, die unter verschiedenen Ausgangsbedingungen ganz verschiedene Ziele verfolgen mögen, sich letztlich aber doch an den herrschenden Handelsströmen und politischen Allianzmöglichkeiten orientieren müssen: Die internationalen oder interorganisatorischen Strukturmuster werden dadurch nicht aufgelöst, sondern vielmehr von verschiedenen Seiten getestet und erhärtet.

Obwohl das Prinzip der Sicherung der Makrostabilität durch Mikrovariabilität ein genuines Grundprinzip der *Demokratie* ist, obwohl doch die „Intelligenz der Demokratie"[72] gerade darin besteht, daß große politische Entscheidungen zunächst einmal durch einen fortlaufenden Prozeß der wechselseitigen Anpassung in kleinen Schritten und in begrenzten Bereichen getestet und vorbereitet werden, sind im Krisenfall gerade in den demokratischen Ländern viele der *totalitären Faszination* verfallen, d. h. der Versuchung, die Krise kurzfristig und durch eine zentrale Verwaltungsmaßnahme aus der Welt zu schaffen.[73] Dies jedoch wäre nur eine Politik der Vergrößerung und der Verdeckung des Risikos, damit aber auch der Erhöhung des Krisenrisikos bzw. – im Endeffekt – der Verminderung der Systemkapazität. Denn in einer kurzfristigen und scheinbar „sauberen" Lösung bleiben die komplexen Zusammenhänge und die langfristigen Wirkungen unberücksichtigt und unbearbeitet. Dies aber ist bei einer totalitären Lösung nur deshalb kein politisches Problem mehr, weil die Politik zugunsten einer zentralen Verwaltungswirtschaft sozusagen abgeschafft oder jedenfalls entmachtet worden ist, weil ja nun die volle politische Verantwortung bei der Verwaltungszentrale liegt, die die Krise durch Kapazitätsverlagerungen und Quotenkürzungen, durch Versorgungsmängel und Warteschlangen relativ leicht verlagern kann. Daß sie jedoch zu einer pro-

---

[71] Hirschman (1974).
[72] Vgl. Lindblom (1965).
[73] So die Kritik von Kahn (1979: 470 f.) und so das gläubige Bekenntnis zum „Kommunismus als Lösung" von Harich (1975: 134–170).

duktiven und innovativen Lösung, zu neuen Interaktionsformen und Subsystembeziehungen kommt, ist ziemlich unwahrscheinlich. Daß die Krise nun eigentlich größer geworden ist, nämlich zur *strukturellen Dauerkrise* einer gebremsten, nunmehr großflächigen und variantenarmen Entwicklung, wird damit allerdings aus dem politischen Bewußtsein verdrängt: Die Krise ist nun tatsächlich kein 'politisches' Thema mehr.

Das Dilemma der *Demokratie* liegt darin, daß die Krise gerne thematisiert wird (was gut ist), dann aber sofort die Demokratie für die Krise verantwortlich gemacht wird (was unbegründet ist). Die Krise jedoch wird nicht durch die Demokratie verursacht, sondern die Krisenprobleme werden in einer demokratischen Politik nur offengelegt. Wenn sich derzeit die Krisen häufen, so kann dafür nicht die Demokratie als Staatsform haftbar gemacht werden, eher schon die Verletzung des grundlegenden Prinzips der Sicherung der Makrostabilität durch Mikrovariabilität. Die generelle Ursache der Krise (wenn man überhaupt von einer einzigen Ursache sprechen kann) ist die Verringerung der Mikrovariabilität oder die Strukturverarmung, nämlich – wie im vorangegangenen Kapitel dargestellt worden ist – die Monopolisierung und Fusion von Unternehmen, die korporative Verflechtung von Staat, Politik und Wirtschaft, die Kartellierung der Arbeit und die Vermassung der Partizipation. Die Demokratie ist eben kein Fetisch, mit dessen bloßer Beschwörung sich die Probleme von selbst lösten: Erforderlich ist vielmehr die Schaffung bestimmter Strukturvoraussetzungen. Daß aber die Krise als Chance überhaupt wahrgenommen werden kann und daß die Krisenlösung in einen komplexen und langfristigen zyklischen Systemwandel eingeordnet werden kann, erfordert allerdings einen Zeithorizont bzw. ein historisches Gedächtnis und ein politisches Vertrauen, das in einigen westlichen Demokratien – besonders in der Bundesrepublik – noch schwach entwickelt ist: Zu schnell haben sich hier Katastrophen und Kriege abgewechselt, zu kurz ist noch die Erfahrung mit einer Demokratie, die auch über schwere Krisen hinwegtragen kann.

LITERATURVERZEICHNIS

Abel, Elie (1966): The Missiles of October: The Story of the Cuban Missile Crisis 1962. London.

Abel-Smith, Brian (1980): The Welfare State: Breaking the Post-War Consensus. In: The Political Quarterly 51, S. 17–23.

Ackoff, Russell L., und Fred E. Emery (1972): On Purposeful Systems. Chicago.

Adelman, Irma, und Jairus M. Hihn (1982): Politics in Latin America: A Catastrophe Theory Model. In: Journal of Conflict Resolution 26, S. 592–620.

Adizes, Ichak (1979): Organizational Passages: Diagnosing and Treating Lifecycle Problems of Organizations. In: Organizational Dynamics 8, S. 3–25.

– (1979): How to Solve Mismanagement Crisis. Homewood, Ill.

Alan, Pierre (1983): Crisis Bargaining and the Arms Race. Cambridge.

Alexander, Charles P. (1983): The New Economy. In: TIME 22 (May 30), S. 50 bis 58.

Allison, Graham T. (1970): Conceptual Models and the Cuban Missile Crisis. In: American Political Science Review 63, S. 689–718.

– (1971): The Essence of Decision: Explaining the Cuban Missile Crisis. Boston.

Almond, Gabriel A., und James S. Coleman (Hrsg., 1960): The Politics of Developing Areas. Princeton.

Almond, Gabriel A., Sidney Verba (1963): The Civic Culture: Political Attitudes and Democracy in Five Nations. Boston.

Amin, Galal A. (1976): Dependent Development. In: Alternatives 2, S. 379–403.

Amin, Samir (Hrsg., 1982): Dynamics of Global Crisis. London.

Anderson, Charles W. (1976): Public Policy and the Complex Organization: The Problem of Governance and the Further Evolution of Advanced Industrial Society. In: Leon N. Lindberg (Hrsg.): Politics and the Future of Industrial Society. New York, S. 191–221.

Apter, David E. (1965): The Politics of Modernization. Chicago.

Aron, Raymond (1964): Die industrielle Gesellschaft. Frankfurt a. M.

Ashby, W. Ross (1974): Einführung in die Kybernetik. Frankfurt a. M.

Atteslander, Peter (1981): Die Grenzen des Wohlstands, Stuttgart.

Bacon, Robert, und Walter Eltis (1976): Britain's Economic Problem: Too Few Producers. London.

Bardin, David J. (1979): Towards a Rational Energy Policy. In: Annals of the American Academy of Political and Social Sciences 444 (July), S. 23–31.

Barnes, Samuel H., Max Kaase et al. (1979): Political Action. Mass Participation in Five Western Democracies. Berverly Hills.

Barney, Gerald O. (Hrsg., 1980): Global 2000: Der Bericht an den Präsidenten. Frankfurt a. M.

Baumgartner, Tom, T. R. Burns und P. Deville (1977): The Oil Crisis and the Emerging World Order. In: Alternatives 3, S. 75–108.

Beck, Ulrich (1982): Das Krisenbewußtsein in der Arbeitsgesellschaft. In: Österreichische Zeitschrift für Soziologie 7, S. 39–49.

Belden, Thomas G. (1977): Indications, Warnings and Crisis Operations. In: International Studies Quarterly 21, S. 181–198.

Bell, C. (1971): The Convention of Crisis. New York.

Bell, Daniel (1973): The Coming of Post-Industrial Society. New York.

– (1976): Die Zukunft der westlichen Welt. Frankfurt a. M.

– (^{2}1979): The Cultural Contradictions of Capitalism. London.

Ben-Dor, Gabriel (1974): Corruption, Institutionalization, and Political Development. In: Comparative Political Studies 7, S. 63–83.

Benjamin, Roger (1980): The Limits of Politics: Collective Goods and Political Change in Postindustrial Societies. Chicago.

Berger, M. (1977): Stabilität und Intensität von Parteineigung. In: M. Kaase (Hrsg.): Wahlsoziologie heute, Opladen, S. 501–509.

Bergesen, Albert (1982): Economic Crisis and Merger Movements: 1880s Britain and 1980s United States. In: Edward Friedman (Hrsg.): Ascent and Decline in the World System. Beverly Hills, S. 27–39.

– (Hrsg., 1983), Crises in the World System. Beverly Hills.

Bergsten, C. Fred, Robert O. Keohane und Joseph S. Nye (1975): International Economics and International Politics: A Framework for Analysis. In: C. F. Bergsten und L. B. Krause: World Politics and International Economics. Washington, D. C., S. 3–36.

Bergsten, C. Fred, und Lawrence R. Klein (1983): Die Krise ist beherrschbar: Entwurf einer globalen Strategie. In: DIE ZEIT 19, S. 27f.

Berlinski, David (1976): On Systems Analysis. Cambridge, Mass.

Bertsch, Gary K. (1980): West-East Technology Transfer. In: Problems of Communism, S. 74–78.

Biedenkopf, Kurt H., und Meinhard Miegel (1979): Die programmierte Krise: Alternativen zur staatlichen Schuldenpolitik. Stuttgart.

Biermann, Herbert (1976): Ansatzpunkte einer allgemeinen Strukturpolitik. Berlin.

Bigelow, John (1982): A Catastrophe Model of Organizational Change. In: Behavioral Science 27, S. 26–42.

Binder, Leonard, et al. (1971): Crises and Sequences in Political Development. Princeton.

Binswanger, Hans Christoph, Werner Geissberger und Theo Ginsburg (Hrsg., 1978): Der NAWU-Report: Wege aus der Wohlstandsfalle. Frankfurt a. M.

Birnbaum, Norman (1969): The Crisis of Industrial Society. London.

– (Hrsg., 1977): Beyond the Crisis. Oxford.

Blau, Peter M. (1977): Inequality and Heterogeneity: A Primitive Theory of Social Structure. New York.

Bloomfield, Lincoln P., und Amelia C. Leiss (1969): Controlling Small Wars. New York.

Bock, Kenneth (1980): Human Nature and History. New York.

Bockris, John, und Edward W. Justi (1980): Wasserstoff, die Energie für alle Zeiten: Konzept einer Sonnen-Wasserstoff-Wirtschaft. München.

Böltken, Ferdinand, und Wolfgang Jagodzinski (1983): Postmaterialismus in der Krise. In: Zentralarchiv für empirische Sozialforschung: Information 12, S. 11 bis 20.

Bonoma, Thomas V. (1976): Conflict, Cooperation and Trust in Three Power Systems. In: Behavioral Science 21, S. 499–514.

Boskin, Michael J. (1978): The Crisis in Social Security: Problems and Prospects. Oxford.

Boudon, Raymond (1981): Undesired Consequences and Types of Structures of Systems of Interdependence. In: Peter M. Blau und Robert K. Merton (Hrsg.): Continuities in Structural Inquiry. London, S. 225–284.

Boulding, Kenneth E. (1973): The Shadow of the Stationary State. In: Daedalus 102, S. 89–101.

– (1981): Evolutionary Economics. Beverly Hills.

Brandt, Willy (1983): Mehr Beschäftigung durch weniger Arbeit. In: Jungblut (Hrsg., 1983d) München, S. 151–165.

Brauchli, Werner (1975): Das Phänomen der Stagflation: Versuch einer theoretischen Klärung. Diessenhofen.

Brecher, Michael (1977): Toward a Theory of International Crisis Behavior. In: International Studies Quarterly 21, S. 39–74.

– (Hrsg., 1978): Studies in Crisis Behavior. New Brunswick.

– (1979): State Behavior in International Crisis. In: Journal of Conflict Resolution 23, S. 446–480.

Bressand, Albert (1983): Mastering the 'Worldeconomy'. In: Foreign Affairs 61, S. 745–772.

Brittan, Samuel (1975): The Economic Contradictions of Democracy. In: British Journal of Political Science 5, S. 129–159.

– (1977): The Economic Consequences of Democracy. London.

Brodie, Bernard B. (1959): Strategy in the Missile Age. Princeton.

Bromke, Adam (1982): The Political Crisis in Poland 1980–82. In: Conflict Quarterly 3, S. 36–54.

Brooks, Harvey (1979): Technology: Hope or Catastrophe. In: Technology in Society 1, S. 3–17.

– (1980): Technology, Evolution, and Purpose. In: Daedalus 109/1, S. 65–81.

Brown, Lester R. (1978): The Prospects for Food. In: Jib Fowles (Hrsg.): Handbook of Future Research. Westport, Conn., S. 551–570.

Bruce-Briggs, B. (1979): An Introduction to the Idea of the New Class. In: Ders. (Hrsg.): The New Class. New Brunswick, N. J., S. 1–18.

Buchanan, James M., und Richard E. Wagner (1977): Democracy in Deficit: The Political Legacy of Lord Keynes. New York.

Bühl, Walter L. (1976): Theorien sozialer Konflikte. Darmstadt.

– (1978): Transnationale Politik: Internationale Beziehungen zwischen Hegemonie und Interdependenz. Stuttgart.

– (1981): Ökologische Knappheit. Göttingen.

Bühl, Walter L. (1983): Die Angst des Menschen vor der Technik: Alternativen im technologischen Wandel. Düsseldorf.

Buß, Eugen, und Martina Schöps (1979): Die gesellschaftliche Entdifferenzierung. In: Zeitschrift für Soziologie 8, S. 315–329.

Caldwell, Lynton K. (1976): Energy and the Structure of Social Institutions. In: Human Ecology 4, S. 31–45.

Camilleri, Joseph A. (1976): Civilization in Crisis: Human Prospects in a Changing World. Cambridge.

Cardoso, Fernando H., und Enzo Faletto (1979; zuerst: 1969): Dependency and Development in Latin America, Berkeley.

Castells, Michel (1976): La crise économique et la société américaine. Paris.

Casti, John (1979): Connectivity, Complexity, and Catastrophe in Large-Scale Systems. London.

Castles, Frank, und Robert D. McKinlay (1979): Does Politics Matter: An Analysis of the Public Welfare Commitment in Advanced Democratic States. In: European Journal of Political Research 7, S. 169–186.

Cattell, Raymond B. (1982): Inflation and Business Cycles from the Standpoint of Psychology and Sociobiology. In: The Journal of Social, Political and Economic Studies 7, S. 35–54.

Ceaser, James W. (1982): Direct Participation in Politics. In: Proceedings of the Academy of Political Science 34/2, S. 121–137.

Chance, M. R. A. (1976): Social Attention: Society and Mentality. In: M. R. A. Chance und R. R. Larsen (Hrsg.): The Social Structure of Attention. London S. 315–333.

Chase-Dunn, Christopher (1981): Interstate System and Capitalist World-Economy: One Logic or Two?. In: International Studies Quarterly 25, S. 19–42.

Choate, Pat, und Susan Walter (1981): America in Ruins. Washington, D. C.

Clark, Colin (1977): Die Furcht vor dem Hunger. In: Henry Cavanne (Hrsg.): Die Schrecken des Jahres 2000. Stuttgart, S. 65–75.

Clark, John, Christopher Freeman und Luc Soete (1981): Long Waves, Inventions, and Innovations. In: Futures 13, S. 308–322.

Clausen, Lars, und W. R. Dombrowsky (1983): Einführung in die Soziologie der Katastrophen. Bonn.

Cline, William R. (1982/83): Mexico's Crisis, the World's Peril. In: Foreign Policy 49, S. 107–118.

→Cockerham, William C. (1981): Sociology of Mental Discorder. Englewood Cliffs,

Cohen, Eliot A. (1982): The Long-Term Crisis of the Alliance. In: Foreign Affairs 61, S. 325–343.

→Colinvaux, Paul A. (1978): Why Big Fierce Animals Are Rare. An Ecologist's Perspective, Princeton.

Commoner, Barry (1977): Energieeinsatz und Wirtschaftskrise. Reinbek.

Connolly, William E. (1981): The Politics of Reindustrialization. In: Democracy I/3, S. 9–21.

Contini, Bruno (1981): Dropping Out: Notes on the Italian Economy. In: Journal of Contemporary Studies 4, S. 79–89.

Cook, Norman D. (1980): Stability and Flexibility. Oxford. ✓

Cooper, Richard N. (1975): Prolegomena to the Choice of an International Monetary System. In: C. Fred Bergsten und L. B. Krause (Hrsg.): World Politics and International Economics. Washington, D. C. , S. 63–97.

Cottier, Georges (1972): Das Krisenbewußtsein in der modernen Philosophie. In: Norbert A. Luyten (Hrsg.): Krise im heutigen Denken? Freiburg, S. 11–41.

Crouch, Colin (1978): Inflation and the Political Organizations of Economic Interests. In: Fred Hirsch und John H. Goldthorpe (Hrsg.): The Political Economy of Inflation. Cambridge, Mass., S. 217–239.

Crozier, Michel J. (1975): Western Europe. In: M. J. Crozier, S. P. Huntington und J. Watanuki: S. 11–57.

– (1982): Strategies for Change: The Future of French Society. Cambridge, Mass.

–, Samuel P. Huntington und Joji Watanuki (1975): The Crisis of Democracy. New York.

Dahl, Robert A. (1963): Modern Political Analysis. Englewood Cliffs.

– (1971): Polyarchy: Participation and Opposition. New Haven.

– (1982): Dilemmas of Pluralist Democracy: Autonomy vs. Control. New Haven.

– , und Edward R. Tufte (1973): Size and Democracy. Stanford.

Dahlman, Carl, J., und Larry E. Westphal (1981): The Meaning of Technological Mastery in Relation to Transfer of Technology. In: Annals of the American Academy of Political and Social Sciences 458, S. 12–26.

Dahrendorf, Ralf (1983a): Politik, Wirtschaft und Wirtschaftspolitik zwischen Ratlosigkeit und Patentlösungen. In: Ders. (Hrsg., 1983d): S. 19–36.

– (1983b): Ein paar zarte Silberstreifen am düsteren Horizont. In: Ders. (Hrsg., 1983d): S. 329–350.

– (1983c): Die Chancen der Krise: Über die Zukunft des Liberalismus. Stuttgart.

– (Hrsg., 1983d): Trendwende: Europas Wirtschaft in der Krise. München.

Daly, Herman E. (1977): Steady-State Economics. San Francisco.

Delbeke, Jos (1981): Recent Long-Wave Theories: A Critical Survey. In: Futures 13, S. 246–257.

Delors, Jacques (1981): Frankreich zwischen Reform und Gegenreform. In: Dahrendorf (Hrsg., 1983d): S. 79–109.

Demandt, Alexander (1978): Metaphern für Geschichte. München.

Deutsch, Karl W. (1968): The Analysis of International Relations. Englewood Cliffs.

Dinerstein, Herbert S. (1976): The Making of a Missile Crisis: October 1962. Baltimore.

Dittberner, Jürgen, und Rolf Ebbinghausen (Hrsg., 1973): Parteisystem in der Legitimationskrise. Opladen.

Döring, Herbert (1983): Schumpeter's Britain – Forty Years on. In: West European Politics, S. 5–22.

Doorn, Jacques van (1978): Welfare State and Welfare Society: The Dutch Experience. In: The Netherlands' Journal of Sociology 14, S. 1–18.

Doran, Charles F., und Wes Parsons (1980): War and the Cycle of Relative Power. In: The American Political Science Review 74, S. 947–965.

Downs, Anthony (1966): Inside Bureaucracy. Boston.

Dror, Yehezkel (1983): Governance Redesign for Handling the Future. In: William Page (Hrsg.): The Future of Politics. London, S. 14–32.

Duijn, Jacob J. van (1977): The Long Wave in Economic Life. In: De Economist 125, S. 544–576.

– (1981): Fluctuations in Innovations over Time. In: Futures 13, S. 264–275.

Dyson-Hudson, Rada, und E. A. Smith (1978): Human Territoriality: An Ecological Reassessment. In: American Anthropologist 80, S. 21–41.

Ebbinghausen, Rolf (Hrsg., 1976): Bürgerlicher Staat und politische Legitimation. Frankfurt a. M.

Eckstein, Harry (1964): Internal War. New York.

– (1971): The Evaluation of Political Performance. Beverly Hills: Sage Professional Papers in Comparative Politics, No. 17.

Edelman, Murray (1976): Politik als Ritual. Frankfurt a. M.

– (1977): Political Language: Words That Succeed and Politics That Fail. New York.

Eder, Klaus (1973): Komplexität, Evolution und Geschichte. In: Theorie der Gesellschaft oder Sozialthechnologie? Supplement 1. Frankfurt a. M.

Einem, Eberhard von (1983): Hilfe für Baby-Firmen. In: Jungblut (Hrsg., 1983e): S. 142–147.

Eisenstadt, Shmuel N. (1966): Modernization: Protest and Change. Englewood.

Ekholm, Kajsa (1980): On the Limitations of Civilization: The Structure and Dynamics of Global Systems. In: Dialectical Anthropology 5, S. 155–166.

Elias, Norbert (1977): Zur Grundlegung einer Theorie sozialer Prozesse. In: Zeitschrift für Soziologie 6, S. 127–149.

Ellul, Jacques (1979): Politization and Political Solutions. In: Kenneth S. Templeton (Hrsg.): The Politication of Society. Indianapolis, S. 211–247.

Emery, F. E., und E. L. Trist (1973): Towards a Social Ecology: Contextual Appreciations of the Future in the Present. London.

Engels, Wolfram (1983): Die organisierte Verschwendung. In: Jungblut (Hrsg., 1983e): S. 99–126.

Esser, Josef, W. Fach und W. Väth (1983): Krisenregulierung: Zur politischen Durchsetzung ökonomischer Zwänge. Frankfurt a. M.

Etzioni, Amitai (1968): The Active Society: A Theory of Societal and Political Processes. London.

– (1975): The Crisis of Modernity: Deviation or Demise? In: International Journal of Comparative Sociology 16, S. 1–18.

– (1983): An Immodest Agenda: Rebuilding America Before the 21st Century. New York.

Everson, David H. (1982): The Decline of Political Parties. In: Proceedings of the Academy of Political Science 34/2, S. 49–60.

Ewing, Charles P. (1978): Crisis Intervention as Psychotherapy. New York.

Farah, B. G., S. R. Barnes und F. Heunks (1979): Political Dissatisfaction. In: Barnes, Kaase et al.: S. 409–447.

Fink, Stephen L., Joel Beak und Kenneth Taddeo (1971): Organizational Crisis and Change. In: Applied Behavioral Science 7, S. 15–37.

Finlayson, Jock, und Paul Marantz (1982): Interdependence and East-West Relations. In: Orbis 26, S. 173–194.

Flanagan, Scott C. (1973): Models and Methods of Analysis. In: G. A. Almond, S. C. Flanagan und R. J. Mundt (Hrsg.): Crisis, Choice and Change: Historical Class Studies in Comparative Politics, Kap. 2. Boston.

Forrester, Jay W. (1977): Growth Cycles. In: De Economist 125, S. 525–543.

– (1981): Innovation and Economic Change. In: Futures 13, S. 323–331.

Fourastié, Jean (1967): Gesetze der Wirtschaft von morgen. Düsseldorf.

Freedman, Lawrence (1982): The Atlantic Crisis. In: International Affairs 58, S. 395–412.

Freeman, Christopher (1977): The Kondratieff Long Waves, Technical Change and Unemployment. In: OECD (Hrsg.): Structural Determinants of Employment and Unemployment, Bd. 2. Paris.

Frei, Daniel (1977): Sicherheit: Grundfragen der Weltpolitik. Stuttgart.

– (Hrsg., 1978): International Crises and Crisis Management. Westmead.

– (Hrsg., 1982): Managing International Crises. London.

Freyer, Hans (1955): Theorie des gegenwärtigen Zeitalters. Stuttgart.

– (1970): Gedanken zur Industriegesellschaft. Mainz.

Friedman, Jonathan (1978): Crises in Theory and Transformations of World Economy. In: Review 2, S. 131–146.

Friedmann, Georges (1955): Industrial Society: The Emergence of the Human Problems in Automation. Glencoe, Ill.

→ Friedrich, Heinz (1982): Kulturverfall und Umweltkrise. München.

Fuchs, Herbert (1973): Systemtheorie und Organisation. Wiesbaden.

Galbraith, John K. (1959): Gesellschaft im Überfluß. München.

– (1968): Die moderne Industriegesellschaft. München.

– (1979; zuerst 1954): The Great Crash 1929. Boston.

– (1982): Die Arroganz der Satten. München.

Galtung, Johan (1971): A Structural Theory of Imperialism. In: Journal of Peace Research 8, S. 81–117.

– (1977): Social Structure and Science Structure. In: Ders.: Methodology and Ideology: Theory and Methods of Social Research, Bd. 1. Copenhagen.

– , Tore Heiestad und Erik Rudeng (1978): On the Decline and Fall of Empires. In: Comprendre 43/44, S. 50–59.

Gamson, W. A. (1968): Power and Discontent. Homewood.

Gantzel, Klaus J., G. Kress und V. Rittberger (Hrsg., 1972): Konflikt, Eskalation, Krise: Sozialwissenschaftliche Studien zum Ausbruch des Ersten Weltkrieges. Düsseldorf.

Gartner, Alan, und Frank Riessman (1974): The Service Society and the Consumer Vanguard. New York.

Geiger, Theodore (1973): The Fortunes of the West. Bloomington.

George, Alexander, D. Hall und W. Simon (1971): The Limits of Coercive Diplomacy. Boston.

Gerlach, Luther P., und Betty Radcliffe (1979): Can Independence Survive Interdependence? In: Futurics 3, S. 181–206.

Gershuny, Jonathan (1978): After Industrial Society: The Emerging Self-service Economy. London.

– (1982): Social Innovation: Change in the Mode of Provision of Services. In: Futures 14, S. 496–516.

Giarini, Orio, und Henri Loubergé (1978): The Diminishing Returns of Technology. Oxford.

Giersch, Herbert (1979): Aspects of Growth, Structural Change, and Employment: A Schumpeterian Perspective. In: Weltwirtschaftliches Archiv 115, S. 629–651.

Gilbert, Arthur N., und P. G. Lauren (1980): Crisis Management: An Assessment and Critique. In: Journal of Conflict Resolution 24, S. 641–664.

Gilder, George (1981): Reichtum und Armut. Berlin.

Gilpatrick, E. G. (1966): Structural Unemployment and Aggregate Demand. Baltimore.

Gilpin, Robert (1975): The Models of the Future. In: International Organization 29, S. 37–60.

– (1981): War and Change in World Politics. Cambridge.

Glicken, Morley D. (1981): Transgenerational Welfare Dependency. In: Journal of Contemporary Studies 4, S. 31–41.

Gluckman, Max (1975): Gleichgewichtsmodell und sozialer Wandel. In: Walter L. Bühl (Hrsg.): Funktion und Struktur. München, S. 185–223.

Godet, Michel (1980): Demain les crises: de la résignation à l'antifatalité. Paris.

– (1983): Crisis and Opportunity. In: Futures 15, S. 251–663.

Golan, Noami (1978): Treatment in Crisis Situations. New York.

Goldsmith, Edward (1976): The Family Basis of Social Structure. In: The Ecologist 6, S. 14 ff.

– (1977): De-Industrialising Society. In: The Ecologist 7, S. 128–143.

Goldthorpe, John H. (1978): The Current Inflation: Towards a Sociological Account. In: Fred Hirsch und John H. Goldthorpe (Hrsg.): The Political Economy of Inflation. Cambridge, Mass., S. 186–216.

→ Gombrich, Ernst (1983): Die Krise der Kulturgeschichte. Stuttgart.

Gordon, Lincoln (1979): Growth Policies and the International Order. New York.

Gough, William C., und Bernard J. Eastlund (1971): The Prospects of Fusion Power. In: Scientific American 224.

Graham, Alan K., und Peter M. Senge (1980): A Long-Wave Hypothesis of Innovation. In: Technological Forecasting and Social Change 17, S. 283–311.

Granger, John V. (1979): Technology and International Relations. San Francisco.

Greene, Kenyon B. de (1981): Limits to Societal Systems Adaptability. In: Behavioral Science 26, S. 103–113.

Gretschmann, Klaus, u. a. (Hrsg., 1984): Schattenwirtschaft. Göttingen.

Grew, Raymond (Hrsg., 1978a): Crises of Political Development in Europe and the United States. Princeton.

– (1978b): The Crises and their Sequences. In: Ders. (Hrsg., 1978a): S. 3–27.

Groom, A. J. R. (1978): Crises Management in Long Range Perspective. In: Daniel Frei (Hrsg., 1978): S. 101–117.

Gupta, Madan M. (1979): Feedback and Sustainable Growth. In: Richard Ericson

(Hrsg.): Improving the Human Condition: Quality and Stability in Social Systems. Berlin, S. 326–334.

Gurr, Ted R. (1973): Vergleichende Analyse von Krisen und Rebellionen. In: Martin Jänicke (Hrsg.): Herrschaft und Krise. Beiträge zur politikwissenschaftlichen Krisenforschung, Opladen, S. 64–89.

Haas, Ernst B. (1976): Turbulent Fields and the Theory of Regional Integration. In: International Organization 30, S. 173–212.

Haase, H.-J. (Hrsg., 1978): Krisenintervention in der Psychiatrie. Stuttgart.

Habermas, Jürgen (1973): Legitimationsprobleme im Spätkapitalismus. Frankfurt a. M.

Häggman, Bertil (1978): The Vulnerable Industrial Society. In: The Jerusalem Journal of International Relations 3, S. 1–17.

Hage, Jerald, und Remi Cligent (1982): Coordination Styles and Economic Growth. In: The Annals of the American Academy of Social and Political Sciences 459, S. 77–92.

Hankel, Wilhelm (1983): Die Wirtschaft in der Wirtschaft. In: DIE ZEIT 16, S. 44.
– (1984): Gegenkurs. Berlin.

Hannay, N. Bruce, und Robert E. McGinn (1980): The Anatomy of Modern Technology: Prolegomenon to an Improved Public Policy Management of Technology. In: Daedalus 109/1, S. 25–53.

Hardes, Heinz-Dieter (1981): Arbeitsmarktstrukturen und Beschäftigungsprobleme im internationalen Vergleich. Tübingen.

Harich, Wolfgang (1975): Kommunismus ohne Wachstum? Reinbek.

Hayek, Friedrich A. von (1971): Die Verfassung der Freiheit. Tübingen.
– (1972): Die Theorie komplexer Phänomene. Tübingen.

Hayes, Robert H., und William J. Abernathy (1980): Managing Our Way to Economic Decline. In: Harvard Business Review 58, S. 68–72.

Heck, Hans Dieter, und Eduard Pestel (1983): Warum soviel Arbeitslose. In: Bild der Wissenschaft Nr. 3, S. 130–136.

Hedberg, Bo L. T., Paul C. Nyström und W. H. Starbuck (1976): Camping on Seesaws: Prescriptions for a Self-designing Organization. In: Administrative Science Quarterly 21, S. 41–65.

Heilbronner, Robert L. (1978): Beyond Boom and Crash. London.

Heinze, Rolf G., und Thomas Olk (1982): Development of the Informal Economy: A Strategy for Resolving the Crisis of the Welfare State. In: Futures 14, S. 189–204.

Helle, Horst Jürgen (1983): Die Krise religiöser Systeme. In: Kindlers Enzyklopädie: Der Mensch, Bd. 6, 762–778. Zürich.

Hennis, Wilhelm, Peter Graf Kielmansegg und Ulrich Matz (Hrsg., 1977/79): Regierbarkeit 1/2, Stuttgart.

Henshel, Richard L. (1982): The Boundary of the Self-Fulfilling Prophecy and the Dilemma of Social Prediction. In: The British Journal of Sociology 33, S. 511–528.

Hentig, Hans von (1968): Über den Zusammenhang von kosmischen, biologischen und sozialen Krisen. Stuttgart.

Herlt, Rudolf (1983): Wenn sie gewußt hätten . . . Die internationale Verschuldungskrise und ihre Folgen für die deutsche Wirtschaft. In: DIE ZEIT 16, S. 47.

Hermann, Charles, und Margarete Hermann (1967): An Attempt to Simulate the Outbreak of World War I. In: American Political Science Review 61, S. 400–416.

Hermann, Charles F. (1969): International Crisis as a Situational Variable. In: James N. Rosenau (Hrsg.): International Politics and Foreign Policy. New York, S. 409–421.

– (Hrsg., 1972): International Crises: Insights From Behavioral Research. New York.

– (1978): Types of Crises and Conclusions for Crisis Management. In: Daniel Frei (Hrsg., 1978): S. 29–41.

Hibbs, Douglas A. (1982): On the Demand for Economic Outcomes: Macroeconomic Performance and Mass Political Support in the United States, Great Britain, and Germany. In: The Journal of Politics 44, S. 426–461.

Hine, Virginia H. (1982): How Do We Get from Here to There?. In: Futurics 6/2, S. 43–53.

Hirsch, Fred (1976): Social Limits to Growth. Cambridge. Mass.

Hirschman, Albert O. (1974): Abwanderung und Widerspruch: Reaktionen auf Leistungsabfall bei Unternehmungen, Organisationen und Staaten. Tübingen.

Hoffmann, Stanley (1979): Fragments Floating in the Here and Now. In: Daedalus 108, S. 1–26.

Holsti, Ole R. (1972): Crisis, Escalation, War. Montreal.

– (1978): Limitations of Cognitive Abilities in the Face of Crisis. In: Smart und Stanbury (Hrsg.): S. 39–55.

– Richard Brody und Robert North (1964): Measuring Affect and Action in International Reaction Models: Empirical Materials from the 1962 Cuban Crisis. In: Journal of Peace Research 1, S. 170–189.

Holton, Gerald, und Robert S. Morison (Hrsg., 1979): Limits of Scientific Inquiry. New York.

Hopkins, Terence K. (1982): The Study of the Capitalist World-Economy. In: Ders. und I. Wallerstein: World Systems Analysis. Beverly Hills, S. 9–38.

– und Immanuel Wallerstein (1982): Patterns of Development of the World System. In: T. K. Hopkins und I. Wallerstein (Hrsg.): World Systems Analysis: Theory and Methodology. Beverly Hills, S. 41–82.

Huber, Bettina (1981): Differing National Orientations Toward the Future: A Comparative Examination of Societal Characteristics and Public Opinion. In: World Futures 17, S. 157–194.

Hübl, Lothar, und Walter Schepers (1983): Strukturwandel und Strukturpolitik. Darmstadt.

Huntington, Samuel P. (1965): Political Development and Political Decay. In: World Politics 17, S. 386–430.

– (1974): Postindustrial Politics: How Benign Will It Be?. In: Comparative Politics 6, S. 163–191.

– (1975): The Democratic Distemper. In: The Public Interest 41, S. 9–38.

– (1978): Trade, Technology, and Leverage. In: Foreign Policy, Fall, S. 68–69.

Husserl, Edmund (1977; zuerst 1936): Die Krisis der europäischen Wissenschaften und die transzendentale Phänomenologie. Hamburg.

Inglehart, Ronald (1977): The Silent Revolution: Changing Values and Political Styles Among Western Publics. Princeton.

d'Iribarne, Philippe (1983): Crise de l'identité moderne. In: Futuribles 62, S. 61–72.

Jänicke, Martin (Hrsg., 1973): Politische Systemkrisen. Köln.

Janowitz, Morris (1976): Social Control and the Welfare State. Amsterdam.

Japp, Klaus Peter (1975): Krisentheorien und Konfliktpotentiale. Frankfurt a. M.

Jervis, Robert (1970): The Logic of Images. In: International Politics. Princeton.

Jouvenel, Bertrand de (1963): De la politique pure. Paris.

Jungblut, Michael (1983a): Die Bombe im Sozialstaat. In: Ders. (Hrsg., 1983d): S. 15–25.

– (1983b): Arbeitslosenversicherung: Zu viele Trittbrettfahrer. In: Ders. (Hrsg., 1983d): S. 66–74.

– (1983c): Wachstum: Abschied von einem Götzen. In: Ders. (Hrsg., 1983d): S. 121–132.

– (Hrsg., 1983d): Krise im Wunderland. München.

– (Hrsg., 1983e): Bundesrepublik ratlos? München.

– (1983f): Der Wohlstand entläßt seine Kinder: Wege aus der Krise. Stuttgart.

Kaase, Max (1980): The Crisis of Authority: Myth and Reality. In: Richard Rose (Hrsg.): Challenge to Governance. Beverly Hills, S. 175–198.

– , und Alan Marsh (1979): Political Action Repertory: Changes over Time and a New Typology. In: Barnes, Kaase et al.: S. 137–166.

Kahn, Herman (1966): Eskalation. Frankfurt a. M.

– (1979): World Economic Development: 1979 and Beyond. London.

– (1982): The Coming Boom: Economic, Political, and Social. New York.

Kaiser, Reinhard (Hrsg., 1980): Global 2000. Frankfurt a. M.

Kaltefleiter, Werner (1983): Weniger arbeiten – eine Fehlkalkulation. In: Frankfurter Allgemeine Zeitung 6, S. 11.

Kant, Immanuel (1956; zuerst 1781): Kritik der reinen Vernunft. Hamburg.

Kaplan, Morton A. (1969): Macropolitics: Selected Essays on the Philosophy and Science of Politics. Chicago.

Keohane, Robert O., und Joseph S. Nye (1977): Power and Interdependence: World Politics in Transition. Boston.

Kerrine, Theodore M., und Richard J. Neuhaus (1980): Mediating Structures. A Paradigm for Democratic Pluralism. In: Annals of the American Academy for Political and Social Sciences 446, S. 10–18.

Khandwalla, Pradip N. (1978): Crisis Response of Competing versus Noncompeting Organizations. In: Smart und Stanbury (Hrsg.): S. 151–178.

Kimberly, John R. (1980): Initiation, Innovation, and Institutionalization in the Creation Process. In: Kimberly, Miles et al. (Hrsg.): S. 18–43.

– , Robert H. Miles et al. (Hrsg., 1980): The Organizational Life Cycle. San Francisco.

King, Anthony (1975): Overload: Problems of Governing in the 1970s. In: Political Studies 23, S. 284–296.

Kirby, M. J. L., und H. V. Kroeker (1978): The Politics of Crisis Management in Government: Does Planning Make Any Difference? In: Smart und Stanbury (Hrsg.): S. 179–195.

Kirchhof, Paul (1983): Spendabel auf Kosten der Zukunft: Die Staatsverschuldung im demokratischen Rechtsstaat. In: Frankfurter Allgemeine Zeitung 77, 2. April, S. 13.

Klages, Helmut (1975): Die unruhige Gesellschaft. München.

– (1983): Zur Frage der Arbeitszeitverkürzung. In: Blick durch die Wirtschaft 26, vom 10. 6., 14. 6. u. 15. 6. 1983.

Klein, Burton H. (1977): Dynamic Economics, Cambridge, Mass.

Klein, Rudolf (1980): The Welfare State: A Self-Inflicted Crisis? In: The Political Quarterly 51, S. 24–34.

Kleinknecht, Alfred (1981): Observations on the Schumpeterian Swarming of Innovations. In: Futures 13, S. 294–307.

Klipstein, Michael v., Burkhard Strümpel (1984): Der Überdruß am Überfluß, München.

Knight, K. (1976): Matrix Organization: A Review. In: Journal of Management Studies 13, S. 111–130.

Knorr, Klaus (1977): On the International Uses of Military Force in the Contemporary World. In: Orbis 21, S. 5–27.

Koch, Claus, und Wolf-Dieter Narr (1976): Krise – oder das falsche Prinzip Hoffnung. In: Leviathan 4, S. 291–327.

Koch, Egmont R., und Fritz Vahrenholt (1983): Die Lage der Nation: Umwelt-Atlas der Bundesrepublik. Hamburg.

Köhler, Gernot (1983): A General Theory of Stagflation. In: Alternatives 8, S. 49 bis 77.

Koenig, Louis W. (1982): Reassessing the 'Imperial Presidency'. In: Proceedings of the Academy of Political Science, 34/2.

Koffka, Kurt (1936): Principles of Gestalt Psychology. London.

Kornhauser, William (1959): The Politics of Mass Society. Glencoe.

Krugman, Paul (1979): A Model of Innovation, Technology Transfer, and the World Distribution of Incomes. In: Journal of Political Economy 87, S. 253–266.

Kuhn, Alfred (1975): The Logic of Social Systems. San Francisco.

– , (1976): Natural-Social vs. System-Based Categories of Science. In: Society for General Systems Research (Hrsg.): General Systems Theorizing. Washington, D. C., S. 76–84.

Kumar, Krishan (1976): Industrialism and Post-Industrialism: Reflections on a Putative Transition. In: The Sociological Review 24, S. 439–478.

Läufer, Dirk (1974): Krisen in den Europäischen und Atlantischen Organisationen. Berlin.

Landau, Martin (1973): On the Concept of a Self-Correcting Organization. In: Public Administrative Review 33, S. 533–542.

La Porte, Todd R. (1975): Organized Social Complexity: Explication of a Concept. In: Ders. (Hrsg.): Organized Social Complexity: Challenge to Politics and Polity. Princeton, S. 3–39.

Lasch, Christopher (1981): Democracy and the 'Crisis of Confidence'. In: Democracy 1/1, S. 25–40.

Laski, Harold J. (1933): Democracy in Crisis. New York (Nachdruck 1969).

Lasswell, Harold D. (1930): Psychopathology and Politics. Chicago.

Laszlo, Ervin (1972): Introduction to Systems Philosophy. New York.

Ledeen, Michael A. (1977): Italy in Crisis. Beverly Hills.

Lebow, Richard N. (1981): Between Peace and War: The Nature of International Crisis. Baltimore.

LeGare, Miriam (1980): Overlapping Functional Systems: A Theory for Vertebrate Central Nervous System Function in Terms of Informal Systems Analysis. In: Behavioral Science 25, S. 89–106.

Lehner, Franz (1979): Grenzen des Regierens. Königstein.

Leng, Russell J., und Stephen G. Walker (1982): Comparing Two Studies of Crisis Bargaining: Confrontation, Coercion, and Reciprocity. In: Journal of Conflict Resolution 26, S. 571–591.

Leontief, Wassily, et al. (1977): The Future of the World Economy, A United Nations Study. New York.

Levi, Werner (1981): The Coming End of War. Beverly Hills.

Levy, Marion J. (1966): Modernization and the Structure of Societies, I und II. Princeton.

Levy, Walter B. (1980): Oil and the Decline of the West. In: Foreign Affairs 58, S. 999–1016.

Lindblom, Charles E. (1965): The Intelligence of Democracy: Decision Making through Mutual Adjustment. New York.

– (1977): Politics and Markets. New York.

Linz, Juan J. (1978b): The Breakdown of Democratic Regimes: Crisis, Breakdown, and Reequilibration. In: Linz und Stepan (Hrsg., 1978a): S. 3–124.

– , und A. Stepan (Hrsg., 1978a): The Breakdown of Democratic Regimes. Baltimore, Md.

Lippitt, G. L., und W. H. Schmidt (1967): Crises in a Developing Organization. In: Harvard Business Review 45, S. 102–112.

Lipset, Seymour M., und W. Schneider (1983): Is There a Legitimacy Crisis? In: Micropolitics 3, 1–38.

Löwith, Karl (1966): Jacob Burckhardt: Der Mensch inmitten der Geschichte. Stuttgart.

Lohmar, Ulrich (1983): Der Staat ohne Füllhorn. In: Jungblut (Hrsg., 1983e): S. 30–37.

Lombardo, Antonio (1977): La crisi delle democrazie industriali 1968–1976, Firenze.

Longone, Pierre (1977): Demographischer Schrecken? Oder: Wie bedrohlich ist das Weltbevölkerungswachstum wirklich? In: Henry Cavanne (Hrsg.): Die Schrecken des Jahres 2000. Stuttgart, S. 76–87.

Lübbe, Hermann (1978): Orientierungskrise: Ein Aspekt des sozialen Wandels. In: Klaus von Beyme, K. Borchardt u. a.: Wirtschaftliches Wachstum als gesellschaftliches Problem. Königstein i. Ts., 92–98.

Lukács, Georg (1960): Die Zerstörung der Vernunft. Neuwied.

Lundberg, Erik (1981): Aufstieg und Fall des schwedischen Modells. In: Dahrendorf (Hrsg., 1983d): S. 247–266.

Lyman, Stanford, und Marvin Scott (1975): The Drama of Social Reality. N. Y.

Machlup, Fritz (1962): The Production and Distribution of Knowledge in the United States. Princeton.

Maddox, John (1975): The Question of Economic Growth in a Finite World. In: Annals of the New York Academy of Sciences 261, S. 73–80.

Malik, Fredmund, und Gilbert J. B. Probst (1982): Evolutionary Management. In: Cybernetics and Systems 13, S. 153–174.

Mandel, Ernst, und Winfried Wolf (1978): Ende der Krise oder Krise ohne Ende? Berlin.

Mandelbaum, Seymour J. (1979): A Complete General Theory of Planning is Impossible. In: Policy Sciences 11, S. 59–71.

Mandelbrot, Benoit B. (1977): Fractals: Form, Change, and Dimension. San Francisco.

Mannheim, Karl (1951): Man and Society in an Age of Reconstruction. New York.

Mansfield, Harvey C. (1979): The Media World and Democratic Representation. In: Government and Opposition 14, S. 318–334.

Marchetti, Cesare (1982): Die magische Entwicklungskurve. In: Bild der Wissenschaft 10, S. 115–128.

Marien, Michael (1977): The Two Visions of Post-Industrial Society. In: Futures 9, S. 415–431.

Marsh, Alan, und Max Kaase (1979): Measuring Political Action. In: Barnes, Kaase et al.: S. 57–96.

Mascarenhas, Terrence (1981): Planning for Flexibility. In: Long Range Planning 14.

Matejka, Alexander J. (1984): The Nature of Polish Crisis. In: Sociologia Internationalis 22, S. 58–100.

Matussek, Paul (1979): Selbstverwirklichung statt Entfremdung. In: Rainer Flöhl (Hrsg.): Maßlose Medizin? Berlin, S. 95–114.

May, Robert M. (1976): Simple Mathematical Models with Very Complicated Dynamics. In: Nature 261, S. 459–467.

Mayr, Ernst (1974): Teleologic and Teleonomic. In: Robert S. Cohen und Marx W. Wartofsky (Hrsg.): Methodological and Historical Essays in the Natural and Social Sciences. Dordrecht, S. 91–117.

McClelland, Charles A. (1977): The Anticipation of International Crises. In: International Studies Quarterly 21, S. 15–38.

Meadows, Donella, Dennis Meadows et al. (1974): Die Grenzen des Wachstums. Reinbek (engl.: 1972).

Meier, Gerald M. (1974): Problems of a World Monetary Order. London.

Melcher, Arlyn J., und Bonita H. Melcher (1980): Towards a Systems Theory of Policy Analysis: Static versus Dynamic Analysis. In: Academy of Management Review 5, S. 235–247.

Mendershausen, Horst (1969): Transnational Society vs. State Sovereignty. In: Kyklos 22, S. 251–275.

Merton, Robert K. (²1957): The Self-Fulfilling Prophecy. In: Ders.: Social Theory and Social Structure. Glencoe, S. 421–436.

Mesarovic, M. D., J. Macko und Y. Takahara (1970): Theory of Hierarchical Multilevel Systems. New York.

Metcalfe, John L. (1974): Systems Models, Economic Models, and the Causal Texture of Organizational Environments. In: Human Relations 27, S. 639 bis 663.

Miegel, Meinhard (1983): Die verkaufte Revolution: Einkommen und Vermögen der privaten Haushalte. Bonn.

Milburn, Thomas W. (1972): The Management of Crises. In: Hermann (Hrsg.): S. 259–277.

Miles, Robert H. (1980): Findings and Implications of Organizational Life Cycle Research: A Commencement. In: Kimberly und Miles (Hrsg.): S. 430–450.

Miller, Mark E. (1978): The Role of Western Technology in Soviet Strategy. In: Orbis, S. 553–559.

Miller, Warren E. (1976): The Cross-National Use of Party Identification as a Stimulus to Political Inquiry. In: Ian Budge et al. (Hrsg.): Party Identification and Beyond. New York.

Mintzberg, Henry (1973): The Nature of Managerial Work. New York.

Mishra, Ramesh (1983): The Welfare State in Crisis. Brighton.

Modelski, George (1974): World Power Concentration: Typology, Data, Explanatory Framework. Morristown.

– (1978): The Long Cycle of Global Politics and the Nation-State. In: Comparative Studies in Sociology and History 20, S. 214–235.

Möller, Hans (1972): Das Ende einer Weltwährungsordnung? München.

Molitor, Bruno, und Christian Watrin (1977): Grenzen des Sozialstaates in ökonomischer und ordnungspolitischer Sicht. Köln.

Morin, Edgar (1974): Complexity. In: International Social Science Journal 26, S. 555–582.

Morse, Edward L. (1976): Modernization and Transformation of International Relations. New York.

Muller, E. N., und T. D. Jukam (1977): On the Meaning of Political Support. In: American Political Science Review 71, S. 1561–1595.

Musson, A. E. (1982): Technological Change and Manpower. In: History 67, S. 237–251.

Muthesius, Ehrenfried (1963): Ursprünge des modernen Krisenbewußtseins. München.

Mylnař, Zdenek (1983): Krisen und Krisenbewältigung im Sowjetblock. Köln.

Nairn, Ronald C. (1979): Wealth of Nations in Crisis. Houston.

Neelsen, Karl (1961): Das konstante fixe Kapital und die Zyklizität des Krisenzyklus. Berlin.

Neuhold, Hanspeter (1978): Principles and Implementation of Crisis Management: Lessons from the Past. In: Daniel Frei (Hrsg., 1978), S. 4–18.

Nicholson, Norman K., und John D. Esseks (1978): The Politics of Food Scarcities in Developing Countries. In: International Organization 32, S. 679–719.

Nie, Norman H., und Kristi Anderson (1974): Mass Belief System Revisited. In: Journal of Politics 36, S. 540–591.

Nicolis, G., und I. Prigogine (1977): Self-Organization in Nonequilibrium Systems. New York.

Niskanen, William A. (1971): Bureaucracy and Representative Government. Chicago.

Nogee, Joseph L. (1975): Polarity: An Ambiguous Concept. In: Orbis 18, S. 1193–1224.

Nowotny, Helga, und Hilary Rose (Hrsg., 1979): Countermovements in the Sciences. Dordrecht.

Nye, Joseph S. (1974): Transnational Relations and Interstate Conflicts: An Empirical Analysis. In: International Organization 28, S. 961–996.

Nyström, Harry (1979): Creativity and Innovation. Chichester.

Nyström, Paul C., Bo L. T. Hedberg und William H. Starbuck (1976): Interacting Processes as Organization Designs. In: Ralph H. Kilmann, L. R. Pondy und D. P. Slevin (Hrsg.): The Management of Organization Design, Bd. I. New York, S. 209–230.

O, Myeung-Ho (1975): Demand, Capacity, and Decay: A Control System Formulation. In: Comparative Political Studies 7, S. 460–477.

O'Connor, James (1974): Die Finanzkrise des Staates. Frankfurt a. M.

Odum, Eugen P. (²1975), Ecology: The Link Between the Natural and the Social Sciences. London.

Offe, Claus (1972): Strukturprobleme des kapitalistischen Staates. Frankfurt a. M.

O'Leary, James R. (1978): Envisioning Interdependence: Perspectives on Future World Order. In: Orbis 22, S. 503–537.

Olson, Mancur (1968): Die Logik des kollektiven Handelns. Tübingen.

– (1979): The Political Economy of Comparative Growth Rates. Paper zu: OECD, Interfutures: Facing the Future. Paris: OECD.

– (1982): The Rise and Decline of Nations. New Haven.

Oneal, John R. (1982): Foreign Policy Making in Times of Crisis. Columbus.

O'Neill, Michael J. (1982): Wenn die Regierung zum Feind wird. In: FAZ 207, S. 10.

Opitz, Peter J. (Hrsg., 1984): Die Dritte Welt in der Krise. München.

Opp, Karl-Dieter (1978): Theorie sozialer Krisen. Hamburg.

Oppenheimer, M. (1973): The Proletarianization of the Professionals. In: P. Halmos (Hrsg.): Professionalization and Social Change. In: University of Keele: Sociological Review Monograph 20, S. 213–228.

Organski, A. F. K., und Jacek Kugler (1977): The Costs of Major Wars: The Phoenix Factor. In: The American Political Science Review 71, S. 1347–1366.

Orr, David W. (1976): Scarcity and the Future of Politics. In: Alternatives 2, S. 135–144.

– (1979): Catastrophe and Social Order. In: Human Ecology 7, S. 41–51.

Palma, Giuseppe di (1977): Surviving without Governing: The Italian Parties in Parliament. Berkeley.

Parsons, Talcott (1961): An Outline of the Social System. In: T. Parsons, E. Shils, K. D. Naegele und J. R. Pitts (Hrsg.): Theories of Society, Bd. 1. Glencoe, S. 30–79.

– (1969): Politics and Social Structure. New York.

Perrin, Francis, et al. (1975): World Priorities – Energy Resources and Arrangements: Group 2 Report. In: Boris Pregel, H. D. Lasswell und J. McHale (Hrsg.): Environment and Society in Transition: World Priorities Annals of the New York Academy of Science. Bd. 261, S. 215–224.

Peterson, Wallace C. (1974): The Corporative State, Economic Performance, and Social Policy. In: Journal of Economic Issues 2, S. 483–507.

Petrick, Richard L. (1981): Policy Cycles and Policy Learning in the Peoples Republic of China. In: Contemporary Political Studies 14, S. 101–122.

Peyrefitte, Alain (1971): Le Mal Français. Paris.

Phelps, Edmund S., et al. (1970): Microeconomic Foundations of Employment and Inflation Theory. London.

Pianka, Eric R. (1978): Evolutionary Ecology. New York.

Piatier, André (1981): Innovation, Information and Long-Term Growth. In: Futures 13, S. 371–382.

Piel, Dieter (1983a): Ein Kampf um zweihundert Milliarden. In: Jungblut (Hrsg., 1983e) S. 162–179.

– (1983b): Schon wieder läuten die Alarmglocken: Erneut droht Zahlungsunfähigkeit. In: DIE ZEIT 18, S. 23.

Prier, Raymond A. (1976): Archaic Logic. Den Haag.

Pross, Harry (1974): Politische Symbolik. Stuttgart.

Puchala, Donald J., und Ramond F. Hopkins (1978): Toward Innovation in the Global Food Regime. In: International Organization 32, S. 855–868.

Quarantelli, E. L. (Hrsg., 1978): Disasters: Theory and Research. London.

Rabus, Bernd (1983): Probleme der Entwicklungsplanung industrieller Gesellschaften. Diss. München.

Rainwater, Lee (1974): What Money Buys: Inequality and the Social Meaning of Income. New York.

Ramirez, Francisco O., und George M. Thomas (1981): Structural Antecedents and Consequences of Statism. In: Richard Rubinstein (Hrsg.): Dynamics of World Development. Beverly Hills, S. 139–164.

Raphael, Theodore D. (1982): Integrative Complexity Theory and Forecasting International Crises: Berlin 1946–1962. In: Journal of Conflict Resolution 26, S. 423–450.

Rapoport, Anatol (1960): Fights, Games, and Debates. Ann Arbor.

Rappaport, Roy A. (1977): Maladaptation in Social Systems. In: J. Friedman und M. J. Rowlands (Hrsg.): The Evolution of Social Systems. Gloucester, S. 49–71.

Raschke, Joachim (1983): Political Parties in Western Democracies. In: European Journal of Political Research 11, S. 109–114.

Reich, Robert B. (1983): The Next American Frontier. New York.

Rescher, Nicholas (1978): Scientific Progress. Oxford.

Richardson, Jonathan L. (1977): Dimensions of Ecology. Baltimore.

Richardson, Lewis F. (1960): Arms and Insecurity. Pittsburgh.

Riedmüller, Barbara (1980): Evolution und Krise. Frankfurt a. M.

Rittberger, Volker (1971): Über sozialwissenschaftliche Theorien der Revolution:

Kritik und Versuch eines Neuansatzes. In: Politische Vierteljahresschrift 12, S. 492–529.

Robertson, John D. (1983): Inflation, Unemployment, and Government Collapse. In: Comparative Political Studies 15, S. 425–444.

Robinson, M. J. (1976): Public Affairs Television and the Growth of Political Malaise. In: American Political Science Review 70, S. 409–432.

Robson, W. A. (1976): Welfare State and Welfare Society. London.

Rochon, Thomas R. (1982): Direct Democracy or Organized Futility? Action Groups in the Netherlands. In: Comparative Political Studies 15, S. 3–28.

Rosa, Jean-Jacques (Hrsg., 1982): The World Crisis in Social Security. Paris.

Rose, Richard (1979): Ungovernability: Is There Fire Behind the Smoke? In: Political Studies 27, S. 351–370.

– , und Guy Peters (1979): Can Government Go Bankrupt? London.

Rosecrance, Richard, A. Alexandroff, W. Koehler, J. Kroll, S. Laqueur und J. Stocker (1977): Whither Interdependence? In: International Organization 31, S. 425–471.

Rosen, Robert (1977): Complexity as a System Property. In: International Journal of General Systems 3, S. 227–232.

Rostow, Walt W. (1975): The Developing World in the Fifth Kondratieff Upswing. In: Annals of the American Academy of Political and Social Sciences 420, S. 111–124.

– (1980): Why the Poor Get Richer and the Rich Slow Down. London.

Roszak, Theodore (1971): Gegenkultur: Gedanken über die technokratische Gesellschaft und die Opposition der Jugend. Düsseldorf.

Ruggie, John Gerard (1971): The Structure of International Organization: Contingency, Complexity, and Post-Modern Form. In: Peace Research Society, Paper 18, S. 73–91.

– (1983): Continuity and Transformation in the World Polity: Toward a Neorealistic Synthesis. In: World Politics 35, S. 261–285.

Ruloff, Dieter (1975): Konfliktlösung durch Vermittlung: Computersimulation zwischenstaatlicher Krisen. Basel.

Sachverständigenrat für Umweltfragen (1983): Waldschäden und Luftverunreinigungen. Mainz.

Sallis, John (1983): Die Krisis der Vernunft. Hamburg.

Sartori, Giovanni (1975): Will Democracy Kill Democracy? Decision-Making by Majorities and by Committees. In: Government and Opposition 10, S. 131–158.

Schäfer, Wolf (Hrsg., 1984): Schattenökonomie. Göttingen.

Schelsky, Helmut (1978): Der selbständige und der betreute Mensch. Frankfurt.

– (1982): Funktionäre: Gefährden sie das Gemeinwohl? Stuttgart.

Scherer, John L. (1981): Reinterpreting Soviet Behavior during the Cuban Missile Crisis. In: World Affairs 144, S. 110–125.

Scheuch, Erwin K. (1968): Die Wiedertäufer der Wohlstandsgesellschaft. Köln.

Schlobach, Jochen (1980): Zyklentheorie und Epochenmetaphorik. München.

Schmidt, Johann Lorenz (1956): Neue Probleme der Krisentheorie. Berlin (Ost).

Schmidt, Manfred G. (1983): The Welfare State and the Economy in Periods of Economic Crisis: A Comparative Study of Twenty-three OECD Nations. In: European Journal of Political Research 11, S. 1–26.

Schmitter, Philippe C. (1974): Still the Century of Corporatism? In: The Review of Politics 36, S. 85–131.

Schmölders, Günter (1983): Der Wohlfahrtsstaat am Ende. München.

Schumacher, E. F. (1977): Die Rückkehr zum menschlichen Maß (Small is Beautiful). Reinbek.

Schumpeter, Joseph A. (1934): The Theory of Economic Development. Cambridge, Mass.

– (1961): Konjunkturzyklen, Bd. 1. Göttingen.

Schwartzenberg, Roger-Gérard (1980): Politik als Showgeschäft. Düsseldorf.

Scott, Andrew M. (1982): The Dynamics of Interdependence. Chapel Hill.

Self, Peter (1980): Wealth, Work and Welfare. In: The Political Quarterly 51, S. 7–16.

Selter, Thomas (1983): Arbeitsvermittlung: Das Monopol muß weg. In: Jungblut (Hrsg., 1983d), S. 116–173.

Sharpe L. J. (Hrsg., 1981): The Local Fiscal Crisis in Western Europe: Myths and Realities. London.

Sherman, Howard J. (1976): Stagflation: A Radical Theory of Unemployment and Inflation. New York.

Shortell, Stephen M. (1977): The Role of Environment in a Configurational Theory of Organization. In: Human Relations 30, S. 275–302.

Sigelman, Lee (1979): Understanding Political Instability. In: Comparative Political Studies 12, S. 205–228.

Simon, Herbert A. (1974): Die Architektur der Komplexität. In: W. L. Bühl (Hrsg.): Reduktionistische Soziologie. München, S. 231–265.

Simon, Julian L. (1981): The Ultimate Resource. Oxford.

Singer, J. David (Hrsg., 1968): Quantitative International Politics: Insights and Evidence. New York.

Smart, C. F., und W. T. Stanbury (Hrsg., 1978): Studies on Crisis Management. Toronto, S. 111–137.

Smart, C. F., W. A. Thompson und I. Vertinsky (1978): Diagnosing Corporate Effectiveness and Susceptibility to Crises. In: C. F. Smart und W. T. Stanbury (Hrsg.): S. 57–96.

Snyder, Glenn H. (1972): Crisis Bargaining. In: Charles F. Hermann (Hrsg.): S. 217–256.

– (1976): Conflict and Crisis in the International System. In: James N. Rosenau, K. W. Thompson und G. Boyd (Hrsg.): World Politics. New York. S. 682–720.

– , und Paul Diesing (1977): Conflict among Nations: Bargaining, Decision Making, and System Structure in International Crises. Princeton.

Sontheimer, Kurt (1976): Das Elend unserer Intellektuellen. Hamburg.

– (1983): Zeitenwende? Die Bundesrepublik Deutschland zwischen alter und alternativer Politik. Hamburg.

Sorokin, Pitirim A. (1950): Die Krise unserer Zeit. Frankfurt a. M.

Spielman, Richard (1982/83): Crisis in Poland. In: Foreign Policy 49, S. 20–36.

Staniskis, Jadwiga (1982): Polish Peaceful Revolution: An Anatomy of Polarization. In: Journal of Peace Research 19, S. 181–194.

Stanton, Roger D. (1979): Future Organizations: A Model of Structural Response to Organizational Environment. In: Technological Forecasting and Social Change 15, S. 217–240.

Starbuck, William H. (1976): Organizations and Their Environments. In: Marvin D. Dunette (Hrsg.): Handbook of Industrial and Organizational Psychology. Chicago, S. 1069–1123.

– , und Bo L. T. Hedberg (1977): Saving an Organization from a Stagnating Environment. In: Hans B. Thorelli (Hrsg.): Strategy + Structure = Performance. Bloomington, S. 249–258.

Starbuck, William H., Arent Greve, Bo L. T. Hedberg (1978): Responding to Crisis. In: Smart und Stanbury (Hrsg.): S. 111–137.

Starr, Chancey (1973): Realities of the Energy Crisis. In: Bulletin of the Atomic Scientists 29/7, S. 15–20.

Stein, H. (1969): The Fiscal Revolution in America. Chicago.

Stoken, Dick (1980): What the Long-Term Cycle Tells Us About the 1980s. In: The Futurist 14/1, S. 14–19.

Stonier, Tom (1983): The Wealth of Information: A Profile of the Post-Industrial Economy. London.

Stover, W. J., und J. Adra (1981): Models of International Crisis Bargaining: Applications and Limitations. In: International Review of History and Political Science 18, S. 1–29.

Strümpel, Burkard (1977): Die Krise des Wohlstands. Stuttgart.

Symposium der Schweizer Monatshefte (1975, 55/4): Wird die Schweiz unregierbar?

Tanter, Raymond (1974): Modelling and Managing International Conflicts: The Berlin Crises. Beverly Hills.

– (1978): International Crisis Behavior: An Appraisal of the Literature. In: Michael Brecher (Hrsg.): S. 340–374.

Tarschys, Daniel (1983): The Scissors Crisis in Public Finance. In: Policy Sciences 15, S. 205–224.

Taschdjian, Edgar (1977): Time Horizon: The Moving Boundary. In: Behavioral Science 22, S. 41–48.

– (1979): The Plasticity of Social Systems. In: Society for General Systems Research (Hrsg.): Improving the Human Condition: Quality and Stability in Social Systems. Berlin, S. 546–550.

Teller, Edward (1979): Energy from Heaven and Earth. San Francisco.

Teune, Henry, und Zdravko Mlinar (1978): The Developmental Logic of Social Systems, Beverly Hills.

Thoma, Franz (1983): Kriechspuren des Aufschwungs. In: Süddeutsche Zeitung 87, S. 33.

Thomas, Dani B. (1979): Psychodynamics, Symbolism, and Socialization. Object Relations – Perspectives on Personality, Ideology, and Political Perception. In: Political Behavior 1, S. 243–268.

Thompson, William R., und L. Gary Zuk (1982): War, Inflation, and the Kondratieff Long Wave. In: Journal of Conflict Resolution 26, S. 621–644.

Thurow, Lester C. (1980): The Zero-Sum Society. New York.

Totman, Richard (1982): Was uns krank macht: Die sozialen Ursachen der Krankheit. München.

Touraine, Alain (1972): Die postindustrielle Gesellschaft. Frankfurt a. M.

– , et al. (1976): Jenseits der Krise: Wider das politische Defizit der Ökologie. Frankfurt a. M.

Treverton, Gregory (Hrsg., 1981): Crisis Management and the Superpowers in the Middle East. Westmead.

Trist, Emery (1980): The Environment and System Response Capability. In: Futures 12, S. 113–127.

Turner, Barry A. (1976a): The Development of Disasters: A Sequence Model for the Analysis of the Origins of Disasters. In: The Sociological Review 24, S. 753–774.

– (1976b): The Organizational and Interorganizational Development of Disasters. In: Administrative Science Quarterly 21, S. 378–397.

Uhlig, C. Andreas (1978): Ökologische Krise und ökonomischer Prozeß. Diessenhofen.

UNEP (United National Environmental Program) (1983): 1972–1982: Umwelt – weltweit. Berlin.

Uribe, Ricardo B. (1977): Organizations and Uncertainty. In: Society for General Systems Research (Hrsg.): The General Systems Paradigm: Science of Change and Change of Science. Washington, D. C., S. 282–291.

Vasquez, John A., und Richard W. Mansbach (1983): The Issue Cycle: Conceptualizing Long-Term Global Political Change. In: International Organization 37, 257–279.

Verba, Sidney (1971): Sequences and Development. In: Leonard Binder et al. (Hrsg.): S. 283–316.

Vernon, Raymond (1966): International Investment and International Trade in the Product Cycle. In: Quarterly Journal of Economics 80, S. 190–207.

Verosta, Stephan (1971): Theorie und Realität von Bündnissen. Wien.

Vester, Frederic (1975): Das Überlebensprogramm. Frankfurt a. M.

– (1983): Ballungsgebiete in der Krise. München.

Vidich, Arthur J., und R. M. Glassman (Hrsg., 1979): Conflict and Control: Challenge to Legitimacy of Modern Governments. Beverly Hills.

Voge, Jean (1979): Information and Information Technologies in Growth and the Economic Crisis. In: Technological Forecasting and Social Change 14, S. 1–14.

Waddington, C. H. (1978): The Man-Made Future. London.

Wagner, R. Harrison (1974): Dissolving the State: Three Perspectives on International Relations. In: International Organization, Summer, S. 435–466.

Walker, Norman (Hrsg., 1975): Soil Microbiology: A Critical View. London.

Wallerstein, Immanuel (1979): Kondratieff Up or Kondratieff Down? In: Review 2, S. 663–673.

Walters, Peter (1983): Sweden's Public Sector Crisis, Before and After the 1982 Elections. In: Government and Opposition 18, S. 23–39.

Waltz, Kenneth N. (1979): Theory of International Politics. Reading, Mass.

Wandtner, Reinhard (1982): Die schleichende Krankheit der Meere. In: Frankfurter Allgemeine Zeitung 238, S. 8f.

Wannemacher, Walter (1967): Die Krise: Das Ende eines deutschen Mythos. Düsseldorf.

– (1983): Die zweite Weltwirtschaftskrise. Stuttgart.

Wattenberg, Martin P. (1982): Party Identification and Party Images: A Comparison of Britain, Canada, Australia and the United States. In: Comparative Politics 15, S. 23–39.

Watts, Robert Glenn, und Henry F. Hrubecky (1975): On the Limits to Energy Growth. In: Technological Forecasting and Social Change 7, S. 371–378.

→ Weber, Max (1964): Wirtschaft und Gesellschaft (Studienausgabe). Köln.

Weber, Robert Philip (1981): Society and Economy in the Western World System. In: Social Forces 59, S. 1130–1145.

– (1982): The Long-Term Dynamics of Societal Problem-Solving: A Content-Analysis of British Speeches from the Throne, 1689–1972. In: European Journal of Political Research 10, S. 387–405.

Weiner, Miron (1971): Political Participation: Crisis of the Political Process. In: Leonard Binder et al. (Hrsg.): S. 159–204.

Weingart, Peter (1982): The Scientific Power Elite – a Chimera: The Deinstitutionalization and Politicization of Science. In: Norbert Elias und Herminio Martins (Hrsg.): Scientific Establishments and Hierarchies. Dordrecht, S. 71–87.

Weintal, Edward, und Charles Bartlett (1967): Facing the Brink: A Study of Crisis Diplomacy. London.

Weintraub, Sidney (1978): Capitalism's Inflation and Unemployment Crisis. Reading, Mass.

– (1981): Our Stagflation Malaise. Westport, Conn.

Weizsäcker, Carl F. von (1983): Wahrnehmung der Neuzeit. München.

Weizsäcker, Richard von (1975): Die Krise als Chance. Stuttgart.

Westerlund, Gunnar, und Sven-Erik Sjöstrand (1981): Organisationsmythen. Stuttgart.

Whetten, David A. (1980): Sources, Responses, and Effects of Organizational Decline. In: Kimberly und Miles (Hrsg.): S. 342–374.

White, Orion, und Gideon Sjøberg (1972): The Emerging 'New Politics' in America. In: M. Donald Hancock und G. Sjøberg (Hrsg): Politics in the Post-Welfare State. New York, S. 11–35.

Wieser, Theodor, und Frederic Spotts (1983): Der Fall Italien: Dauerkrise einer schwierigen Demokratie. Frankfurt a. M.

Wilkenfeld, Jonathan, und M. Brecher (1984): International Crises, 1945–1975: The UN Dimension. In: International Studies Quarterly 28, S. 45–67.

Willi, Victor (1983): Überleben auf italienisch. Wien.

Williams, Phil (1976): Crisis Management: Confrontation and Diplomacy in the Nuclear Age. New York.

Willrich, Mason (1975): World Energy Policy: A Global Framework. In: Boris Pregel, H. D. Lasswell und J. McHale (Hrsg.): Environment and Society in Transition. In: Annals of the New York Academy of Science, Bd. 261, S. 168–203.

Wilson, Clifton E. (1966): Cold War Diplomacy. Tucson.

Wilson, James Q. (1975): The Rise of the Bureaucratic State. In: The Public Interest 41, S. 77–103.

Wimsatt, William C. (1976): Complexity and Organization. In: Majorie Grene und Everett Mendelsohn (Hrsg.): Topics in the Philosophy of Biology. Dordrecht, S. 174–193.

Wolfe, Alan (1981): Presidential Power and the Crisis of Modernization. In: Democracy 1/2, S. 19–32.

Wolin, Sheldon S. (1981): The People's Two Bodies. In: Democracy 1/1, S 9–24.

Woodcock A. E. R., und T. Poston (1974): A Geometrical Study of the Elementary Catastrophes. Berlin.

Woodcock, Alexander, und Monte Davis (1978): Catastrophe Theory. New York.

Woodward, S. N. (1982): The Myth of Turbulence. In: Futures 14, S. 266–279.

Wright, Erik O. (1978): Class, Crisis and the State. London.

Wright, Quincy (²1965): A Study of War. Chicago.

Wuthnow, Robert (1983): Cultural Crises. In: Bergesen (Hrsg.): S. 57–71.

Yankelovich, Daniel (1978): The New Psychological Contracts at Work. In: Psychology Today (1978/5).

Young, Oran R. (1967): The Intermediaries. Princeton.

– (1969): Interdependencies in World Politics. In: International Journal 24, S. 726–750.

– (1980): International Regimes. In: World Politics 32, S. 331–356.

– (1982): Regime Dynamics: The Rise and Fall of International Regimes. In: International Organization 36, S. 277–297.

Yung-Chen Lu (1976): Singularity Theory and an Introduction to Catastrophe Theory. Berlin.

Zagare, Frank C. (1981): Nonmyopic Equilibria and the Middle East Crisis of 1967. In: Conflict Management and Peace Science 5, S. 139–158.

Zahn, Ernest (1964): Soziologie der Prosperität. München.

Zaleznik, A. (1967): Management of Disappointment. In: Harvard Business Review 45, S. 59–70.

Zapf, Wolfgang (1977): Systemkrisen oder Entwicklungsdilemmas? In: Ders. (Hrsg.): Probleme der Modernisierungspolitik. Meisenheim am Glan, S. 3–16.

– (1979): Modernization and Welfare Development: The Case of Germany. In: Social Science Information 18/2, S. 219–246.

Zellentin, Gerda (1970): Krisen der europäischen Integration. Ursachen und Wirkungen. In: Integration 1, S. 22–39.

Zimmermann, Ekkart (1979): Crises and Crises Outcomes: Towards a New Synthetic Approach. In: European Journal of Political Research 7, 67–115.

Zinnes, Dina A. (1967): An Analytical Study of the Balance of Power Theories. In: Journal of Peace Research 4, S. 270–288.

Zwan, A. van der (1980): On the Assessment of the Kondratieff Cycle and Related Issues: In: S. K. Kuipers und G. J. Landjouw (Hrsg.): Prospects of Economic Growth. Amsterdam, S. 183–237.

SACHREGISTER

Aus dem weiteren Programm

7763-6   Herzog, Dietrich:
Politische Führungsgruppen. Probleme und Ergebnisse der modernen Elitenforschung. (EdF, Bd. 169.)
1982. V, 144 S., kart.

Seit dem 19. Jahrhundert nimmt die Elitenthematik einen breiten Raum in der sozialphilosophischen, publizistischen und propagandistischen Diskussion ein. Dieses Buch behandelt Untersuchungen über die historischen Wandlungen deutscher und ausländischer Führungsgruppen, über die Führungsrekrutierung sowie über Machtstrukturen und Funktion politischen Führungspersonals in den gegenwärtigen Organisationen und staatlichen Ordnungen.

8361-X   Thöne, Karin (Hrsg.):
Wirtschaftslenkung in marktwirtschaftlichen Systemen.
1981. X, 208 S. mit mehreren Tab. u. Abb., kart.

Der Band vereinigt Aufsätze über Planung und Lenkung in marktwirtschaftlichen Systemen. Vor dem Hintergrund theoretischer Analyse werden Probleme der Wirtschaftspolitik erörtert mit dem Ziel, über die Funktionsweise marktwirtschaftlicher Systeme zu informieren und die vielfältigen Aspekte der Lenkungsproblematik zu verdeutlichen.

7095-X   Winkel, Harald (Hrsg.):
Wirtschaftliche Entwicklung und sozialer Wandel.
(WdF, Bd. 493.)
1981. VI, 406 S. mit mehreren Tab., Gzl.

Der ökonomisch-soziologische Wandlungs- und Entwicklungsprozeß, der mit Beginn der Industrialisierung einsetzte, hat mit seinen Fragen und ungelösten Problemen Wissenschaftler verschiedenster Fachrichtungen beschäftigt. Das Buch gibt Einblick in die zahlreichen Versuche, Zusammenhänge zwischen wirtschaftlicher Entwicklung und sozialem Wandel einer systematischen Analyse zugänglich zu machen.

6520-4   Zingerle, Arnold:
Max Webers historische Soziologie. Aspekte und Materialien zur Wirkungsgeschichte. (EdF, Bd. 163.)
1981. IX, 233 S., kart.

Der Band bietet einen Leitfaden zur Orientierung in der Weber-Literatur. In knapper, resümierender Form wird ein Überblick über die Aufnahme und Kritik Max Webers gegeben, zuerst durch eine Skizze der Wirkungsgeschichte insgesamt, dann durch einen Teil, der nach den einzelnen Hauptgebieten des Weberschen Werks gegliedert ist.

83/I

WISSENSCHAFTLICHE BUCHGESELLSCHAFT
Hindenburgstr. 40   D-6100 Darmstadt 11